课程治理现代化丛书

张秋来　王　琦　杨四耕　主编

体育，让儿童嗨起来

悦动体育课程的设计与实施

杨　进◎主编

华东师范大学出版社
·上海·

图书在版编目（CIP）数据

体育，让儿童嗨起来：悦动体育课程的设计与实施 / 杨进主编. -- 上海：华东师范大学出版社，2025.
（课程治理现代化丛书）. -- ISBN 978-7-5760-5983-0

Ⅰ. G623.82

中国国家版本馆 CIP 数据核字第 2025SQ1489 号

课程治理现代化丛书

体育，让儿童嗨起来：悦动体育课程的设计与实施

丛书主编 张秋来 王 琦 杨四耕
主　　编 杨 进
责任编辑 刘 佳
特约审读 严 婧
责任校对 王 彤 时东明
装帧设计 卢晓红

出版发行 华东师范大学出版社
社　　址 上海市中山北路 3663 号 邮编 200062
网　　址 www.ecnupress.com.cn
电　　话 021-60821666 行政传真 021-62572105
客服电话 021-62865537 门市（邮购）电话 021-62869887
地　　址 上海市中山北路 3663 号华东师范大学校内先锋路口
网　　店 http://hdsdcbs.tmall.com

印 刷 者 上海商务联西印刷有限公司
开　　本 787 毫米×1092 毫米 1/16
印　　张 18.25
字　　数 158 千字
版　　次 2025 年 7 月第 1 版
印　　次 2025 年 7 月第 1 次
书　　号 ISBN 978-7-5760-5983-0
定　　价 58.00 元

出 版 人 王 焰

编委会

丛书总序

为了高水平推进区域课程治理现代化，深圳市坪山区立足“创新坪山、未来之城”，唱响“深圳坪山，无限可能”的口号，相信每一所学校的力量，相信每一位教师的力量，相信每一个学生的力量，深化区域课程教学改革，推进课程治理机制创新，深化育人重点领域和关键环节改革，提升课程智治水平，转变育人方式，高水平推进深圳东部中心课程治理现代化。

坪山区确定了课程治理现代化的总体目标：完善课程治理机制，优化课程治理方式，创新课程治理载体，提升课程治理效能，形成国家主导、区域统筹、学校实施、社会参与和学生选择的课程治理新局面，开辟高水平推进区域课程治理现代化新赛道，争当深圳市课程治理现代化先行者，努力成为全面展现中国特色社会主义教育制度优越性的示范窗口和典型样板。在此基础上，形成了区域课程治理现代化的具体目标。

1. 完善课程治理机制。构建上下联动、问题倒逼、试点推广和协同推进等课程治理新机制，持续深化基础教育课程改革；广泛吸纳各种力量参与，通过由学校引导机制、师生参与机制、专家干预机制和社会力量融入机制等组成的复合型机制，促进课程资源高质量供给，有效达成课程改革的多重目标。

2. 优化课程治理方式。采用文化治理与依法治理相结合、内部治理与外部治理相结合、全面治理与专项治理相结合、横向治理与纵向治理相结合的多维课程治理方式，实现课程治理方式的优化组合。根据治理的问题难度、治理的主体组合和治理的过程情况，灵活采取一种或多种治理方式，实现课程治理最优化。

3. 创新课程治理载体。进一步厘清政府、社会、学校及教师的课程治理权限，强化课程治理的国家意志，把握课程政策走向，理解课程标准，设计课程计划，研制课程规划，优化课程设计，推进课程审议，落实课程研修，开展课程视导，寻求技术赋能，创建多元协同课程治理共同体，不断创新课程治理载体。

4. 提升课程治理效能。培育一批深入实施新课程的先进学校，提升教师课程治理能力，促进学生个性全面发展；总结发现一批课程育人成效显著的典型案例，形成一套更加完善的，有时代特征、坪山特点、中国特色的课程治理制度体系，为率先实现高水平课程治理现代化提供坚实保障，奠定坪山区教育现代化的制度基石。

如何高水平推进区域课程治理现代化？深圳市坪山区把握以下几条原则。

一是坚持正确方向，强化课程治理的国家意志。课程治理是国家事权，要坚持正确方向，充分体现课程治理的国家意志，确保社会主义办学方向，坚持立德树人，服务国家战略需求，将社会主义核心价值观融入课程体系之中。

二是坚持问题导向，破解课程治理的系列难题。围绕着课程理念难更新、课程逻辑难理顺、课程实施难深入、课程资源难协调、课程研究难深化、课程治理体系不配套等突出问题，深化体制机制改革，着力破解课程治理的系列难题，助力学生健康成长。

三是坚持守正创新，把握课程治理的内在逻辑。加强学校课程顶层设计，总结课程改革成功经验，着眼于课程制度建设，坚持守正创新，鼓励各校深入探索、勇于创新、不断完善，把握课程治理的内在逻辑，持续激发学校课程治理活力，讲好坪山课程故事，传递中国课程话语。

四是坚持放管结合，构建课程治理的协同机制。处理好政府办学主体责任和学校办学主体地位之间的关系，遵循多元治理原则，明确政府、社会、学校和教师的治理权限，发挥自上而下与自下而上相结合的课程改革动力作用，坚持顶层设计与分步推进相结合的课程改革方法论，构建课程治理的协同机制，深化基础教育课程改革。

五是坚持有序推进，完善课程治理的路径选择。强化党委、政府统筹和部门协调配合，坚持渐进调适与全面深化相结合的课程治理路径选择，注重从实际出发，加强分类指导，因校制宜，积极稳妥推进，处理好改革发展稳定的关系，切实增强课程治理的针对性、协调性和有效性。

为高水平推进区域课程治理现代化，深圳市坪山区注重系统性，避免零打碎敲；注重渐进性，实现平稳过渡；注重协同性，实现点面结合，全面建设高品质课程体系。深圳市坪山区主要围绕六大任务推进区域课程治理现代化。

第一大任务：健全立德树人落实机制

1. 价值引领机制。以课程规划为抓手，建立健全德智体美劳全面发展的人才培养体系。在坚定理想信念、厚植爱国主义情怀、加强品德修养、增长知识见识、培养奋斗精神、增强综合素质上下功夫，建构坪山区“5T”课程目标观，着力培养有思想

(thinking)、有才干(talented)、有韧性(temper)、会合作(teamwork)、可信赖(trusty)的新时代坪山学子,使学生有理想、有本领、有担当,培养德智体美劳全面发展的社会主义建设者和接班人。

2. 系统衔接机制。完善中小幼一体化德育课程体系,大力培育和践行社会主义核心价值观,推进各学段纵向衔接、各学科横向融通、课内外深度融合。提高智育水平,培养关键能力,激发创新意识。完善体质健康教育,增强师生审美能力。加强劳动教育,完善家庭、学校、社会教育体系。实现不同学段、不同环境中的课程思政的前后贯通和优势互补。

3. 动力形成机制。以评价改革为纽带,通过设计和推进适用于政府、学校、社区和教师等不同主体的立德树人评价标准,探索多样化的适合师生需要的激励方式,增强不同教育主体立德树人的动力,不断激发课程育人的积极性、主动性和创造性。

4. 能力提升机制。以学科育人为重点,通过加深教师对学科课程哲学和育人价值的理解,通过对各学科课程目标、结构、内容、实施方法和评价要求的把握,发挥好立德树人主渠道的作用,不断提升课程育人能力。

5. 力量汇聚机制。以供给侧改革为统领,通过对人、财、物、时、空五大要素的优化整合与合理配置,构建社会支持、机构指导、协会自治、联盟推进、家校共育的合作体系,形成学校全面开放、家长深度参与、社会共同支持的力量汇聚机制,形成立德树人合力,不断提高课程育人成效。

第二大任务:建设高质量课程体系

高质量课程体系建设要突出课程育人属性,面向全体学生,因材施教,通过多主体协作、多资源统整、多场域协同,研制学校课程规划,优化学校课程结构,形成学校课程特色,满足学生多元发展需求。

1. 研制学校课程规划。坚持"一校一策",把国家统一制定的育人"蓝图"细化为学校的个性化育人"施工图"。学校要立足实际,分析资源条件,确立学校课程哲学,厘定培养目标,细化课程目标,因校制宜规划学校整体课程,以育人方式和学习方式变革为重点,创造性设计课程实施方案,激活学校课程管理,提升课程的文化内涵,彰显课程的逻辑力量。

2. 优化学校课程结构。以促进学生个性全面发展为目标,设计刚需课程、普需课程和特需课程,高质量落实体现国家课程刚性要求的刚需课程,建设体现学生兴趣爱好的普需课程,设计基于学生个性发展的特需课程,将课程理念、原则要求转化为具体的育人实践活动，满足学生多样化发展需要。

3. 形成学校课程特色。学前教育阶段按照幼儿学习与发展五大领域的要求，注重共同课程与特色课程的全面建构；义务教育阶段确保全面落实国家课程，注重与地方课程和校本课程的统筹实施；普通高中在保证开齐开好必修课程的基础上，注重适应学生特长优势和发展需要，提供分层分类、丰富多样的选修课程，形成体现学校办学特色的课程育人体系。

第三大任务：开发高品质课程内容

积极回应社会发展的新要求和育人实践的新挑战，把握课程迭代发展要求，构建以国家课程为主体、地方课程和校本课程为重要拓展和有益补充的课程内容体系，促进课程资源的高质量供给。

1. 推动学科课程群建设。以学科课程标准为依据，立足学校实际，培育优势学科和特色学科，基于学生发展需求，从学科课程哲学、学科课程目标、学科课程框架、学科课程思路、学科课程实施和学科课程管理等方面研制学科课程群建设方案，推动学科课程群建设，形成学科教学特色，优化学科教学过程，落实学科核心素养，严格学科常规管理，抓实学科教研活动，促进学科教研组建设，打造一批特色学科建设示范学校，实现优质均衡发展。

2. 落实科学素养提升行动。立足科技发展前沿，深化科学教育改革，开齐开足科学课程，强化做中学、用中学、创中学，推进跨学科综合教学。加强科学教育实践活动，持续深入开展科普教育，激发青少年好奇心、想象力、探求欲，提升学生解决实际问题的能力，发展学生科学素养。继续推进 STREAM 课程、创客教育课程、大师进校园课程和人工智能课程，关注未来社会，传播未来思想，增强未来意识，建立未来观念，探索未来教育课程体系，增强课程摄入的主动性。

3. 推进综合素养课程建设。继续推进家校共育“燃”课程、阳光阅读“亮”课程、底色艺术“炫”课程、悦动体育“嗨”课程、劳动教育“润”课程和生涯教育“导”课程，积极融入时代潮流，充分彰显课程的时代内涵，提升学生的综合素养。

第四大任务：提升课程实施质量

立足课程标准，通过试点先行和示范引领机制，探索单元整体课程设计，推进教学方式深度变革，提高作业设计水平，着力解决课程改革重难点问题，全面提高课程实施质量。

1. 探索单元整体课程设计。聚焦核心素养培育，基于学科课程标准，以学科大概念为核心，从明确单元课程理念、分析单元课程情境、厘定单元课程目标、研发单元课程内容、激活单元课程实施和设计单元课程评价等方面入手，探索单元整体课程设计，实现标准要求与目标设计、课程设计与教学设计、内容设计与学习设计、任务设计与活动设计、教学设计与评价设计的有机统一，提升学科课程育人价值。

2. 推进教学方式深度变革。根据核心素养形成规律，依据学生学习发生的基本途径，在学习、交往、实践和反思的基础上，逐步把间接学习和直接学习，知识学习与问题解决，形式训练与任务完成，课堂学习与实践活动，课内外、校内外、家庭学校社会结合起来，多主体协同、多途径融合、多情境转换，课程实施路径与学生学习方式紧密结合，注重学科实践和跨学科学习，让学生通过亲身体验丰富学习的直接经验，促进经验之间的转化和融合。加强课程学习与综合实践、社会生活的联系，建立以学习为中心的课程连续体，丰富学生的学习情感态度，体验学习过程与方法，促进学生核心素养的形成。

3. 全面提高作业设计水平。在用好基础性作业的基础上，多维度引导教师提高作业设计水平，鼓励教师设计探究性作业和实践性作业，探索设计情境性跨学科综合作业；广泛开展优质作业设计展示交流，加强作业设计培训。

第五大任务：创新课程评价方式

课程评价是课程建设质量的根本保证，对高品质课程建设具有激励、监督和调控作用。

1. 课程发展的文本评价。系统考查学校课程规划、学校课程指南、学科课程群建设方案、跨学科课程创意设计、校本课程纲要、单元整体课程设计等课程文本是否齐备，查看相关内容要素是否完整、表述是否科学、设计是否规范。

2. 课程建设的主体评价。课程建设的主体评价主要包括校长、教师和学生。其中，评价校长的课程领导力，主要从价值理解力、逻辑建构力、目标厘定力、框架设计力、课程开发力、实施推进力、评价激励力和资源保障力角度进行；评价教师的课程执行力，最主要看教师对所教课程的理念理解度和目标达成度；评价学生的课程学习，最主要是看通过课程的学习，学生的行为模式和学业成绩的提升效果，即学校育人目标的达成度。此外，外部因素对于课程实施的影响，比如政府机构的支持力度，相关社会力量诸如社会团体、社区资源以及学生家长的支持和理解等，也是课程实施过程评价需关注的内容。

3. 课程实施的效果评价。从以下三个维度进行评价：一是学生的学习结果，包括学生在课程学习过程中的表现、学生对课程学习的态度、学生核心素养的培养、学生对不同学习方式的运用、学生对课程的满意程度；二是教师的专业发展，包括教师课程领导力的提升、教师参与课程设计能力的提升、教师进行评价能力的提升、教师共同体的成长、教师对课程方案的满意程度等；三是学校的发展成效，包括课程建设是否促进学校的发展、是否为学校发展带来新的契机，家长对学校课程的满意程度，课程评价结果对于学校课程发展的价值等。

第六大任务：提高课程智治水平

课程治理现代化是在信息化、数字化、智能化背景下，通过创新教育模式、优化课程体系、推进课程实施、加强课程管理，全面提升课程品质的过程。升级课程资源数据库，构建课程智治长效发展机制，全面提高课程智治水平，是课程治理现代化的重要任务。

1. 加快课程数字化转型。充分利用人工智能和大数据技术，建设泛在学习环境，推进课程数据库建设，实现课程供给的个性化精准服务和资源多元融合，推进课程数字化转型，发展终身学习体系。

2. 推进数字化赋能教学。充分利用数字化赋能基础教育，推动数字化在拓展教学时空、共享优质资源、优化课程内容与教学过程、优化学生学习方式、精准开展教学评价等方面广泛应用，基于大数据开展信息技术与教育教学的深度融合，推进个性化精准教学，促进教学更好地适应知识创新、素养形成发展等新要求，构建数字化背景下的新型教与学模式，助力提高教学效率和质量。

3. 建立课程反馈改进机制。完善课程管理规范体系，建立学习数据隐私保护机制。统筹推进课程数据无感采集、深度挖掘和开放共享，建立贯通的课程大数据归集和分析系统，形成课程反馈改进机制，为有效推进课程实施提供参考依据。

为了落实上述六大任务，深圳市坪山区变革传统教研方式，以问题为导向，在区域层面推进科研、教研、师训、信息四大研究部门贯通与融合，整合各类资源，建立健全协同研究机制。联合教科研机构、高校及培训、电教、装备等部门，充分发挥外部专业力量与内生力量的共同作用。探索课程备案与审议制度，强化专业引领，促进课程品质的整体提升。同时，构建课程督导机制，强化政府履行教育职责，提升政府对课程改革的保障能力，优化课程资源配置，优化区域课程改革环境。推进课程视导，落实课程专项督导制度，提升课程专项督导水平。引入第三方课程视导机制，合理运用视导结果，将结果作为资源配置的重要依据。

五年来，坪山区推进课程治理现代化取得了丰硕的成果，抢占了时代制高点，找准了理想落脚点，突出了现实结合点，把握了根本着力点，形成了常态落实点，积累了独具特色的坪山课程改革经验。

张秋来　王　琦　杨四耕

2024 年 6 月 7 日

目录 | contents

武术，是我国的一项传统体育运动，被誉为中华传统文化的瑰宝。武术既注重体格之锻炼，又关注精神之修养，兼及体操之功能和舞蹈之美感。

羽毛球和乒乓球是飘逸与旋转的艺术，蕴含着无尽的奥秘与智慧，作为连接世界的特殊语言，跨越国界，把不同文化的人们紧紧联结在一起。

游泳被世卫组织认定为最好的运动，啦啦操被人们称为最好的仪式。在这个充满激情与活力的世界里，它们是人们生活中不可或缺的一部分。

前言

让大家嗨起来的体育课程

2022年，深圳市坪山区率先推行义务教育阶段每天一节体育课的试点工作。2024年，《深圳市义务教育阶段学校每天一节体育课教学指导意见》出台。这一文件主要从科学编制课程计划、合理制定学习目标并选编教学内容、改进课堂教学方式方法和促进课内外有机结合等四方面提升每天一节体育课的教育教学效果。坪山区坚持推动“悦动体育”课程，落实“一校一策”“一校多品”“高质高效”三大原则，学生体质因而增强，教师专业因此发展，“悦动体育”课程建设取得良好效果。2023年，《中国教育报》以“聚焦坪山区以课改推进育人方式改革”为题，对坪山区品质课程进行了整版报道，其中“悦动体育”课程社会反响尤好。近些年来，坪山区学生体质健康水平稳步提升，2020年学生合格率96.80%、优良率44.56%；2021年学生合格率97.54%、优良率54.63%；2022年学生合格率97.9%、优良率63.28%。

当前，学校体育存在这样一些问题：学生体质健康水平不高、缺乏学习兴趣以及学不会运动技能等。究其原因，体育课程实施过程中存在“蜻蜓点水、低级重复、浅尝辄止、半途而废”等问题。随着课时量的增加，教学内容的问题更加凸显。坪山区“一校一品”建设符合本区特色的“品质课程库”，保证学生能选择到自己喜爱的运动项目，着力解决构建适合学校特色的一体化体育课程体系。到目前为止，坪山区悦动体育“嗨”课程主要有悦动篮球、炫动足球、绳彩飞扬、活力青春（啦啦操）、英武少年等普及性课程，还有各学校依据自身条件，开发的游泳、乒乓球、羽毛球、轮滑等项目课程。

悦动体育“嗨”课程有以下几方面的特点：一是以生为本，以学定教。悦动体育“嗨”课程从学生的角度出发，结合学校的特色发展，每个项目都从学、练、赛、评四个维度展开，注重内容的衔接，一体化推进。二是普及性高，利于推广。悦动体育“嗨”课程有16个项目，基本覆盖了学生喜欢的各种运动，为学生的终身体育奠定了坚实的基础。三是生动有趣，源于实践。每个项目都源于一所学校特色和实践经验，深受学生的喜爱。

悦动体育“嗨”课程的目标是教会学生基本运动技能，并发展学生体能，发挥体育在立德树人与强身健体上独特的价值与功能，让其在运动比赛中享受乐趣，增强体质，健全人格和锤炼意志，养成终身运动的习惯，形成健康的生活方式。

我们把课程目标、课程内容、课程实施和课程评价等内容进行逻辑体系的连接，避免体育课程在各学段出现“铁路警察，各管一段”的问题。因此，悦动体育“嗨”课程要提升质量，就必须围绕育人目标，合理设置课程内容，优化教学方法，发挥评价的诊断和激励作用。本书根据体育特色项目的类别分八章，主要内容如下：

第一章，连接世界的奇特语言。我们认为，篮球是一种奇特语言，用其独特的运动语言使人们同场竞技，连接拓宽视野，带来乐趣以享受生活。篮球课程内容注重一体化的有效衔接，以生为本，因材施教，学以致用，设置“跳一跳摘桃子”的学习目标，把技能和体能有机融合，教会、勤练、常赛三位一体。通过学习，学生初步掌握一项篮球运动技能，培养终身的运动兴趣，养成健康的生活方式，为其幸福人生打下坚实的基础。

第二章，世界第一的运动。这一章是专门讲孩子们喜欢的足球。足球是一项以脚为主，控制和支配球的运动，因其对抗性强、战术多变、参与人数多等特点，被誉为“世界第一运动”。本课程旨在实现人人会足球，以足球校本课程为基础，成立足球社团、足球校队，并利用大课间的时间引导学生学习各种足球技能，注重足球的普及，使学生在形式多样的足球活动中展现自我，体验足球运动带来的快乐和精彩。通过“点上提高，面上普及”的策略，使足球队队员掌握牢固的基本技术，以足球运动带动全校学生掌握健身的技能，养成健身的习惯，使全校学生具有健美的身体、健康的心理、健全的人格。

第三章，运动之“王”，“跳”出精彩，“绳”舞飞扬。跳绳系列课程根据学生的学习需求和兴趣爱好，面向全体学生，确立了“达标争优、强健体魄”的教学理念，落实“教会、勤练、常赛”要求，注重“学、练、赛”一体化教学。遵守“健康第一、因材施教、身心协调发展、知识技能并重、终身体育能力”的体育教学原则，将校园跳绳品质课程纳入学校发展规划和年度工作计划中，制定了一系列关于校园跳绳品质课程工作的规章制度和工作制度，不断促进跳绳系列课程的完善。

第四章，中华民族传统文化的瑰宝。中华武术是中华民族在长期的生产劳动、与大自然的搏斗和冷兵器时代的战争中逐步形成与发展起来的一种体育项目，具有健身、护体、防敌、制胜的作用。武术不仅可以强身健体，更是传承中华传统优秀文化的重要载体。

第五章，世界上速度最快的球类运动，羽毛球飘逸舞动青春，乒乓旋转共绘精彩。羽毛球和乒乓球运动均属于我国三小球项目，适合各年龄段人群参与，因此在我国有着广泛的群众基础。通过羽毛球和乒乓球运动，可以提高学生的灵敏性、协调性、反应能力、心理抗压能力和体能。本课程在当下重视体育和立德树人的背景下应运而生，旨在通过校园羽毛球和乒乓球品质课程的推进，提升中小学生的体育综合素养。在课程内容、课程实施、课程评价等方面做了详细的规划，相信通过严谨的课程管理可以使每位参与其中的孩子从中受益。

第六章，世界上最好的运动游泳和最有活力的啦啦操。游泳被世界卫生组织认定为“世界上最好的运动”之一。游泳不仅可以提高人的身体素质，减少关节损伤的风险，还可以提升人的免疫系统和呼吸水平，同时改善人的形体，提高精神愉悦度。啦啦操是一项风靡全球的运动，集体操、舞蹈、音乐、健身、娱乐于一体，在世界范围内有着广泛的影响力。通过在校园内开展游泳和啦啦操课程，满足不同学生的运动需求，鼓励有条件的学校开展游泳课程，并将啦啦操作为普及课程在全区推进。我区坚持“活力啦啦，铸造童梦”的课程理念，让每一个孩子都能感受啦啦操带来的乐趣。

第七章，百折不屈，勇往直前。跆拳道，是现代奥运会正式比赛项目之一，是一种主要使用手及脚进行格斗或对抗的运动。跆拳道具有健身价值、健心价值、防身和自卫价值以及娱乐观赏价值等，有利于青少年学生健康成长。定向越野是一种借助地图、指北针或其他导航工具，在一个设定的范围内，通过途中的各种障碍，快速到达各个目标点位，并且完成各个点位任务，最后到达终点的运动。在中小学开设此课程，有利于培养学生生存技能。

第八章，射箭、跑酷、匹克球、棒垒球、轮滑运动是近些年我国新兴运动项目，吸引着不少爱好者，这些新兴运动不仅有强身健体的功能，能够培养学生的平衡性、灵活性、协调性和反应能力，也具有为人们提供娱乐休闲、社交沟通的作用，深受青少年的喜爱。

总之，本书源于教育教学实践，是各学校开展一校一品内涵发展的智慧结晶。

第一章

连接世界的奇特语言

篮球是一种奇特语言，用其独特的语言使人们同场竞技，连接世界，拓宽视野，带来乐趣和享受。

第一节　篮球，悦动的幸福感

坪山区同心外国语学校创办于2014年，目前拥有96个班级，学生4 391人，是一所有着“面向人人”体育特色的现代化公办九年一贯制学校。学校被评为全国篮球、足球特色学校。学校在坪山区“悦”动体育课程的引领下，致力于构建一体化的篮球课程。通过市级课题研究，学校的一体化篮球课程已经通过两轮的优化升级。一体化篮球课程带来了悦动的幸福感，服务师生的成长与发展。为丰富篮球课程内容，我们通过每周一节篮球课，提高学生篮球技术，使学生真正具备篮球运动能力。同时，我们发挥篮球专项体育教师特长，让“专业的人干专业的事”，让学生接受更专业、更精准的篮球教育。

一　背景和理念

学校在落实每天一节体育课的教学质量时，抓住了课堂教学内容的“牛鼻子”，结合体育学科核心素养的要求，培养学生的运动能力、健康行为和体育品德。其中，篮球运动能力素养的基础是篮球知识、篮球技术和篮球战术等；篮球健康行为素养是解决生活过程中所遇到健康相关问题的方法论；篮球体育品德素养是在通过篮球运动体验、认识及内化等过程中，逐步形成相对稳定的价值观。一线教师对学科核心素养的重视主要体现在落实层面，要理解篮球运动对人的发展所具备的价值和意义，让篮球的教育教学回归和服务于人的全面发展。学校小学学段篮球理念是注重篮球课程内容的一体化有效衔接，旨在为学生幸福人生奠基。从课程内容的设计着手，在国家课程标准的指导下，注重把各学年的课程目标、课程内容、课程实施、课程评价等内容进行一定的逻辑的组合与连接，抓学生的最近发展区，使小学阶段六年课程达到有效的衔接，避免“铁路警察，各管一段”的问题。通过小学阶段的学习，学生初步掌握一项篮球运动技能，达到能打篮球比赛的目标，培养终身运动兴趣，养成健康的生活方式。

二 课程目标

课程目标即学生初步掌握篮球运动的关键技能和必备品格，学生通过一体化教学内容的学习，掌握篮球基本运动技能，学会简单的篮球技战术，能够参与比赛，尊重规则、对手和裁判，具备基本的篮球运动品格和健康行为能力。

1. 运动能力目标：以发展学生跑跳投等基本运动能力为基础；注重培养学生篮球球感、球性，提高控制球的能力，学习篮球基本运动技能，初步掌握简单的篮球技战术配合，能够参与篮球比赛。

2. 健康行为目标：注重培养学生每天运动的生活习惯，收获篮球的高峰体验，学会情绪调控、健康饮食和科学运动等健康行为的方法论。

3. 体育品德目标：注重培养学生勇敢顽强、追求卓越等体育精神以及公平竞争、尊重对手和裁判、服从规则等体育道德品格的价值观。

三 课程内容

水平一阶段以培养兴趣为主，让学生熟悉球性，把拍球、原地运球和抛接球等各种重要的篮球球性技能与体能的各种快速移动和加速跑相结合；水平二阶段以培养学生的比赛获得感为主，让学生能够上场比赛得分，把运球、传接球和各种投篮等重要的篮球得分技能与体能的脚步移动和速度耐力相结合；水平三阶段以培养学生全场打比赛的能力为主，让学生能够自信地上场比赛，把运球突破、传接球、投篮等各种篮球基本技能进行组合升级，同时会简单的篮球战术和基本了解篮球比赛规则，技能和体能融合发展。

（一）一年级篮球课程计划和内容安排

表 1-1-1　一年级篮球课程计划

学习目标	学习内容		课时(%)	教学要点
	类别	内容		
	游戏比赛	篮球游戏	16(40)	
	球感	拍球、绕球、滚球、转球，绳梯脚步	8(20)	

续 表

学习目标	学习内容		课时(%)	教学要点
	类别	内容		
1. 参与篮球游戏和比赛，培养球感。 2. 体验篮球活动的乐趣。	技术	原地运球技术	4(10)	1. 以游戏法为主要教学方法。 2. 以游戏比赛培养学生对篮球的兴趣。
		原地传接球技术	8(20)	
	知识	篮球故事	4(10)	
	身体素质	柔韧性、灵敏性、协调性、反应能力	——	

表 1-1-2　一年级篮球教学课次内容示例

一年级上学期		一年级下学期	
课次	主要内容	课次	主要内容
第 1～2 课	持球接力游戏，绕球	第 1～2 课	一点运球(内 8)
第 3～4 课	滚球接力游戏，滚球	第 3～4 课	一点运球(外 8)
第 5～6 课	抛接球游戏，高低拍球	第 5～6 课	双手胸前传接球
第 7～8 课	行进间绕球接力游戏，单手的左推右拉	第 7～8 课	击地传球
第 9～10 课	行进间滚球接力游戏，单手的前推后拉	第 9～10 课	单手肩上传球
第 11～12 课	绕滚球接力游戏，三点拍球	第 11～12 课	单手肩上击地传球
第 13～14 课	运球接力游戏，胯下三点拍球	第 13～14 课	双手头上传球
第 15～16 课	脚侧夹球跳接力游戏，前推后拉接胯下	第 15～16 课	原地初步投篮技术
第 17～18 课	前推后拉	第 17～18 课	原地投篮练习
第 19～20 课	知识课：篮球运动小故事	第 19～20 课	知识课：篮球运动小故事

（二）二年级篮球课程计划和内容安排

表 1－1－3　二年级篮球课程计划

学习目标	学习内容		课时(%)	教学要点
	类别	内容		
1. 学习运球、传接球等基本技术动作，培养球感。 2. 体验篮球活动的乐趣。	游戏比赛	篮球游戏	16(40)	1. 以游戏法为主要教学方法。 2. 以游戏比赛培养学生对篮球的兴趣。
	球感	拍球、绕球、滚球、转球	8(20)	
	技术	行进间的运球技术	6(15)	
		行进间的传球技术	6(15)	
	知识	篮球基础知识	4(10)	
	身体素质	柔韧性、灵敏性、协调性、反应能力	——	

表 1－1－4　二年级篮球教学课次内容示例

二年级上学期		二年级下学期	
课　次	主要内容	课　次	主要内容
第 1～2 课	行进间高低运球	第 1～2 课	原地右手胯下运球
第 3～4 课	行进间右手变速运球	第 3～4 课	原地左手胯下运球
第 5～6 课	行进间左手变速运球	第 5～6 课	原地右手背后运球
第 7～8 课	行进间右手体前横拉运球(障碍物)	第 7～8 课	原地左手背后运球
第 9～10 课	行进间左手体前横拉运球(障碍物)	第 9～10 课	原地右手转身运球
第 11～12 课	行进间右手体前变向运球(障碍物)	第 11～12 课	原地左手转身运球
第 13～14 课	行进间左手体前变向运球(障碍物)	第 13～14 课	双手持球绳梯脚步
第 15～16 课	行进间右手急停急起运球	第 15～16 课	单手运球绳梯脚步

续 表

二年级上学期		二年级下学期	
课　次	主 要 内 容	课　次	主 要 内 容
第 17～18 课	行进间左手急停急起运球	第 17～18 课	行进间双手交替运球
第 19～20 课	篮球基础知识	第 19～20 课	篮球基础知识

（三）三年级篮球课程计划和内容安排

表 1－1－5　三年级篮球课程计划

学习目标	学 习 内 容		课时(%)	教学要点
	类　别	内　　容		
1. 乐于学习和展示简单的篮球动作。 2. 初步掌握简单的篮球组合技术。 3. 培养相互配合的合作意识。	游戏比赛	篮球游戏	12(30)	1. 游戏法与比赛法相结合。 2. 注重学生球感的培养。 3. 注重学生技术运用的合理性。
	球感	拍球、绕球、滚球、转球	4(10)	
	技术	单手肩上投篮	4(10)	
		行进间运球上篮	6(15)	
		个人进攻与防守脚步	6(15)	
	战术	1VS1	4(10)	
	知识	篮球比赛方法	4(10)	
	身体素质	柔韧性、灵敏性、协调性、平衡能力	——	

表 1－1－6　三年级篮球课次内容示例

三年级上学期		三年级下学期	
课　次	主 要 内 容	课　次	主 要 内 容
第 1～2 课	单手肩上投篮技术	第 1～2 课	个人进攻前转身、后转身脚步
第 3～4 课	篮下原地三步上篮技术	第 3～4 课	个人进攻持球交叉步，瞬步突破

续 表

三年级上学期		三年级下学期	
课 次	主 要 内 容	课 次	主 要 内 容
第 5～6 课	半场行进间运球三步上篮	第 5～6 课	个人行进间跳步传接球交叉步，瞬步突破
第 7～8 课	原地双手高低运球	第 7～8 课	行进间双手高低运球
第 9～10 课	原地双手左右横拉运球、前后推拉运球	第 9～10 课	行进间双手左右横拉运球、前后推拉运球
第 11～12 课	行进间两人滑步胸前平传球、击地传球、头上传球	第 11～12 课	行进间三人全场胸前平传球、击地传球、头上传球
第 13～14 课	半场行进间传接球上篮	第 13～14 课	半场持球交叉，瞬步突破 1VS1
第 15～16 课	半场 1VS1	第 15～16 课	全场 3VS3
第 17～18 课	全场 3VS3	第 17～18 课	全场 4VS4
第 19～20 课	篮球基础知识	第 19～20 课	篮球基础知识

(四) 四年级篮球课程计划和内容安排

表 1-1-7　四年级篮球课程计划

学习目标	学习内容		课时(%)	教学要点
	类 别	内 容		
1. 乐于学习和展示简单的篮球动作。 2. 发展运球、投篮、传接球等基本组合技术能力以及基础战术意识。 3. 培养合作意识和规则意识。	游戏比赛	篮球游戏	12(30)	1. 游戏法与比赛法相结合。 2. 注重学生技术运用的合理性。 3. 注重学生基础战术意识的培养。
	球感	拍球、绕球、滚球、转球	4(10)	
	技术	跳投技术	6(15)	
		篮下进攻技术	6(15)	
		传球、接球、运球、投篮组合技术	4(10)	
	比赛	半场 3VS3，全场 5VS5	4(10)	
	知识	篮球竞赛规则	4(10)	
	身体素质	柔韧性、灵敏性、协调性、平衡能力	——	

表 1-1-8　四年级篮球课次内容示例

四年级上学期		四年级下学期	
课　次	主 要 内 容	课　次	主 要 内 容
第 1～2 课	行进间胯下运球	第 1～2 课	行进间右手转身运球
第 3～4 课	行进间背后运球	第 3～4 课	行进间左手转身运球
第 5～6 课	双手胸前传接球	第 5～6 课	单手传球
第 7～8 课	行进间双手胸前传接球	第 7～8 课	过顶传球
第 9～10 课	单手肩上投篮	第 9～10 课	接自抛球投篮
第 11～12 课	45°打板投篮	第 11～12 课	接传球投篮
第 13～14 课	三步上篮	第 13～14 课	接自抛球三步上篮
第 15～16 课	半场运球三步上篮	第 15～16 课	行进间传接球三步上篮
第 17～18 课	半场 3VS3，全场 4VS4	第 17～18 课	半场 3VS3，全场 4VS4
第 19～20 课	篮球规则	第 19～20 课	篮球学年考核

（五）五年级篮球课程计划和内容安排

表 1-1-9　五年级篮球课程计划

学习目标	学习内容		课时(%)	教学要点
	类　别	内　容		
1. 乐于学习和展示简单的篮球动作。 2. 发展运球、投篮、传接球等基本组合技术能力以及基础战术意识。 3. 培养合作意识和规则意识。	游戏比赛	篮球游戏、比赛	9(22.5)	1. 游戏法与比赛法相结合。 2. 注重学生技术运用的合理性。 3. 注重学生基础战术意识的培养。
	球感	拍球、绕球、滚球、转球	4(10)	
	技术	急停、转身技术	6(15)	
		篮下进攻技术	2(5)	
		篮板球技术	2(5)	
		传球、接球、运球、投篮组合技术	6(15)	

续 表

学习目标	学习内容		课时(%)	教学要点
	类别	内容		
	战术	传切配合、掩护配合	7(10)	
	知识	篮球竞赛规则	4(17.5)	
	身体素质	柔韧性、灵敏性、协调性、平衡能力	——	

表 1-1-10　五年级篮球课次内容示例

五年级上学期		五年级下学期	
课　次	主要内容	课　次	主要内容
第 1～2 课	定点投篮	第 1～2 课	篮球专项身体素质练习
第 3～4 课	接球急停投篮	第 3～4 课	三角运球传接球
第 5～6 课	前转身与后转身	第 5～6 课	体前变向接三步上篮
第 7～8 课	三分线接传球突破上篮	第 7～8 课	二人运球传接球
第 9～10 课	传切配合 1	第 9～10 课	传切配合 2
第 11～12 课	篮底进攻、篮底投篮假动作	第 11～12 课	游戏：循环运球上篮
第 13～14 课	卡位争抢篮板球	第 13～14 课	二、三人运球传接练习
第 15～16 课	掩护配合	第 15～16 课	四人运球传接练习
第 17～18 课	篮球竞赛知识，3VS3	第 17～18 课	半场 4VS4，全场 5VS5
第 19～20 课	考核	第 19～20 课	考核

（六）六年级篮球课程计划和内容安排

表 1-1-11　六年级篮球课程计划

<table>
<tr><th rowspan="2">学习目标</th><th colspan="2">学 习 内 容</th><th rowspan="2">课时(%)</th><th rowspan="2">教学要点</th></tr>
<tr><th>类 别</th><th>内 容</th></tr>
<tr><td rowspan="9">1. 主动参与篮球学习。
2. 进一步提高在比赛中技战术的运用能力。
3. 强化规则意识，学会调节情绪的方法。</td><td>球感</td><td>拍球、绕球、滚球、转球</td><td>4(10)</td><td rowspan="9">1. 注重学生左右脚的协调发展。
2. 注重学生攻防意识的培养。
3. 注重小场地比赛的运用。</td></tr>
<tr><td rowspan="3">技术</td><td>后卫技术</td><td>4(10)</td></tr>
<tr><td>前锋技术</td><td>4(10)</td></tr>
<tr><td>中锋技术</td><td>4(10)</td></tr>
<tr><td>战术</td><td>全场紧逼防守、联防、破联防</td><td>8(20)</td></tr>
<tr><td>比赛</td><td>全场比赛</td><td>12(30)</td></tr>
<tr><td>知识</td><td>伤害预防、自我保护</td><td>4(10)</td></tr>
<tr><td>身体素质</td><td>灵敏性、协调性、平衡能力、速度素质</td><td>——</td></tr>
</table>

表 1-1-12　六年级篮球课次内容示例

六年级上学期		六年级下学期	
课 次	主 要 内 容	课 次	主 要 内 容
第 1～2 课	三分球投篮	第 1～2 课	篮球专项身体素质练习
第 3～4 课	篮下转身投篮	第 3～4 课	协防持球球员
第 5～6 课	勾手投篮	第 5～6 课	后仰投篮
第 7～8 课	低位背打	第 7～8 课	抛投
第 9～10 课	防守步伐	第 9～10 课	包夹
第 11～12 课	紧逼防守步伐	第 11～12 课	整体防守
第 13～14 课	破紧逼防守	第 13～14 课	二三联防

续 表

六年级上学期		六年级下学期	
课 次	主 要 内 容	课 次	主 要 内 容
第15～16课	补防和回防	第15～16课	破二三联防
第17～18课	篮球竞赛知识，3VS3	第17～18课	全场5VS5
第19～20课	考核	第19～20课	考核

四 课程实施

我们创新篮球教学策略，采用“验—探—学”的形式，即“情景体验—合作探究—练、赛中教与学”。教学过程中从“重技术教学”转向“重核心素养的培养”。在小学阶段每周开设一节篮球课，让篮球专业教师教篮球，基本上从一年级到六年级都由同一位篮球教师进行教学，认真实施学校一体化的课程计划，把握学生最近发展区，设置符合学情的教育教学目标，创设由简到难的情境，培养学生运用技术解决实际问题的能力。教学方法采用大单元设计，不再碎片化地割裂每个技术动作设计教学，构建起纵向衔接、横向一致、内在统一、形式联合的篮球一体化课程体系。

我们推行幸福篮球课程模式，打造“乐动会”幸福篮球课堂。篮球课程不仅仅是为学生身体健康和终身体育奠基，更加注重学生的幸福体验和幸福追求，即从注重健康篮球到注重幸福篮球的价值追求。“乐动会”篮球课堂，强调“乐”，注重让学生体验篮球运动的快乐，收获成功的高峰体验；强调“动”，要有一定的运动负荷，教师精讲学生多练，分小组合理利用场地，让学生少排队等待，提高练习的密度；强调“会”，学生掌握每个运动技能的同时重视其在真实情景中的运用和实践，会比赛，由会运动技能提升到具备运动能力，重视学生幸福感教育。

学校开展形式多样的班级篮球比赛。学校通过班级篮球联赛、亲子周末等活动，保证“班班有球队，人人都参与，周周有比赛”，真正落实课堂教会技能、课后勤练技能和平时常赛运用技能的三位一体的育人模式。

五 课程评价

（一）一年级学年考核项目与方法

表 1-1-13 小学一年级篮球课考核项目评价表与方法

等级	单项得分	小篮球场 10×5 折返跑(秒)		1 分钟原地拍球(个)		1 分钟原地传球(个)	
		男生	女生	男生	女生	男生	女生
A	100	10.60	11.20	150	140	40	37
	95	11.40	12.00	140	130	37	34
	90	12.20	12.80	130	120	34	31
B	85	13.00	13.60	120	110	31	28
	80	13.80	14.40	110	100	28	25
C	75	14.60	15.20	100	90	25	22
	70	15.40	16.00	90	80	22	19

1. 体能考核：小篮球场 10×5 折返跑

10×5 折返跑主要测试学生快速启动、急停及转换的能力。测试方法是让测试学生在篮球场边线处准备，裁判发令并且计时。测试学生出发后，跑至对面边线后折返，然后在两边边线之间用最快速度往返 5 次。学生启动时脚不许踩线，折返时必须有一只脚踩到罚球线或者端线，否则算违例，最后到达终点停表。每人测试 2 次，取最好成绩。

2. 技术考核：1 分钟原地拍球

原地拍球主要测试学生运球能力和球感，测试方法是让测试学生两人一组一球，裁判发令并且开始计时，一人测试一人数数，每人测 2 次，取最好成绩。

3. 技术考核：1 分钟原地传球

原地传球主要测试学生的传球技术能力。测试方法是受测学生分四人一组站在小篮球场 3 米远的位置，裁判发令时开始计时。测试学生中两人一球开始传球，另外两人监督数数。每人测 2 次，取最好成绩。

（二）二年级学年考核项目与方法

表 1-1-14　小学二年级篮球课考核项目评价表与方法

等级	单项得分	四角移动测试(秒)		全场障碍物运球(秒)		全场运球传球(秒)	
		男生	女生	男生	女生	男生	女生
A	100	9.40	10.00	14.32	15.68	13.50	14.30
	95	9.73	10.36	15.87	17.48	14.10	14.90
	90	10.06	10.72	17.42	19.28	14.70	15.50
B	85	10.39	11.08	18.97	21.08	15.30	16.10
	80	10.72	11.44	20.52	22.88	15.90	16.70
C	75	11.05	11.80	22.07	24.68	16.50	17.30
	70	11.38	12.16	23.62	26.48	17.10	17.90

1. 体能考核：四角移动测试

四角移动主要测试学生快速启动、急停及转换的能力。测试方法是在篮球场中间摆放 4 个标志桶，离中圈中心位置为 5 米。测试学生站在中圈中心处，裁判发令的同时开始计时，测试学生依次移动至 1～4 号标志杆并用手触摸标志桶后回到中心点。测试场地为标准小篮球场地，标志桶之间的夹角为 60°，间距为 5 米，中圈中心到标志桶之间距离为 5 米。每人测 2 次，取最好成绩。

2. 技术考核：全场障碍物运球

全场障碍物运球主要测试学生在移动中控制球的能力和运球推进的速度。测试方法是学生持球站在篮球场端线外准备，裁判发令的同时开球计时，测试学生用右手快速运球推进，在每一个障碍物前做体前变向运球绕过障碍物并换手，共计 4 个障碍物，到达最后一个障碍物时，用手触摸障碍物然后折返，用相同的方式绕过之前的障碍物，到达底线测试结束，每人测试 2 次，取最好成绩。测试场地为标准小篮球场，起点在限制区边线与端线交点上，共 4 个障碍物。

3. 技术考核：全场运球传球

全场运球传球主要测试学生行进间的控制球能力与处理球能力。测试方法是学生持球站位于小篮球场底线外起点，呈准备姿势，裁判发令的同时开表计时，测试学生运球绕标志杆 a1、a2、a3 做行进间的“S”型轨迹运球，其中在经过标志杆 a2 的时候迅速将球准确传给①号，继续加速至标志杆 a3 接①的回传球到对面底线绕过障碍物。继续运球绕标志杆 b1、b2、b3 做行进间“S”型轨迹运球，其中在经过标志杆 b2 的时候迅速将球准确传给②号，继续加速至标志杆 b3 接②的回传球运球到达底线起点。每人测 2 次，取最好成绩。测试场地为标准小篮球场，起点在底线，共 6 个标志杆和 1 个障碍物。

（三）三年级学年考核项目与方法

表 1-1-15　小学三年级篮球课考核项目评价表与方法

等级	单项得分	小篮球场 10×10 折返跑（秒）		1 分钟自投自抢 3 米中距离投篮（个）		全场障碍物运球上篮（秒）	
		男生	女生	男生	女生	男生	女生
A	100	24.50	25.30	8	7	29.25	33.00
	95	25.30	26.10	7	6	30.50	34.25
	90	26.10	26.90	6	5	31.75	35.50
B	85	26.90	27.70	5	4	33.00	36.75
	80	27.70	28.50	4	3	34.25	38.00
C	75	28.50	29.30	3	2	35.50	39.25
	70	29.30	30.10	2	1	36.75	40.50

1. 体能考核：小篮球场 10×10 折返跑

10×10 折返跑主要测试学生的耐力和速度。测试方法是学生在球场的边线准备，听到裁判口令后出发，跑至对面边线后折返，然后在两边边线之间用最快速度往返 10 次。测试者启动时脚不许踩线，折返时必须有一只脚踩到罚球线或者端线，否则算违例，最后到达终点停表。每人测试 2 次，取最好成绩。

2. 技术考核：1 分钟自投自抢 3 米中距离投篮

1 分钟自投自抢 3 米中距离投篮主要测试学生中距离投篮技术的稳定性。测试方法是在距离篮筐 3 米的位置摆放若干标志盘，测试学生持球站在任意标志盘位置，在听到裁判口令后开始投篮，投篮后自己抢篮板并运球到标志盘位置再次投篮，记录测试学生 1 分钟投篮次数和投中次数。每人测试 2 次，取最好成绩。

3. 技术考核：全场障碍物运球上篮

全场障碍物运球上篮主要测试学生移动中的控制球能力和运球推进速度。测试方法是学生在球场的边线准备，听到裁判口令后运球出发，在第一个障碍物前做体前变向运球，在第二个障碍物前做后转身运球，在第三个障碍物前做背后运球，在第四个障碍物前做胯下变向运球然后行进间投篮，如果球不进需要补篮投中。之后需抢到球，按照之前的方式返回。来回折返两次，最后球入篮筐停表，记录所用时间。每人测试 2 次，取最好成绩。

(四) 四年级学年考核项目与方法

表 1-1-16 小学四年级篮球课考核项目评价表与方法

等级	15×4 折返跑(秒)		综合技能考核(秒)	
	男生	女生	男生	女生
优	18	20	30	35
良	20	22	35	40
及格	22	24	40	45

1. 体能考核：15×4 折返跑

体能考核 15×4 折返跑主要测试学生快速启动、急停及转换的能力。测试方法是学生在篮球场边线位置，裁判发令同时开表计时。学生在边线出发后，跑至对面边线算 1 次，然后在对面边线和起点边线之间用最快速度往返 2 个来回，共 4 次。测试学生启动时脚不许踩线，急停往返必须有一只脚踏到边线，否则算违例，最后通过起点边线停表。每人测 2 次，取最好成绩。

2. 综合技能考核

综合技能考核主要测试学生行进间运球技术的稳定性。测试方法是学生从起始点运球，到达行进间高低运球(8 米)区域，需运球从 1 米高的障碍下穿过；之后运球到

3 米传球区域进行传球，需将球传进传球圈为止；传球进圈后重新拿球，运球绕 5 个标志桶至直线冲刺区，收球冲过 14 米冲刺区终点。受测学生启动时开始计时，冲过终点停止计时。每人测 2 次，取最好成绩。

（五）五年级学年考核项目与方法

表 1-1-17　小学五年级篮球课考核项目评价表与方法

等级	单项得分	5.8 米折返跑(秒)		三分线运球行进间三步上篮(秒)		1 分钟自投自抢 4.5 米中距离投篮(个)	
		男生 5.8×6	女生 5.8×3	男生	女生	男生	女生
优	100	7.46	4.67	14	16	10	9
	95	7.66	4.97	16	18	9	8
	90	7.86	5.27	18	20	8	7
良	85	8.12	5.51	20	22	7	6
	80	8.52	5.86	22	23	6	5
中	75	8.97	6.11	23	24	5	4
	70	9.37	6.46	24	25	4	3
及格	65	9.67	6.76	25	26	3	2
	60	9.97	7.06	26	27	2	1

1. 体能考核：5.8 米折返跑

5.8 米折返跑主要测试学生快速启动、急停及转换的能力。测试方法是学生在球场的底线准备，听到裁判口令后出发。以罚球线为终点，男生 5.8 米×6 在底线和罚球线之间往返 3 个来回，共 6 次；女生 5.8 米×3，跑 1 个半来回。测试学生启动时脚不许踩线，往返必须有一只脚踏到罚球线或底线，否则算违例。每人测 2 次，取最好成绩。

2. 技术考核：三分线运球行进间三步上篮

三分线运球行进间三步上篮主要测试学生行进间三步上篮的稳定性。测试方法是受测学生从起始点(双脚在三分线外)运球,到达篮下三步上篮,投篮没进必须补中,投中后运球至另一侧折返点绕杆,往回再次运球三步上篮,投中后运球回到起点(双脚过三分线),分别将球场其中一个半场三分线两个 45°角作为该项考试的起始点和折返点。每人测 2 次,取最好成绩。

3. 技术考核:1 分钟自投自抢 4.5 米中距离投篮

1 分钟自投自抢 4.5 米中距离投篮主要测试学生中距离投篮技术的稳定性。测试方法是在距离篮筐 4.5 米的位置摆放若干标志盘,测试学生持球站在任意标志盘位置,在听到裁判口令后开始投篮,投篮后自己抢篮板并运球到标志盘位置再次投篮,记录测试者 1 分钟投篮次数和投中次数。每人测试 2 次,取最好成绩。

(六) 六年级学年考核项目与方法

表 1-1-18　小学六年级篮球课考核项目评价表与方法

等级	单项得分	半场 15 米折返跑(秒)		半场运球行进间三步上篮(秒)		1 分钟自投自抢 6 米中距离投篮(个)	
		男生 15×6	女生 15×3	男生	女生	男生	女生
优	100	17.86	14.97	15	17	10	9
	95	18.06	15.17	17	19	9	8
	90	18.26	15.37	19	21	8	7
良	85	18.52	15.61	21	22	7	6
	80	18.77	15.86	22	23	6	5
中	75	19.07	17.11	23	24	5	4
	70	19.37	17.36	24	25	4	3
及格	65	20.67	18.66	25	26	3	2
	60	21.97	19.96	26	27	2	1

1. 体能考核:半场 15 米折返跑

半场 15 米折返跑主要测试学生快速启动、急停及转换的能力。测试方法是学生在球场的底线准备，听到裁判口令后出发，跑至中线折返，然后在底线和中线之间往返6个来回（女生3个来回）。测试学生启动时脚不许踩线，往返必须有一只脚踏到罚球线或底线，否则算违例。每人测2次，取最好成绩。

2. 技术考核：半场运球行进间三步上篮

半场运球行进间三步上篮主要测试学生行进间三步上篮的稳定性。测试方法是学生听到裁判口令后，从中线与边线的交接处（0.5半径半圆）运球出发，三步上篮，投篮没进必须补中，投中后运球至另一侧折返点（另外一个交点），返回三步上篮，投中后运球回到起点。每人测2次，取最好成绩。

3. 技术考核：1分钟自投自抢6米中距离投篮

1分钟自投自抢6米中距离投篮主要测试学生中距离投篮技术的稳定性。测试方法是在距离篮筐6米的位置摆放若干标志盘，测试学生持球站在任意标志盘位置，听到裁判口令后开始投篮，投篮后自己抢篮板并运球到标志盘位置再次投篮，记录测试者1分钟投篮次数和投中次数。每人测试2次，取最好成绩。

（撰稿者：深圳市坪山区同心外国语学校　李函　谈龙）

第二节　篮球，运动的成就感

深圳市坪山区碧岭实验学校由创办于1968年的碧岭小学改扩建而来，2023年9月正式改制为九年一贯制学校。学校秉持“仁爱、包容”的办学思想，提出“让每一个生命都精彩”的育人理念，现有39个教学班共1 646名学生，被评为“深圳市篮球项目传统学校”。学校探索“生动教育”，构建“多元课堂”，实施“岭秀工程”。学校已初步形成“岭秀”课程体系，设有“岭心”“岭言”“岭思”“岭艺”“岭创”“岭健”课程，多元的特色校本课程让学生个性特长得以全面发展。学校以“生动教育”为载体，转变教学理念为契机，结合坪山区“品质课程建设系列”建设方案和学校“岭健”课程要求，构建了“生动篮球”体育特色课程体系，通过生动篮球，使学生获得运动成就感，让每个生命都精彩。本课程注重发展学生的体育兴趣和特长，营造学校生动精彩的体育氛围，努力打造篮球特色品牌学校。

一　背景和理念

在学校体育运动项目中，篮球运动是最普及也最受学生喜爱的一项运动。学校自建立“体育强校”的工作理念以来，经过数年的发展逐步形成了以篮球为特色的传统体育强校。学校在兼顾面向全体学生的篮球普及性教学同时，也针对性地实施体育项目先行战略，篮球教育则被列为重点特色品牌项目。学校制定了六年为一个周期、覆盖全体1～6年级1 000多名学子的篮球发展规划，实现“三个阶段”目标体系：一、二年级（篮球基础知识与趣味游戏），三、四年级（基本技术与游戏），五、六年级（动作技术与战术配合），这一发展策略的实施为学校篮球的长远发展奠定了基础！

篮球特色课程的理念是打造生动精彩的个性化、科学化的篮球教育。个性化的篮球课程要求教师针对不同学生的特点、兴趣、水平等因素，制定个性化的教学训练方案，以满足学生的需求。科学化的篮球课程要求教师根据篮球运动的特点，结合运动生理学、运动心理学等多方面的知识，科学地设计教学训练内容和方法，以提高不同学生的篮球水平。

二 课程目标

《义务教育体育与健康课程标准(2022 版)》强调了学生在体育与健康课程中所要培养的正确价值观、必备品格和关键能力,包括运动能力、健康行为和体育品德等方面。课程为了实现这些基本要求,制定了具体的篮球课程目标。

(一) 基本目标

运动能力:学生需要培养喜爱篮球运动、参与篮球活动的习惯,并具备欣赏篮球比赛的能力。需要掌握基本的篮球技术和战术配合,能够科学进行锻炼,提高自己的运动能力,了解常见运动损伤的处理方法。

健康行为:学生需要具备测试自身健康状况的能力,安排有效的锻炼计划,掌握锻炼的基本知识和方法,培养健康行为习惯,提升心理状态和抗挫折能力。

体育品德:学生通过篮球课学习和锻炼,提高体育文化和道德修养,展现体育道德和团结合作精神,正确处理竞争与合作的关系,培养社会适应能力和组织能力。

(二) 发展目标

学校设定了发展目标,适用于对篮球运动有兴趣并且有潜力的学生。这些学生需要具备较高的体育文化素养和观赏水平,积极参与各种篮球活动,形成良好的锻炼习惯,并关注篮球运动赛事。需要熟练掌握篮球技战术,在比赛中表现出较高的运动水平,并有能力代表学校参加各类篮球竞赛活动。

综上所述,学校篮球课程的目标是为了培养学生的体育精神和健康意识,提高其运动能力、健康行为和体育品德,让其在篮球运动中获得成就感和乐趣。这些目标不仅是为了学生的身体健康,更是为其全面发展和未来的成功奠定坚实基础。

三 课程内容

根据学校学生的特点,结合学校实际情况,学校按照学生的水平段制定了适合学生发展需要的课程内容,详见表 1-2-1。

表 1-2-1　篮球课程必修内容表

水平段	年　级	学　期	必　修　内　容
水平一	一年级	上学期	原地拍球：1. 左右手拍球 2. 拍球手型
		下学期	行进拍球：1. 左右手拍球走 2. 拍球手型
	二年级	上学期	原地运球：1. 左右手运球 2. 运球手型
		下学期	行进间运球：1. 行进间直线运球 2. 运球手型
水平二	三年级	上学期	原地运球：1. 原地变向运球 2. 运球姿势和手型
		下学期	行进间运球：1. 行进间曲线(S)运球 2. 运球姿势和手型
	四年级	上学期	原地传接球：1. 原地双手胸前传接球 2. 双手胸前投篮
		下学期	行进间传接球：1. 行进间双手胸前传接球 2. 传、接球手型
水平三	五年级	上学期	行进间传接球：1. 行进间双手胸前传接球 2. 双手胸前投篮
		下学期	原地投篮：1. 单手肩上投篮 2. 行进间曲线运球(往返)
	六年级	上学期	行进间投篮：1. 行进间单手肩上投篮 2. 姿势和手型
		下学期	组合技术：1. 行进间绕杆运球单手肩上投篮 2. 传切配合上篮

四 课程实施

(一) 体育常规课——校本教材《快乐篮球》

围绕学校“岭秀”课程体系中的“岭健”课程，编写篮球校本教材《快乐篮球》。按照《快乐篮球》不同水平段的学习内容，充分利用体育常规课进行篮球教学，在每学年的体育课中不少于 16 课时的篮球教学时间。

(二) 篮球社团

学校篮球训练采用学校自办社团的模式，利用课余时间进行篮球训练。无论刮风下雨、酷暑严冬都坚持早训与晚训相结合的训练模式。在不影响学生学习时间的情况下，每周一至周五每天保持 2 个小时以上的训练时间。科学合理地制订训练计划，并根据实际情况对训练计划进行实时调整，保障训练计划的有效实施。经过多年的摸索与实践，建立了一套符合学生自身实际的训练方法，篮球社团多次在市、区篮球比赛中获得佳绩，还成为深圳市第九届运动会开幕式的表演团队，为学校项目特色增光添彩。

(三) 阳光体育活动

在提倡人人参与的“全国亿万学生阳光体育运动”的背景下，大课间体育活动是一种新型的体育组织形式，是新时期加强青少年体育锻炼、增强青少年体质的战略举措。学校大课间的“快乐篮球”已经成为校园内一道亮丽的风景线。全校 1 000 多名学子人手一球，在运动的同时充分享受篮球带来的乐趣。

(四) 篮球嘉年华

为展示学生篮球水平，增强集体凝聚力，学校每学年举行快乐篮球嘉年华活动。通过展示个人技能水平的运球技巧、定点投篮比赛，通过展示集体凝聚力的班级篮球赛等，使每一名学生都能参与篮球运动，享受快乐。

五 课程评价与成效

为评价篮球课程实施效果，课程根据校本教材的目标与内容，制定了篮球课程评价标准，详见表1-2-2。

表1-2-2 篮球课程评价等级标准表

年级	项目	等级	等级标准	备注
一年级	1分钟原地拍球	优秀	50个及以上	以熟悉球性为主要目的，对篮球基础拍球形成初步的认识与兴趣
		良好	35～49个	
		合格	20～34个	
	左右手拍球向前走	优秀	失误3次以内(含3次)	15米×2往返，右手拍球到指定位置，左手拍球返回
		良好	失误4～5次	
		合格	失误6～8次	
二年级	1分钟原地运球(运球高度腰间)	优秀	50个及以上	以篮球基本功——运球的动作方法练习为主要目的，要求五指张开，用手指和指根以上部位触球，用手腕、手指的力量运球
		良好	35～49个	
		合格	20～34个	
	行进间运球：25米×2直线往返运球	优秀	失误3次以内(含3次)，动作连贯协调、自然	篮球场28米距离放置标志桶，学生运球至标志物后换手返回(以学生基础运球动作标准度和失误率打分)
		良好	失误4～5次，动作协调、方法正确	
		合格	失误6～8次，能够基本完成动作	
三年级	1分钟原地体前变向运球	优秀	60个及以上(来回算一个)，动作正确、自然连贯	左右手体前变向运球，要求动作自然、连贯
		良好	45～59个，动作能够正确、连贯	
		合格	30～44个，动作基本正确、连贯	
	行进间“S”型曲线运球	优秀	动作标准、连贯自然，没有失误	全场行进间左右手曲线运球(全场长度28米，在5、10、15、20、25米距离放置标志物)
		良好	失误2次以内(含2次)	
		合格	失误3～4次	

续 表

年级	项　目	等级	等级标准	备　注
四年级	1 分钟原地双手胸前传接球	优秀	传、接球手型正确，传得准、接得稳，用力适当，动作协调连贯。男生 28 个，女生 26 个来回或以上	两人一组面对面 4 米距离进行传、接球练习(评分以动作姿势为主，传球个数为辅)
		良好	传、接球手型较正确，球传得较准、接得较稳，用力较适当，动作连贯。男生 26 个、女生 24 个来回或以上	
		合格	传、接球手型基本正确，传、接球较稳，动作基本连贯。男生 22 个、女生 20 个来回或以上	
	1 分钟原地双手胸前投篮(自投自抢)	优秀	手型正确，上下肢协调用力。男生进 6 球以上(包括 6 球)，女生进 5 球以上(包括 5 球)	小篮筐 2.75 米高度，以篮圈垂直线为轴，画一个半径 2 米的圆，测试者在线外投篮
		良好	手型较正确，上下肢较为协调用力。男生进 4～5 球，女生进 3～4 球(包括 3 球)	
		合格	手型基本正确，上下肢基本协调用力。男生进 2～3 球，女生进 1～2 球	
	25 米距离行进间双手胸前传接球	优秀	传、接球手型正确，传得准、接得稳，用力适当，动作协调、连贯，无失误	两人一组，25 米距离往返传接球
		良好	传、接球手型较正确，传得准、接得稳，用力适当，动作协调、连贯，失误 2 次以内(包括 2 次)	
		合格	传、接球手型较正确，基本能够传准传稳，失误 3～4 次	

续 表

年级	项　目	等级	等级标准	备　注
五年级	25 米距离行进间双手胸前传接球	优秀	男：7 秒以内(含 7 秒) 女：9 秒以内(含 9 秒)	在四年级已学技能的基础上巩固练习，测试标准除了动作标准和失误率外，还需在较短时间内完成
		良好	男：7.1 秒～10 秒 女：9.1 秒～12 秒	
		合格	男：10.1 秒～13 秒 女：12.1 秒～15 秒	
	17 米往返行进间曲线运球	优秀	男：16 秒以内(含 16 秒) 女：18 秒以内(含 18 秒)	从起点开始，5 米处设置标志桶，共设 10 个，每排 2 个，前后标志桶之间相距 3 米，左右两个标志桶之间相距 1 米，学生绕标志物 S 型运球
		良好	男：16.1 秒～19 秒 女：18.1 秒～21 秒	
		合格	男：19.1 秒～22 秒 女：21.1 秒～24 秒	
	1 分钟原地双手胸前投篮(自投自抢)	优秀	手型正确，上下肢协调用力，男生进 6 球，女生进 5 球	以篮圈垂直线为轴，画一个半径 2 米的圆，测试者在线外投篮
		良好	手型较正确，上下肢较为协调用力，男生进 4 球，女生进 3 球	
		合格	手型基本正确，上下肢基本协调用力，男生进 2 球，女生进 1 球	
	1 分钟原地单手肩上投篮	优秀	手型正确，上下肢协调用力，男生进 6 球，女生进 5 球	以篮圈垂直线为轴，画一个半径 2 米的圆，测试者在线外投篮
		良好	手型较正确，上下肢较为协调用力，男生进 4 球，女生进 3 球	
		合格	手型基本正确，上下肢基本协调用力，男生进 2 球，女生进 1 球	

续 表

年级	项　目	等级	等 级 标 准	备　注
六年级	1分钟行进间单手肩上投篮“V”字形	优秀	手型正确，上下肢协调用力，动作自然连贯，男生进球7个或以上，女生进球6个或以上	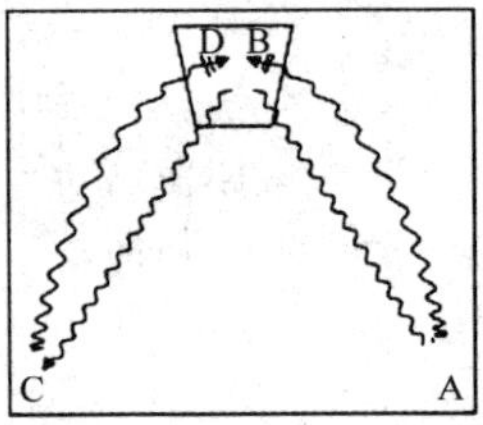 在三分线两个45°角设立标志物，从A点运球到B附近投进一球，再从B处运球到中线一角C处，折回，运球到D附近投进一球，最后运球回至A处
		良好	手型较正确，上下肢较协调用力，动作较自然连贯，男生进球5～6个，女生进球4～5个	
		合格	手型基本正确，上下肢基本协调用力，动作基本自然连贯，男生进球3～4个，女生进球2～3个	
	行进间绕杆运球单手肩上投篮×2	优秀	手型正确，动作自然、协调、连贯，进球(不进补中) 男：23秒 女：26秒	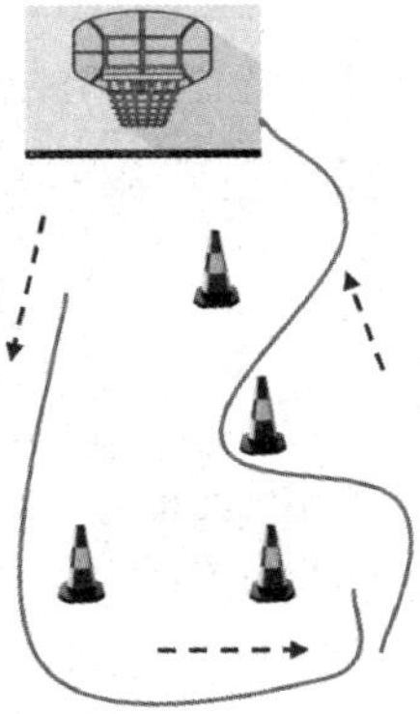 从中线一角出发，目标路径中依次放置3个标志桶，每个标志桶相距1.5米左右，从右侧出发，行进间曲线运球绕过标志物后接行进间单手肩上投篮(不进的球要补进，最多补三次)，迅速运球绕向中圈标志物到起点继续完成第二次
		良好	手型较正确，动作较自然、协调、连贯，进球(不进补中) 男：25.5秒 女：28.5秒	
		合格	手型基本正确，动作基本自然、协调、连贯，进球(不进补中) 男：29秒 女：31秒	

学校自从在全校范围内开展篮球运动以来，取得了丰硕成果，也得到了相关领导部门、兄弟学校以及社会各界的广泛赞同！学校坚定地落实了全校1000名学子，人手

一球的普及性篮球教学，打造了浓厚的校园篮球文化；同时，在普及性篮球教学的基础上，组建校篮球训练队，通过刻苦训练，队伍代表学校夺得了荣誉。这支队伍先后在龙岗区、坪山新区、坪山区篮球竞赛中荣获第一名2次，第三名5次；曾获得深圳市“体彩杯”少年儿童篮球联赛小学女子组第七名。同时，因篮球队出色的组织管理，学校多次被主办单位授予“道德风尚奖”“最佳组织奖”称号。篮球特色项目的实施，也得到了家长、相关升学初中的认同，这也是学校开展篮球项目的价值体现。

六 课程管理

（一）营造校园篮球氛围，多途径、多维度营造校园篮球文化

学校历来重视校园文化建设，并形成了以“让每个生命都精彩”为核心的校园文化特色。校园体育文化作为校园文化的重要组成部分，学校非常注重校园篮球氛围的培养，构建了属于学校特有的篮球文化。校园篮球氛围的构建，一是通过学校橱窗、校园网站，定期介绍篮球比赛规则、篮球运动的国内外明星，让学生了解篮球知识和发展现状；二是场地文化布置，通过装饰篮球分解动作宣传画、篮球文化宣传栏等使更多同学了解篮球、熟悉篮球、热爱篮球；三是通过每学期的篮球周、比赛月等丰富多彩的篮球主题活动展示学生学习成果，吸引更多学生融入篮球这个项目。如组织一、二年级篮球趣味赛，三、四年级简易三人篮球赛，及五、六年级正规篮球赛的活动，覆盖全校1 000多名师生，营造了健康向上、竞争协作的校园文化氛围。

（二）构建完善的组织管理体系

学校领导十分重视体育工作，并以此为契机贯彻落实国家教育方针，成立了由校长、安全主任、教导主任、总务主任、体育教研组长、篮球教师和校医组成的体卫工作领导小组；形成了自上而下的纵向管理机构，融合了行政、科组、医务等多处协调部门；制定了《篮球特色项目激励细则》《篮球教学管理制度》《师生考勤制度》等一系列规章制度，明确了各项细则，完善了各项管理机制。

篮球社团创建之初，即开创项目特色，以目标为导向，形成了学校完整的队员选拔、培养及输送体系。根据学生身体发育规律，结合篮球运动训练特征，明确了1～2年级为主体的篮球预备队，主要以培养学生篮球爱好为主；3～4年级学生为第一梯队，在兴趣导向基础上融合篮球基本功的训练；而5～6年级队员则基于前两个训练梯

队，成长为学校篮球队主力，并代表区、学校参加篮球比赛，争夺荣誉，形成了完整的队员选拔、培养、输送体系。

学校篮球队精心选拔和培养出的毕业生，受到高一级学校的一致好评。这充分肯定了学校的办学成果，也是对学校篮球队在人员选拔、培养等整个体系构建工作的认可。

（三）落实保障，为项目发展保驾护航

建立保障机制，根据项目发展规划需求，提供最优越的条件。从规划硬件建设、人才培养、经费保障、激励机制全方位促进项目发展。一是落实项目经费，保障项目有序开展。学校在开展体育传统学校建设以来，更是投入了大量的人力、物力、财力，共同推动其规范、持续的发展。近几年，学校在运动会、体育训练、师资培训、外出比赛、专项发展等方面的经费保障充足。学校拥有室内体育馆和 5 个国际标准橡胶篮球场，按照 39 个班级标准进行了体育器材的购置。另外，每年投入大量经费用于场地的维护保养、体育器材补充、运动会的各项开支等，保证了学生有充裕的活动场地和器材进行课堂学习活动与课余训练。二是加强师资队伍建设，促进项目快速发展。学校始终秉承“人才治校”的发展理念，全面落实教师培优成长计划，狠抓师资队伍建设。学校定期组织业务培训、观摩学习、专项比赛等促进队伍建设，提升队伍战斗力、竞争力。

（四）注重激励机制，保障项目出成果

结合学校绩效机制和奖教奖学方案的规定，特别制定了《篮球特色项目激励细则》，对该项目作出贡献和表现突出的个人（科组）进行表扬和奖励，对项目发展起到积极的鼓励作用。

（撰稿者：深圳市坪山区碧岭实验学校　叶志强　刘黎黎）

第三节　篮球，生命的责任感

坪山区金田小学创办于1998年，目前拥有40个教学班，学生1 743人，是一所呈现人文关怀，洋溢着温馨和谐的现代化小学。体育工作开展有条不紊，学校将体育放在学校工作的突出位置，形成“人人重视、人人参与、人人受益”的校园体育文化。为认真贯彻落实国务院印发的《深化新时代教育评价改革总体方案》《学校体育工作条例》及坪山区出台的《坪山区“特色课程系列”建设方案》的相关要求，学校根据新课程理念、课程标准制订具体的方案，充分挖掘小篮球课程内容，细化小篮球教材，深化小篮球教学，实现小篮球学习的纵向衔接和横向联系。培育学生的体育锻炼兴趣和小篮球运动技能，促进学生个性成长，提升教师课程研发能力，形成学校体育特色，通过篮球运动，培养学生责任意识、团队意识，并示范带动学校体育课程与教学的整体发展。

一　课程背景

在体育强国建设背景下，以姚明为代表的中国篮协围绕国家队建设、青少年及社会篮球发展等领域重启小篮球计划。篮球运动历史悠久，根基稳固，集跑、跳、投等动作于一身。在当前时代背景下，篮球运动普及性广，适应性强，具有趣味性、健身性、对抗性、集体性、观赏性特征，在我国被纳入《国家学生体质健康标准》项目，在绝大多数地区被列为幼升小、小升初入学考试必测项目。小篮球运动项目是结合少年儿童身心发展特点，从课程设置、器材场地设计等方面生成的具有针对性的一项运动，它的广泛开展有利于丰富学生课后活动，强健学生体魄，锻炼学生心智，促进学生成长。

学校将小篮球运动作为特色体育项目，引入各班级体育课程，旨在通过小篮球培养学生的基本运动技能。小篮球课程秉承“敢挑战，勇探索，玩转小篮球”的课程理念。围绕学校体育运动理念，结合学生身心发展规律，学校打造小篮球特色课程，引导学生将“玩”和“学”有效地结合起来，将“挑战”贯穿小篮球学习全过程，激发学生积极性，学生通过交流赛去发现问题、探究问题、解决问题，从而找到自己感兴趣、适合的角色。通过这种学习模式进行课程玩转，以学生为主体，在“玩”中进行教学，提高小篮球课程学习效率，面向“全体学生＋教师＋家委”三级合伙人，坚持全环境立德树人。通过小篮球课程发展学生运动能力、健康行为、体育品德三大核心素养，促进学生健康与全面发展，充分落实“教会、勤练、常赛”一体化教学，培养学生正确的运动价值观，及促进其养成良好的体育锻炼习惯。

二 课程目标

篮球作为学校体育的第一运动，深受青少年喜爱，开展校园篮球是贯彻落实习近平总书记对发展中国体育事业的指示精神，深化学校体育改革，提高国民体育素质，让青少年通过参加团队竞赛来磨练意志力、培养团队合作意识和顽强拼搏精神的一项举措。体育学科核心素养作为学科核心素养在体育教学中的具体化体现，体育教育作为基础教育阶段学生全面发展的重要组成部分，应以培养和提高学生体育学科核心素养为目标。《义务教育体育与健康课程标准(2022年版)》提出，体育与健康学科的核心素养由运动能力、健康行为、体育品德三个维度构成，并且明确提出了每个维度包含的重点。

从《义务教育体育与健康课程标准(2022年版)》的内容来看，存在三条落实体育素养的教学目标设计线索(见图1-3-1)。根据不同水平对课程目标进行纵向衔接，形成水平目标。设计小篮球课程教学目标应依据学生所在年级和学段对应至不同的上级目标，同时关注不同目标之间的横向联系，全方位贯穿总目标，围绕核心素养，体现课程性质，反映课程理念，确立课程目标。结合学校实际情况，根据小篮球运动和学校体育教学的特点，小篮球课程目标是：

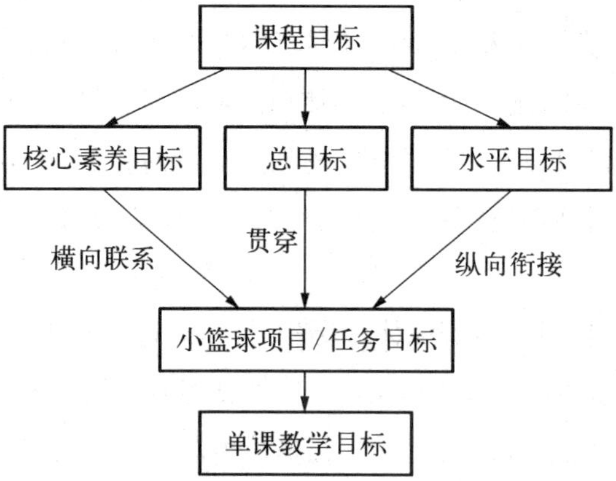

图1-3-1 新课标课程目标设计

1. 积极参与小篮球运动学习，体验小篮球运动的乐趣，利用小篮球运动养成体育锻炼的良好习惯，逐渐培养对篮球的热爱。

2. 学习小篮球运动基础知识和比赛基本规则，掌握小篮球运动的基本技术、战术，能参与班内、校内外小篮球交流赛。

3. 提高身体基本活动能力，增强体能，发展一般与专项身体素质。

4. 培养竞争意识，通过模拟比赛和实战训练，学会在竞争中保持冷静、迅速作出反应，并能够根据比赛情况作出合理的决策。

5. 形成团队精神、创新精神、卓越精神，养成规则意识，增强意志特色，培养体育道德，能调控个人情绪，正确对待成功与挫折。

三 课程内容

学校开展的小篮球课程主要以球性与技术运用为基础，根据课程的不同需求，将课程划分为小篮球常规课、小篮球社团课程、小篮球校园球神争霸赛、小篮球交流赛，见图 1-3-2。

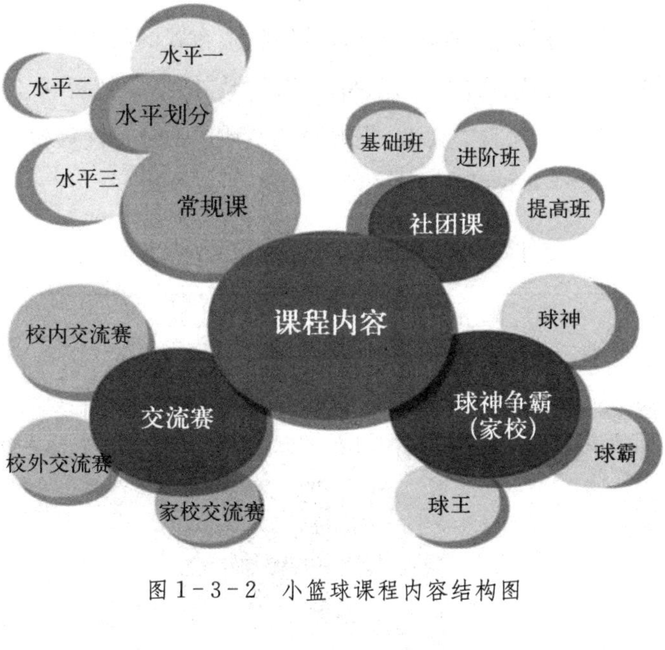

图 1-3-2 小篮球课程内容结构图

(一) 小篮球常规课

常规小篮球课程以水平段划分学练赛内容，在大单元教学下分水平阶段进行小单元教学，以小篮球专项技战术为核心，拓展学习小篮球的理论知识，通过小篮球专项技术考核、小篮球理论考核、以及“赛”的考核形式对学生学习小篮球课程进行评价。

1. 水平一阶段学生主要以小篮球规则学习和球性练习为主，培养学生对小篮球比赛规则的理解，以更好掌握球性练习内容。以小篮球运球为基础，使学生掌握游戏、脚步移动、球感、投篮、运球、传接球等，设立小篮球内容评价考核表，判断学生熟练程度，更好地制订学生学习计划。

2. 水平二阶段学生主要以小篮球球性练习为主，小篮球技战术练习为辅，练习学生的身体协调性、反应速度和理解能力。在小篮球球性练习基础上，使学生掌握体前变向运球、胯下运球、后转身运球、行进间投篮、游戏、脚步移动、投篮、运球、传接球、防守对手、教学比赛等，掌握滑步、交叉滑步、上步等防守技战术课程内容，开展班级内部的小篮球比赛，设立评价考核标准，提升学生的小篮球技术水平。

3. 水平三阶段学生主要以小篮球训练比赛为主、战术理解为辅，为小初衔接做准备。在前两个水平练习的基础上，学生对比赛有了一定的认识，而小篮球是一项团体运动，团队配合是取胜的核心，要使学生掌握组合技术动作，例如胯下运球接后转身运球；掌握战术练习，例如挡拆顺下接球上篮；掌握教师布置的战术要求，强化自身对小篮球运动的理解；掌握游戏、运球、投篮、持球突破、传接球、抢篮板球、防守对手、组合技术、基础配合等技巧，开展教学比赛，提升身体素质。通过比赛评价考核方式，激发学生学习兴趣，培养学生集体意识、团结意识，见表 1-3-1。

表 1-3-1　小学水平阶段小篮球教学内容

	教学内容
水平一	1. 原地投篮 方法：如图所示，在罚球线前 1 米处放标志桶，学生站在标志桶后投篮，投 3 次。 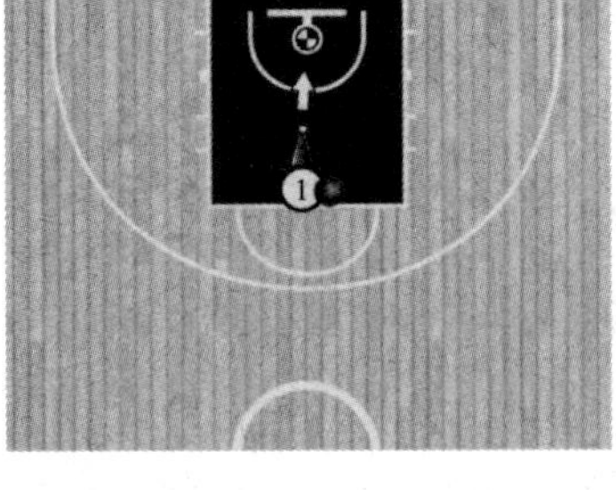

续　表

	教　学　内　容
水平一	2. 行进间单手运球 方法：如图所示，在篮球场罚球线放置标志桶，从罚球线一侧右手运球到对侧罚球线，然后在标志桶前换左手运球返回。 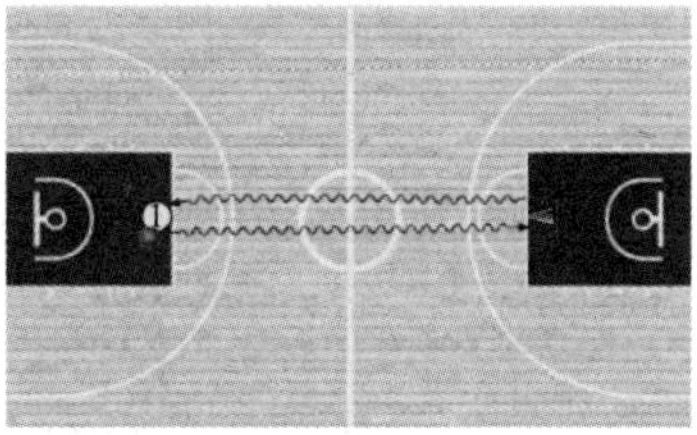
水平二	1. 行进间双手胸前传接球上篮 方法：如图所示，两人一组，距离约 3 米，从一侧端线向另一侧端线行进间双手胸前传接球上篮，以同样方法返回。 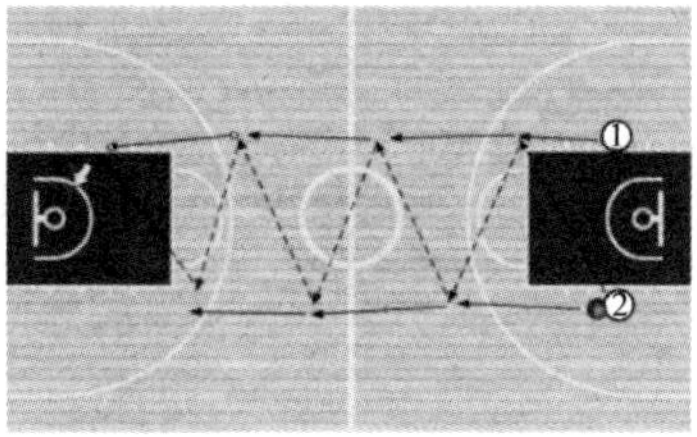
	2. 体前变向运球和后转身运球上篮 方法：如图所示，①、②、③处分别放置标志桶，①、③在罚球线延长线与三分线交接处，②在中线与中圈交叉点上。学生在球场底线中点处出发，用右手运球到①做体前变向运球，换左手运球到②做左手后转身运球，换右手运球到③做体前变向后左手（或右手）上篮。球中篮后（球没进需补篮）用左手运球返回③做体前变向运球，换右手运球到②做右手后转身运球，换左手运球到①做体前变向后右手（或左手）上篮。 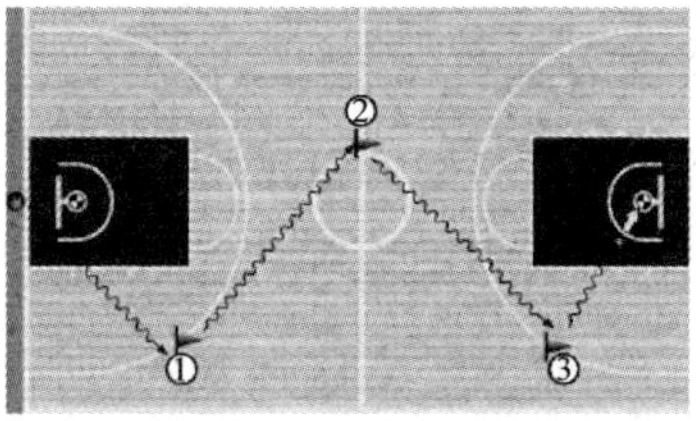

	教学内容
水平三	1. 持球突破上篮 方法：如图所示，在罚球线延长线与三分线交接处前放置标志桶，45°角做原地持球突破上篮。 
	2. 全场一攻一守 方法：如图所示，两人一组，一人进攻，一人防守，全场进行。攻守后，两人交换位置，进攻变防守，防守变进攻返回。 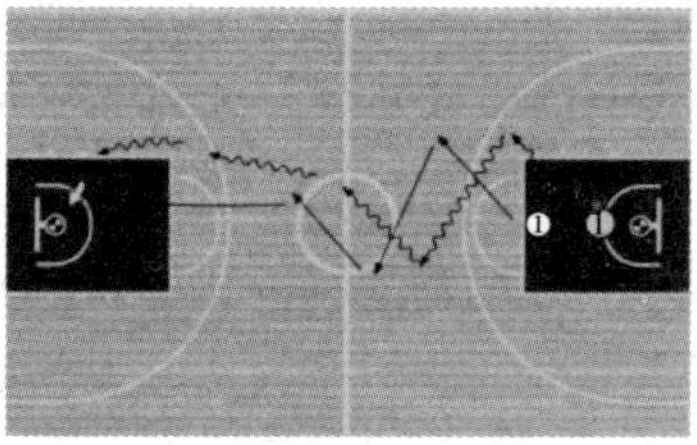

(二) 小篮球社团课程

小篮球社团课程作为充分展示校园文化的一项重要标志，学校每学期均开展实施，学生成员均对篮球具备一定的兴趣爱好，故课程内容拟定会依据参与学生水平而制定。

(三) 小篮球校园球神争霸赛

学校定期开展小篮球校园球神争霸赛，进一步实施素质教育，更好地促进学生、教师、家长之间的交流，增强班级凝聚力与家校合作，培养集体主义精神和良好的体育道德作风，从而增强学生体质，提升学生体育素养，创设文明、健康、活泼、和谐的校园文化生活。

小篮球交流赛分为校内交流赛和校外交流赛，旨在展示学生学习成果，锻炼学生社交能力和抗压能力。由学校专业的篮球教练带队，定期组织交流比赛，展示学生在课程上学习的专项技能，学校组织学生观看，活跃校园体育氛围。

四 课程实施

明确小篮球学习内容，分析小篮球运动项目特点，制定相应的学习目标与学习内容，落实具体的课堂教学，建构“KDL”小篮球课程体系并横向纵向循序渐进实施，做到水平有梯度、形式求多样、评价重全面的实施策略，让每个孩子在课程中体会小篮球运动的快乐。

（一）建构“KDL”小篮球课程体系

建设一体化课程，横向聚焦核心素养，纵向打通梯度课程，体现循序渐进、螺旋式上升的发展趋势，利用学生评价发展情况，及时优化实施办法。

1. 横向联系小篮球课程内容

课程是教育的核心要素，师生皆是课程建设者，依托核心素养，打造课程体系。一是引导学生通过学习体育与健康小篮球常规课，达到《国家学生体质健康标准（2014年修订）》的相应要求，同时注重过程性评价，制定小篮球常规课程评价内容。二是构建小篮球社团课程，采用定性方式，制定小篮球社团等级考核标准，以达标制形成等级评价。三是结合小篮球课程学习而拓展校园球神争霸、校内外交流赛的个性化课程，充分利用相对性与绝对性评价，意在指向梯队建设与一流校队建设。

2. 纵向衔接开展小篮球梯队课程

学校把小篮球课程纵向分为三个阶段进行课程体系开展。水平一阶段开展“K”课程，“Know it”，强调小篮球球性学习在“K”课程里的核心作用，以学生球性学习为基础，通过趣味学习、趣味活动的课程模式，激发学生对小篮球的兴趣。水平二阶段开展“D”课程，“Do it”，通过开展校园班级小篮球比赛，突出学生的大局观念，强调互助精神，培养竞争意识，彰显班级荣誉感，渲染学校小篮球体育氛围。水平三阶段开展“L”课程，“Love it”，这个阶段的学生处于身心发展的重要阶段，通过对小篮球运动的学习、活动参与、比赛交流、集体观看比赛等方式，使学生实现获得感、满足感、荣誉感，正向带动学生意识形态发展，带动学生小篮球运动的优势，达到以体育人的最终目的。

通过三个阶段的小篮球课程学习，学生在运动技能的学习上和意识形态上都呈现循序渐进、螺旋式上升的发展趋势，符合新课标的要求，达到了育人目的。

（二）打造小篮球课堂教学体系

根据《义务教育体育与健康课程标准（2022 年版）》的新理念和新要求，结合体育学习实践特点，学校在课程实施中强调兴趣爱好，注重整体设计，关注学练赛有机结合，激发学科创造力，进而打造“四个突出”的小篮球课堂教学体系。

1. 第一个突出：突出课程学习乐趣

教师教学行为层面上，提升讲解的合理性，促进学生真学行为发生，提高学生学习身心参与真实度。

2. 第二个突出：突出课程学习空间

关注应用情景中进行结构化的知识与技能教学，合理选择教学手段及方法，创设情景氛围，适时适宜抛出有价值的问题，给予自主学习空间，让学生在问题中动情动脑，鼓励学生探究学习的精神和能力。

3. 第三个突出：突出课程学习成效

小学阶段课程内容“纵向”衔接，关注课程内容的贯通，把握教与学的顺序与进度，形成各项内容明确“什么时候学，学什么，学会多久”相对完整的教学链条，对课程进行有效评价和监控。

4. 第四个突出：突出课堂学习资源

课程融合多门课程资源，充分发挥五育并举育人功能，激发不同学科之间的想象与创造，获得更多的学习资源，提高学生学习效率和综合解决问题的能力。

（三）打造小篮球资源

结合学校小篮球硬件设施和人文建设，形成“教会、勤练、常赛”的交流平台，引导“学生＋教师＋家委”三级合伙人全方位参与和享受小篮球运动，提高小篮球教学实效，帮助学生掌握小篮球运动技能，不断提高学生体质健康水平。

1. 加强学校体育设施和场地建设，“小场地”发挥“大作用”

场地是进行小篮球运动的基础，充足的场地、合理的配置以及科学的规划可以促进校园小篮球运动的开展。针对目前学校场地情况，结合实践将篮球场、羽毛球场等相结合设计，场地选用移动式运动器材，比如移动式小篮球架、升降式小篮球板。为分散参与小篮球运球的学生数量，在做好安全措施的情况下，还可安装悬挂式、墙体式小篮球篮板。实现校园场地的“一场多用”。

2. 家校合作，创设家庭体育活动

在新课标背景下，体育教育不仅限于校园，它的边界已经拓展到家庭、社区乃至更大的社会空间。这种延伸需要家校之间建立更紧密的合作关系。学校成立班级、年级、社团（校级）“学生＋教师＋家委”三级合伙人体系，共同致力于激发学生参与小篮球的激情，提高其积极主动参与的热情；学校每年举办家校小篮球比赛、校园“球神争霸”等重要活动，邀请教师与家长互相配合开展，同时将录像加以制作，并上传到班级群里，以便家长之间、家长与学生之间以及学生与学生之间等开展彼此的沟通和学习；寒暑假期间，结合科技手段，搭建供家校共育讨论分析以及学习借鉴的平台，为小学生提供更加个性化的训练和评估，教师和家长能够更好地了解每个学生的情况，从而为学生提供更加合适的指导和帮助。

3. 小篮球校园球神争霸赛实施

小篮球校园球神争霸赛培养集体主义精神和良好的体育道德作风，立足实际，遵循小篮球规则，采用分年级、单循环办法开展赛事。前期准备阶段由各班体育教师宣传活动意义，鼓励学生积极参与；中期开展阶段由班主任收齐本班队伍报名学生信息，汇总制订球神争霸比赛方案；后期举行阶段则由学校小篮球裁判与本班体育老师组织并持续推进赛事。

学校贯彻落实立德树人的根本任务，探讨构建更加科学、有效的校园交流赛制，积极主动开展校内、校外多校交流赛，以“球”交友，定期举行多校小篮球交流活动。学校深耕实践，在学科建设方案规划上，计划参加区级多校小篮球交流赛，积极开展校级小篮球体育节、小篮球主题交流赛、校园 NO. 1 等活动，大力举行年级球王争霸赛、挑战赛、班级联赛等交流活动。

五 课程评价

为激发学生小篮球学习与推广的持续学习动力，综合考虑不同水平段的能力水平及需求，学校小篮球特色课程设置了等级制考核和过程性的评价方式，并将评价贯穿到日常学习与活动中，让学生在浓厚的小篮球运动氛围中学习与成长。

(一) 小篮球常规课程考核评价

小篮球常规课程考核评价在大单元教学结束后进行统一考核。

表 1-3-2　小学水平阶段考核内容及成绩评定

	考核内容	成绩评定
水平一	1. 原地投篮 考核方法：如图所示，在罚球线前 1 米处放一标志桶，学生站在标志物后投篮，投 3 次。 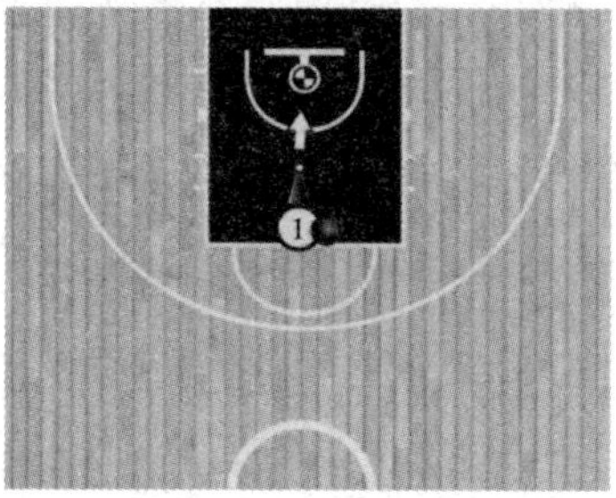	A(优秀)：投篮动作规范，上下肢协调。 B(良好)：投篮动作较规范，上下肢基本协调。 C(合格)：投篮动作基本规范，上下肢不协调。
	2. 行进间单手运球 考核方法：如图所示，在篮球场罚球线放置标志桶，从罚球线一侧右手运球到对侧罚球线，然后在标志桶前换左手运球返回。 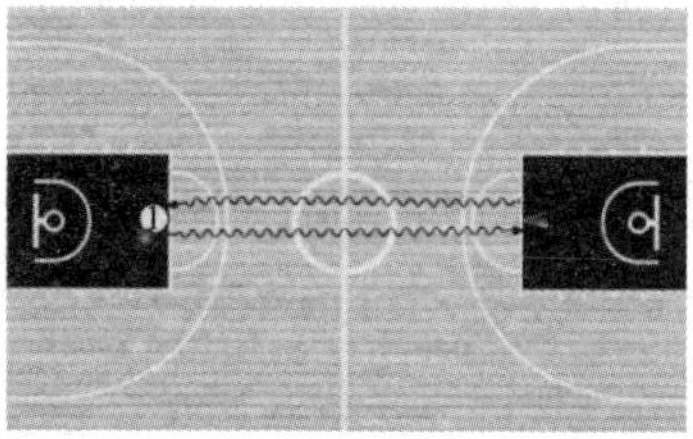	A(优秀)：运球动作规范，速度快。 B(良好)：运球动作较规范，速度较快。 C(合格)：运球动作基本规范，速度慢。
水平二	1. 行进间双手胸前传接球上篮 考核方法：如图所示，两人一组，距离约 3 米，从一侧底线向另一侧底线行进间双手胸前传接球上篮，以同样方法返回。 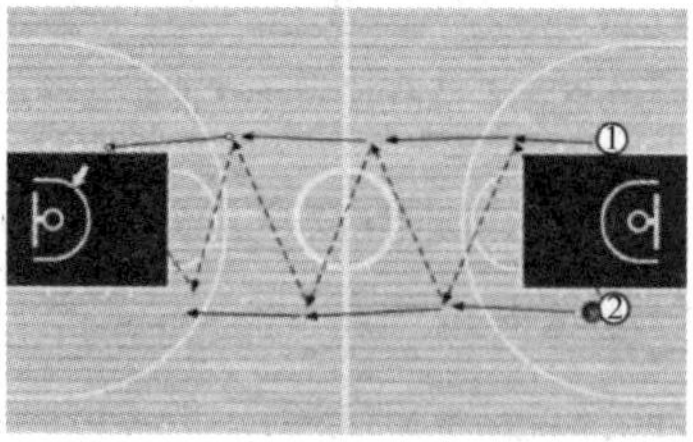	A(优秀)：传球动作规范，手脚协调，移动速度快。 B(良好)：传球动作较规范，手脚较协调，移动速度较快。 C(合格)：传球动作基本规范，手脚基本协调，移动速度慢。

续　表

	考核内容	成绩评定
水平二	2. 体前变向运球和后转身运球上篮 考核方法：如图所示，①、②、③处分别放置标志桶，①、③在罚球线延长线与三分线交接处，②在中线与中圈交叉点上。学生在球场底线中点处出发，用右手运球到①做体前变向运球，换左手运球到②做左手后转身运球，换右手运球到③做体前变向后左手（或右手）上篮。球中篮后（球没进需补篮）用左手运球返回③做体前变向运球，换右手运球到②做右手后转身运球，换左手运球到①做体前变向后右手（或左手）上篮。 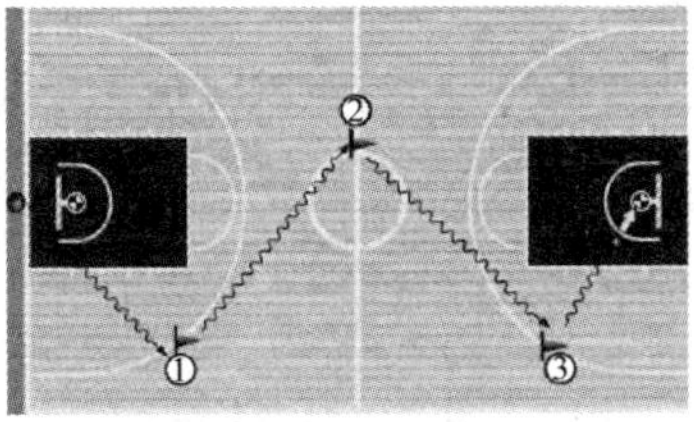 	A（优秀）：动作连贯，运球速度快。 B（良好）：动作比较连贯，运球速度较快。 C（合格）：动作基本连贯，运球速度慢。
水平三	1. 持球突破上篮 考核方法：如图所示，在罚球线延长线与三分线交接处前放置标志桶，45°角做原地持球突破上篮。  	A（优秀）：突破连贯协调。 B（良好）：突破较连贯协调。 C（合格）：突破基本连贯协调。
	2. 全场一攻一守 考核方法：如图所示，两人一组，一人进攻，一人防守，全场进行。攻守后，两人交换位置，进攻变防守，防守变进攻返回（考核进攻和防守两项技术）。	进攻： A（优秀）：可以很好地运用各种运球技术及脚步动作并突破对手的防守。 B（良好）：可以较好地运用各种运球技术及脚步动作并突破对手的防守。 C（合格）：基本上能运用各种运球技术及脚步动作突破对手的防守。

续 表

	考核内容	成绩评定
水平三	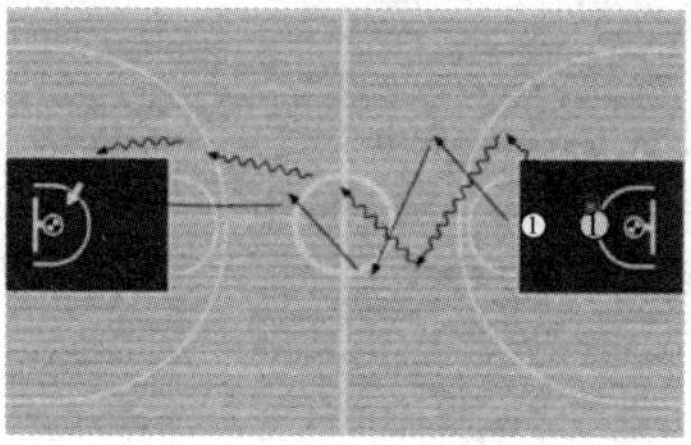	防守： A(优秀)：防守姿势与防守方法正确。 B(良好)：防守姿势与防守方法较正确。 C(合格)：防守姿势与防守方法基本正确。

(二) 小篮球社团课等级考核评价

制定小篮球社团课程考核内容，统一考核标准，颁发考核等级奖状，使学生学有所练，练有所成，激发学生学习兴趣，有目标地学习，有目标地进步，也使教师教学社团课程有所依据，基本上解决学生学什么、教师教什么的两大难题。

表 1-3-3　小篮球社团课等级考核表

阶段	等级	类别		熟练掌握项目
入门级	1～3 级	专项素质	速度	5.8 米×6 折返跑
			跳跃	原地摸高
			力量	原地站姿传球
		专项技术	控球	原地双手交替运球
			传球	原地双手胸前传球
			投篮	任意位置投篮
			防守	罚球线滑步折返
			组合	运球折返投篮
初级	4～6 级	专项素质	速度	全场见线折返跑
			跳跃	半场助跑摸高
			力量	坐姿传球

续 表

阶段	等级	类别		熟练掌握项目
初级	4～6 级	专项技术	控球	胯下运球
			传球	原地双手胸前长传球
			投篮	任意位置三步上篮
				罚球线原地投篮
			防守	三分线滑步折返
			组合	胯下＋转身＋投篮＋运球
中级	7～9 级	专项素质	速度	全场 H 跑
			跳跃	原地三连跳摸高
			协调	手脚并用练习
		专项技术	控球	背后运球
			传球	单手长传球
			投篮	三分球投篮
				单手抛投/勾手投篮
			防守	半场防守滑步
			组合	全场往返，背后＋转身＋胯下＋上篮

(三) 小篮球校园球神争霸赛考核评价

以年级为单位，按照比赛积分进行排名，评出第 1、2、3 名。对获奖的班级颁发奖杯。排名方法以积分计算，胜一场得 1 分，负一场得 0 分。全部比赛结束后，按照以下顺序进行排名：① 积分多者排名在前；② 如积分相同，净胜球多者排名在前；③ 如净胜球相同，则进球数多者排名在前。

(四) 小篮球交流赛评价

为促进小篮球运动的实施，组织参加交流赛可以促进队伍的建设，交流教师与教师之间、学生与学生之间、教师与学生之间的学习经验与技巧，丰富校园体育氛围，扩大小篮球运动的影响范围，带领小篮球运动进入校园。

（五）小篮球等级制考核内容分级

小篮球评价考核，根据全国体育运动学校联合会青少儿篮球运动技能与小篮球规则等级评定考核内容，制定学校小篮球课程考核内容。考核内容以分为达标制，达到相应的成绩可晋升为对应段位等级，设立考核统一内容与标准，12 岁年龄以下者，不限年龄考核段位，通过对应级别考核便可获得对应的等级证书。

总之，小篮球运动贯穿学校体育文化，不管是小篮球常规课，还是小篮球社团课，不管是小篮球球神争霸赛，还是小篮球交流赛，篮球活动以不同的形式、不同的内容融入学校的体育活动中。同时，学生的小篮球能力得到极大进步，形成“人人重视、人人参与、人人受益”的校园体育文化，以保障小篮球课程有效实施。

（撰稿者：深圳市坪山区金田小学　杨紫嫣　李雪　林婉瑜　赵国杰）

第二章

世界第一的运动

足球是一项以脚为主，控制和支配球的团队运动，因其对抗性强、战术多变、参与人数多等特点，被誉为“世界第一运动”。

第一节　“足”够精彩，独占鳌头

龙田小学始建于1950年，学校位于坪山区龙田街道龙田社区，占地面积20 000平方米，建筑面积10 001平方米，现有28个教学班，体育活动空间共占地5 500平方米。

近年来，学校全面贯彻党的教育方针，落实立德树人根本任务，紧紧围绕坪山区“十四五”教育规划和学校的五年规划，以“润心启智，立德树人”为教育哲学，确立了“润心教育”的办学理念。在不断的努力下，学校体育教学质量稳步提升，体育办学特色项目取得显著成效，其中以足球、跳绳最为突出，学校先后被评为“全国青少年校园足球示范学校”“深圳市非奥运项目体育特色学校（跳绳）”，“跳绳”课程被评为深圳市中小学“好课程”。

深圳市坪山区龙田小学为着力推进学校体育育人理念、育人模式和方式方法改革，以坪山区“品质课程系列”为抓手，构建富有学校特色的足球课程。学校坚持以“立德树人”作为工作开展的出发点，贯彻落实有关主管部门的文件会议精神和工作安排及要求，在全校全面开展足球活动，培养学生意志品质，提高学生团队协作和战术思维能力，全面落实素质教育。

一　背景和理念

为深入贯彻学习关于教育、体育的重要论述精神，认真落实中共中央办公厅、国务院办公厅《关于全面加强和改进新时代学校体育工作的意见》，学校坚持“健康第一”的教育理念，深化学校体育教学改革，创新学校体育实施方式，帮助学生在体育锻炼中享受乐趣、增强体质、健全人格、锤炼意志。我校在构建坪山区“品质课程系列”的大环境影响下，构建了富有坪山特色、学校特色的“悦动体育”课程。

围绕学、练、赛、评的要求，构建设计足球课程，将足球特色课程作为校本课程纳入学生日常学习中，形成符合学生成长特点的特色足球课程，促进学校由“一校一品”向“一校多品”发展。

二 课程目标

足球课程以提高学生身体素质为中心，培养学生足球兴趣爱好，使其成为足球项目终身运动的践行者。同时，在掌握足球技术的实践中培养学生顽强拼搏的意志品质及团队合作意识，进而丰富学校的校园体育文化。

总体目标：足球课程以提高学生身体素质，增强学生体质健康，培养学生体育兴趣爱好和热爱生活、积极进取、顽强拼搏的意志品质，丰富校园体育文化，提升办学品位为根本目的。

具体目标：

1. 了解足球的起源及发展历史，培养收集资料、文字撰写及语言表达能力。

2. 掌握正确的足球技术，能够在比赛中运用足球技术；发展速度、耐力和爆发力；提高身体灵活性、协调性。

3. 激发参与足球运动的兴趣，成为终身足球运动的践行者，为我国足球事业添砖加瓦。

4. 掌握足球比赛规则，学会欣赏足球比赛，掌握组织参与足球运动的能力。

5. 通过各类足球技术动作的学习，提高足球技术水平与身体能力，培养创新意识、果断与勇敢以及团结协作的精神。

详细内容见表 2-1-1。

表 2-1-1　足球课程学习目标与课程内容安排表

学习方面	课程目标	学习目标	具体学习目标与课程内容
足球运动参与	参与足球学习与锻炼	积极参加足球活动	第一阶段：熟悉球性 1. 内外揉球 2. 内外拨球 3. 踢网足球 4. 踢挂球 5. 定点射门 6. 正面传球 7. 运球过杆 8. 直线运球 9. 颠球 10. 捉迷藏
足球技能	1. 学习足球运动知识 2. 掌握足球技能和方法 3. 掌握足球基本技术与战术 4. 增强自我保护的安全意识	1. 学习足球知识，体验运动过程 2. 提高参与足球活动和足球技术的能力 3. 初步了解足球比赛规则 4. 重视足球活动中的安全问题	

续 表

<table>
<tr><th>学习方面</th><th>课程目标</th><th>学习目标</th><th>具体学习目标与课程内容</th></tr>
<tr><td>身体健康</td><td>1. 形成良好的身体素质
2. 全面发展足球能力
3. 提高适应自然环境的能力</td><td>1. 改善身体素质
2. 发展反应能力、速度、力量、柔韧性、灵敏性以及使用战术的能力
3. 提高适应变化的能力</td><td rowspan="2">11. 快速起立
12. 运球比赛
13. 双脚夹球跳
14. 看谁捡得快
15. 点踩球
第二阶段：基础技能
一、巩固复习
二、运球
1. 脚背外侧运球
2. 运球过杆
3. 在限定区域内的运球
4. 外绕八字
三、传球
1. 脚内侧和脚外侧短传
2. 短传和跑动
3. 左右脚有节奏地交替传球
四、停球
1. 脚背正面接球
2. 脚内侧停地滚球
五、抢、断球
1. 正面抢球
2. 侧面抢球
六、掷界外球
1. 原地掷界外球
2. 助跑掷界外球
第三阶段：战术打法
一、射门
二、两人配合
三、接球
四、头顶球</td></tr>
<tr><td>心理健康与社会适应</td><td>1. 培养坚强的意志品质
2. 学会调控情绪
3. 增强合作意识与合作能力
4. 具有良好的体育道德</td><td>1. 坚持完成有一定难度的足球控球技术
2. 在足球活动中保持积极稳定的情绪
3. 在足球活动中乐于交流与合作
4. 遵守足球规则并尊重对手</td></tr>
</table>

三 课程内容

课程的总体安排包括：第一部分理清编写思路，组织教学内容及课时分配；第二部分对足球有关技术动作的编写进行主要说明；第三部分进行课程的课外延伸；第四部分是对课程评价体系的概括以及评价的方法说明。

第一部分编写思路与教学内容及课时分配示例主要帮助教师理解和掌握足球课

程的编写原则、理论指导与课程内容，突出课程的特点及要求，对每一种足球技术动作提出教学内容与课时方面的要求，以便教师结合学情、场地、季节气候和地域等实际情况，科学制订教学工作计划，创造性地实施体育与健康教学。

第二部分对足球有关技术动作的编写进行了详细说明。根据足球项目技术特点，由简及难逐层递进，对足球项目中每个技术动作以及战术均进行分析。主要从内容安排和活动设计两方面对每节内容进行详尽分析，详细解释了每节内容的教学目标、教学重点和难点、教学建议等，并附有典型性教学设计。

第三部分为足球课程的延伸，其主要内容为足球相关技术的解释、足球的运动价值、足球比赛的赛事说明以及注意事项。此内容旨在拓展教师的知识面，提升其对足球项目的理解，从而有助于提高教师教学质量。

第四部分足球课程评价体系包括了课堂基础评价、评定方法以及足球技战术达标记录表，能够使教师更加具体地对学生学习效果进行评价。

四 课程实施

足球课程的实施主要以足球校本教材的开发和足球运动的普及为主要内容。足球的普及又以足球的课时安排、建立学校足球队、举办校园班级足球联赛等为主要措施。

(一) 足球校本教材的开发

2013 年 12 月，学校编制了第一版足球校本教材，教材内容包括学校足球队的介绍、足球技战术的基本要领以及练习方法，最后以足球为基本中心点进行知识扩展，介绍了足球的发展史、足球比赛规则以及我国足球协会等相关课外知识。足球校本教材详细描写了数十种足球技术动作以及战术使用的方法，第一阶段(水平一)从熟悉球性开始；第二阶段(水平二)练习足球相关基础技能，包括运球、传球、停球、抢断球、掷界外球等技术；第三阶段(水平三)加入战术学习，包括射门、两人配合、停球、头顶球等战术打法。教材内每项技术动作均由本校学生担任“模特”拍摄详细图解，使学生阅读起来更为直观，更易理解。

(二) 足球运动的普及

1. 通过足球项目进入校本课程，达到全校普及

全校学生不分年级，每班每周一节体育课根据学段水平开展足球相关教学，并保

证各学段水平的足球技术可以进行衔接。每周一节足球课保证了学生对足球运动的学习与参与，也充分激发了学生参加体育锻炼的兴趣，促进了学生身心的健康发展。

2. 通过举办全校性足球比赛进行足球运动普及

举办校园班级足球联赛，参赛班级为三至六年级所有班级，每班组织男、女队各一支，比赛采取五人制足球赛制，分年级、单循环方式进行，比赛时间共 25 分钟，分为上、下半场各 10 分钟，中场休息 5 分钟。排名方法以积分计算，胜一场得 3 分，平一场得 1 分，负一场得 0 分。比赛以年级为单位，按照比赛积分进行排名，评出第 1、2、3 名。对获奖的班级进行表彰并颁发奖状；对获奖班级的班主任按照获得第 1、2、3 名的名次分别给予 5、4、3 分的奖励，分值计入“班主任工作考评表”；在男女队中分别评选一个“最佳球员”和“最佳守门员”，颁发奖状。班级足球联赛不仅增强了参赛队员的团队意识和纪律意识，增进了班级之间、学生之间的友谊，增强了班级凝聚力，更培养了学生的集体主义精神和良好的体育道德作风。

3. 通过建立学校足球队，加速足球项目的普及

学校足球队创建于 2000 年 9 月，分别有男足和女足球队，男足一支队伍，女足则根据年龄形成两个梯队。足球队训练时间为每星期一至星期五上午 7:10～8:00，下午 4:00～5:30，保证每天两个小时以上的训练。为规范足球队管理制度，学校还制订了足球队队员奖惩记录表，见表 2-1-2，以此要求足球队队员学业与训练同时兼顾，不可因为训练影响日常学习。学校每学期定期分别召开至少两次足球工作会议、学校代表队及其家长会议、梯队班级会议，在一至六年级选拔人才，扩充足球训练队的规模。努力挖掘有潜力的新队员，壮大队伍，保证球队的可持续发展。

表 2-1-2 2022～2023 学年度足球队员奖惩记录表

1. 主科学习

学期	第一学期				第二学期				学年小计	
学科	分数	年级平均分	加分	扣分	分数	年级平均分	加分	扣分	加分	扣分
语文										
数学										
英语										

2. 训练考勤

第一学期						第二学期						学年小计	
出勤日数		加分		扣分		出勤日数		加分		扣分		加分	扣分

3. 技能测试

第一学期						第二学期						学年小计	
分数		加分		扣分		分数		加分		扣分		加分	扣分

4. 校园球赛(每年第二学期 5 月举行)

(1)"最佳射手"□,加 10 分;(2)"足球之星"□,加 10 分;(3)表现拙劣□,扣 10 分。

5. 区、市比赛

第一学期(区级比赛)						第二学期(市级比赛)						学年小计	
个人荣誉	加分	足球小将	加分	表现拙劣	扣分	个人荣誉	加分	足球小将	加分	表现拙劣	扣分	加分	扣分

学年统计:共加　　分;共扣　　分

五　课程评价与成效

足球课程的评价以课堂基础评价和足球专项技术评价为主,以班级足球联赛表现评价为辅。以评促学,引入良性竞争,提高学生对足球运动的进取心。足球课程学习成绩的评价分为两方面,一是课堂基础评价,二是专项足球技术测试。

(一) 课堂基础评价

根据足球教材中足球技术设计相应评价标准,结合学生身心特点、认知水平和实际能力情况,采用学生自评、组内互评、班主任或家长评价以及教师评价四个维度进行评价。具体内容如下:根据各水平学生身心特点,提出不同的评价实施要求。水平一：学生年龄小，身心发育尚不健全，在学习评价体系的构建上要注意科学性和针对性，评价内容、评价主体、评价标准应多元化，评价要点有所侧重，评价方法应视学生的接受能力而定；水平二：学生的自我意识逐步增强，评价别人和自我评价能力逐步提高，教师应充分调动学生参与评价的主动性和积极性，引导学生对足球评价形成正确的认识，从而逐步提高学生正确评价自己和他人的能力；水平三：学生学习评价更侧重理论知识学习、技术应用、参与程度等学习效果。在教师的指导下，每学年分上下两个学期按“足球学习成绩评价表”(表 2-1-5)规定进行自我评价、组内互评、班主任或家长评价。任课教师综合各项评价内容，以等级形式，每学期分上下两个学期进行评价，采用“A、B、C、D”的等级评价形式，可以结合学生特长、突出成绩、明显进步等情况给出激励性评定的等级，并填入学生学习成绩手册。

小学生自我评价的依据为学习成绩评价的四个方面，根据各学段四个方面学习目标及相应内容确定，见表 2-1-3 和表 2-1-4。(1) 体能：主要根据教学实际情况以及《国家学生体质健康标准》确定体能测试专项指标，评价学生体能水平；(2) 知识与技能：根据足球校本教材各个学年段学习目标与要求，以及教学实际情况，选择相应的足球知识、技能评价指标，评价学生掌握程度以及对所学知识和技能的应用能力等；(3) 态度与参与：对学生在参与足球课程中的出勤率、课堂表现、学习兴趣、积极主动探索问题，以及课外运动所学知识和技能参与度、课堂活动的行为表现等进行评价；(4) 情意与合作：对学生在足球课堂中意志品质、人际交往以及互帮互助等行为进行评价①。

表 2-1-3　评价内容权重分配表

体　能	知识与技能	态度与参与	情意与合作	合　计
40%	20%	20%	20%	100%

表 2-1-4　评价主体权重分配建议表

教师评价	学生评价	他人评价	合　计
60%	30%	10%	100%

① 季浏.《义务教育体育与健康课程标准》修订说明与分析(五)——评价建议[J]. 中国学校体育，2012，(09)：24-27.

根据学生的足球学习情况，制定足球学习成绩评价表，见表 2-1-5。学生的评价分为三个维度：自我评价、组内评价以及教师评价。

表 2-1-5　足球学习成绩评价表

评价内容	学习表现		自我评价		小组评价		教师评价	
			第一学期	第二学期	第一学期	第二学期	第一学期	第二学期
体能	参考“体能与运动技能项目测量表”评定	★★★						
		★★						
		★						
知识与技能	会做简单的技术动作，并能说出简单的动作术语	★★★						
		★★						
		★						
态度与参与	能积极主动参与体育活动	★★★						
		★★						
		★						
情意与合作	能与同伴在活动中互相合作	★★★						
		★★						
		★						
	在克服困难建立自信方面的表现	★★★						
		★★						
		★						

注：在认为合适的意见对应的空格内打“√”，小组意见由组长填写。

（二）足球专项技术测试

除了课堂基础评价，足球课程还对学生进行足球专项技术测试，针对足球课程内容设计足球专项评分表，见表 2－1－6。

表 2－1－6 足球专项评分表

测试项目	颠 球	定点射门	运球过杆	运球射门	50 米跑	比 赛
所占分值	10	10	20	20	20	20
满 分	100 分					

(三) 评价标准的发展性

在评价标准的制定上，要注意学生发展的差异性，对于不同发展水平学生制定不同的评价标准。如动作协调性较弱的学生，对于足球技术动作掌握速度和程度也较弱，在对这类学生进行评价时，不能按常规标准的要求来评定，而应重点关注这些学生的学习态度及通过努力后的进步幅度。

足球课程的成效主要从三个方面体现，一是在一定程度上丰富了传统的体育课，二是提高了学生的体质健康水平，三是促进了足球运动的可持续发展。

1. 足球课程使体育课内容得到丰富

传统的体育课主要以跑、跳、投内容为主，教师依据规定的教学大纲制定学年与学期教学计划，学生运动技能习得周而复始，容易对体育课失去兴趣和新鲜感。足球作为世界三大球类之一，应该在学校教学占有一席之位。从 2010 年开始，学校体育科组有目的、有计划地将足球融入课堂，逐步将足球设置到学校课程内，依据足球校本教材，系统地传授学生足球运动的技术、战术，不仅丰富了体育课的内容，也提高了学生上体育课的积极性。

2. 足球课程使学生体质健康水平得到大幅度提高

国家学生体质健康测试成绩的标准分由各项指标实测成绩得分与权重乘积之和组成，满分为 100；总分是由标准分与附加分之和构成，最高分为 120。足球项目对学生的跑动能力要求非常高，特别是冲刺跑以及变向跑。在国家学生体质健康标准测试中有两项(50 米冲刺跑和 50 米×8 折返跑)对学生的体能和爆发力有较高要求。由此可见，足球课程的开展在无形中也对学生的体质健康测试结果产生了正向作用，见表 2－1－7。

表 2-1-7　学校近三年国家学生体质健康测试数据

序　号	时　间	测试人数	优良率%	及格率%	不及格率%
1	2021 年	1 330	51.13%	98.80%	1.2%
2	2022 年	1 302	61.06%	99.23%	0.77%
3	2023 年	1 231	71.57%	98.94%	1.06%

从表 2-1-7 可以看出，学校近年的国家学生体质健康测试成绩，优良率和及格率均在区的目标水平之上，优良率逐年递增。根据学生的测试结果比对，在国家体质健康测试中，足球队的学生 50 米冲刺跑测试和 50 米×8 折返跑的成绩要普遍高于普通学生，足球相关技术的练习在一定程度上提高了学生的跑步能力。而跑步作为评定学生体质健康的一项重要标准，其成绩的提升切实体现了开展足球课程对提高学生体质健康水平的正向影响。

3. 足球课程的普及使选材工作更加高效

龙田小学足球队创建于 2000 年 9 月，学校在 2010 年被评为“校园足球试点学校”，2011 年至今一直保持着“体育传统项目学校（足球）”的称号。从 2016 年至 2021 年，连续五年获得“全国青少年足球学校”荣誉称号，学校获国家级奖项 1 次、省级奖项 8 次、市级奖项 15 次、区级奖项 16 次。学校女足队员表现尤为突出，截至去年，已向上级输送多名优秀球员。详细情况见表 2-1-8。

表 2-1-8　足球运动员输送登记表

姓　名	性　别	输送单位	备　注
张　颖	女	宝安体校	
程诗雅	女	宝安体校	
田　彤	女	宝安体校	
郭诗诗	女	宝安体校	
龚静婷	女	宝安体校	
梁紫琳	女	宝安体校	

续　表

姓　名	性　别	输送单位	备　注
叶欣怡	女	龙岗体校	现中国 U-15 国家女子足球选拔队队员
吴雯萱	女	龙岗体校	
刘梓桐	女	龙岗体校	
陈　涵	女	龙岗体校	
贺　怡	女	龙岗体校	
姚舒方	女	龙岗体校	

足球队的队员们来自不同的年级和班级，他们将自己学到的更为高难的技术动作带到班级中去，间接承担了班级足球活动组织者的工作，在体育课及课间组织班级同学进行小型的足球比赛活动，以点带面，将足球运动延伸至校园各个角落。同时，足球队也承担了对外交流、展示的重任，在学校乃至区级重要活动中均有表演。

六　课程管理

课程管理主要从组织领导、条件保障、足球文化宣传三个方面实施，加强组织领导，配齐体育师资，保障场地器材建设完备、足球经费充足。

(一) 组织领导

学校高度重视学校体育工作和学生体质健康情况，严格按照体育与健康课程标准及有关规定进行足球课程教学和相关足球工作。不断强化组织领导，将足球品质课程纳入学校规划；制定相应的实施计划，将足球纳入学校发展规划和年度工作计划，并严格执行；由体育科组按照方案组织实施，确保足球品质课程的正常实施；由教学处进行课程安排，确保每周至少一节足球课；由德育处建立评价制度并抓好落实，将班级、个人足球评比成绩融入学生综合素质发展评价及优秀班级评选中；由安全办制定安全管理制度和足球活动安全预案，保障足球项目顺利进行；由行政逐级落实，对学生足球课进行督导，并成立足球特色项目领导小组。学校体育科组现有教师 11 名，其中 5 名教师在大学期间具有足球技术学习的经验。在此基础上另外聘请一位专职足球教练进行学校足球校队的训练策划工作以及足球课程技术指导工作。

（二）条件保障

开展体育工作需要经费的保障，学校在经费十分紧张的情况下适当倾斜，优先支持足球工作。全校普及性的器材和训练比赛器材设备齐全：学校现有足球场2个，占地2 000平方米；足球室1个，占地15平方米(用于足球队更衣、器具摆放等)；现有五人制球门2对、标杆20条、球服90套、足球120个，以及其他器材等场地器材配套，保证校代表队人手一足球，所有器材配备、购置齐备，足球专用的训练器材符合国家标准。学校的支持为学校足球工作的开展创造了有利的条件。另外，学校严格按照市、区要求专款专用，除了使用专项经费外，学校在足球项目的经费安排上也有一定倾斜，保障足球项目的正常推进。

（三）足球文化宣传

学校十分重视足球项目的普及工作及校园足球文化的营造。在校园操场周边放置了关于足球项目的宣传栏；学校在3～6年级设立班级足球队，全校共有足球班级16个，分别配有队长和啦啦队；学校每学年组织一次以班级为单位的班际足球联赛。通过比赛增强班级凝聚力，培养学生对足球运动的兴趣，增强学生集体荣誉感，进一步促进了学校足球运动蓬勃发展。为了更好地推广学校的足球特色工作，学校对足球特色工作给予充分肯定，通过在全校范围内公开表扬足球比赛获奖的学生，鼓励更多的学生参与足球、爱上足球。

（撰稿者：深圳市坪山区龙田小学　庄惠民　吴逸诗　郑雅诗　姚嘉豪　曾汉龙）

第二节　炫动足球，多彩校园

深圳市坪山区第二小学在“悦纳教育”的理念指导下，致力于落实“立德树人”的基础使命，激发全校师生的积极性，培养健康的身心，使所有的学生都能够拥有美丽的身心，获得更高的成就感。我们以“悦纳精彩、快乐足球，小足球、大教育”的校园足球理念作为指导，将“以球润德、以球启智、以球健体、以球育美”作为目标，并将其纳入教育计划，以此推进校园足球教育，营造良好的氛围，激发全校师生的积极性，提升全校师生的身心健康水平。通过创建热情的足球氛围，不断提高学生的校园足球技能水平，促进学生的身心健康，我们在这方面做到了卓越。此外，我们还积极鼓励学生参与学校的阳光运动会，为学校的体育教育作出了贡献。

一　课程背景和理念

在当今世界，体育已经被认为是学习的核心要素，它既能够提高个人的身体素质，又能够帮助学生更好地适应现代的竞争环境。在这种背景下，学校的体育课程也越来越受关注。体育课程既能够提升学生的身体水平，又能够帮助他们提升精神状态，并帮助他们更好地融入社交圈。足球作为一种重要的竞技活动，其特点是由两个对手控制着比赛的方向。这种活动深深吸引了全球的观众，并且对世界各地都形成了深远的影响。

在“悦纳精彩、快乐足球，小足球、大教育”理念的引领下，学校中人人踢足球，学生在足球课、大课间的时间，经过足球老师指导学习各种足球技能，并在形式多样的足球活动中展现自我，体验足球运动带来的快乐和精彩。“点上提高，面上普及”的战略旨在帮助足球队的成员们熟练地掌握必要的技巧，并利用这项运动来激发整个班级的活力。这样，学生就会拥有更加强壮的肌肉、更加健康的精神和更加完善的个性。

二　课程目标

根据《义务教育体育与健康课程标准(2022 版)》,我们希望让学生在参与这门课的同时,培养正确的价值观、完善的个性、强大的实践能力,从而达到身心双赢的境界。课程的主要目的是让学生不仅拥有出色的身体素质,还可以培养良好的道德修养,并且在日常的生活中提升身心素质。足球对促进身心发展的价值目标主要有以下几个方面:

1. 能充分发展人的身体素质,进一步提高身体各器官管理系统的功能,提升人的素质,足球运动是充分训练和完善体魄的有力工具,是全民健身活动中一种行之合理的体育服务项目。通过足球运动,能够大大提高人的运动能力、反应速度、灵敏度、耐心、柔韧性等素质,并能让人的高级神经活动得以完善,尤其能加强人的心血管系统、通气体系等脏腑部位的运动机能,因而有利于人类的身心健康。

2. 参与足球活动可以显著地增强个体的身体素质,并有助于培养其专注性、洞悉力、创造性及其他智慧。此外,还可以有效地帮助个体提升自身的心理状态,从而达到更好的身心健康状态。

3. 通过参加足球比赛,不但能够培养健康的心理素质,提升个人的社交技巧和沟通能力,同时也有助于提高个人的精神境界和道德水平。这项活动有助于提升个人的独立思考和判断能力,并促进团队凝聚力和友谊。

三　课程内容

足球课程的内容主要包括足球技术、技能、战术,分为五个基本模块:

1. 对足球感兴趣,喜欢玩足球游戏,了解足球知识,参与推广活动,并欣赏比赛;

2. 技能:训练球技,学习如何传递信息、接球、移动、射门和防守;

3. 身体能力:精准的跑步、跳跃技巧,协调能力、敏捷性以及快速反应能力;

4. 战术:个人战术、整体打法;

5. 在足球竞赛规则的指导下,进行多人制、五人制或八人制的竞争。

足球课程采取了多种不同的教学方法,包括按照年龄段划分教学单元,我们按照教学大纲的要求,结合实际情况,精心设计出多样化的教学内容,以满足不同年龄段的需求。

(一) 水平一：一、二年级目标

1. 激发热情，培养团结协作精神和严格的纪律精神，以提高足球水平；

2. 通过训练提高球感和控球能力，并学会基础的运球技巧；

3. 通过观看“进球和阻止进球”的比赛，更好地理解战术思想；

4. 通过训练，提高跑步、跳跃技能，并培养协调能力和敏捷性。

训练次数和时间：每星期一节课

训练内容：球性练习、运球

身体训练：正确地跑

心理训练：团队意识

理论传授内容：进球与阻止进球

比赛：3VS 3

(二) 水平二：三、四年级目标

1. 通过加强足球技能培训，激发对足球的热情，并学习如何在团队中协作，以及如何获得同伴的认可与支持；

2. 通过不断练习，加强对球的感知，培养控球的基本技巧，提升在处理球时的协调能力，熟练掌握基础的运动、传递、接球等技巧，并熟悉射门、抢断和头顶球的技巧；

3. 了解战术行动准则，学习个人战术；

4. 通过练习，掌握正确的跑步和跳跃技巧，同时注重培养身体动作的协调性、速度和敏捷性。

训练次数和时间：每星期一节课

训练内容：球性练习、运球、传接球

战术训练：二过一

身体训练：协调性、速度和灵敏性

理论传授内容：二过一配合

比赛：5VS 5

(三) 水平三：五、六年级目标

1. 通过加强对足球运动的热爱，激发积极的参与精神，并培养良好的训练和比赛习惯，以提升自身的竞技能力；

2. 更好地掌握球感和控制球的能力，并注重技术动作的快速性和时间的有效利用；

3. 通过系统的教学，深入了解战术的基础概念，熟练掌握各种战术要素，并在此基础上进一步提升全队战斗力；

4. 在培养全面的身体素质的同时，注重培养速度、灵活性和协调能力，以熟练掌握协调、迅速、敏捷的足球运动技巧。

训练次数和时间：每星期一节课及课后延迟服务课时

训练内容：掌握基本的运动技巧，包括传递、接发球以及射门、抢断和头顶球

战术训练：二过一（掌握3种）

身体训练：全面身体基础素质

心理训练：积极态度

理论传授内容：阅读比赛

比赛：5VS 5、8VS 8

详细内容见表2-2-1。

表2-2-1　足球课程学习目标与课程内容安排表

学习主题	学习要求	学习内容	适用年级
足球知识	了解足球运动的历史、足球比赛的规则与场地知识，学习足球的技战术、足球裁判知识，掌握足球与健身的相关知识	足球知识启蒙、听球星球队的故事	水平一
		足球规则、中国足球历史、足球世界杯，欣赏精彩比赛	水平二
		国际足联，收集球星球队的故事	水平三
		足球与健身	水平二、三
		足球战术	水平二、三
足球技能	掌握踢球、接球、运球、射门、掷界外球等动作要领，能准确流畅地完成各类动作	运球、传接球	水平一、二
		运球、传接球、射门（组合）	水平二、三
		掷界外球、头顶球	水平三

续　表

学习主题	学 习 要 求	学 习 内 容	适用年级
文化活动	结合文艺等方面的活动，开展创意设计，积累文化底蕴	学足球小游戏，画足球想象画	水平一
	做足球小游戏，跳足球韵律操		水平二
	编足球小游戏，编足球韵律操		水平三
	足球啦啦队，足球俱乐部		水平二、三

四　课程考核

“颠球章”“传球章”“运球章”“射门章”是根据学生的年龄和健康状况，为不同年级的学生量身定制的课程内容及考核标准。详细内容见表 2-2-2。

表 2-2-2　足球课程锻炼的目的要求与考核标准安排表

章目(年级)	锻炼的目的要求与考核标准
颠球章(一、二年级)	每天自行锻炼 10～30 分钟，培养球感，增加对足球的兴趣 能用单脚的正脚背连续颠球 3 个以上
颠球章(三年级)	每天自行锻炼 10～30 分钟，培养球感，增加对足球的兴趣 能用双脚的正脚背交替连续颠球 5 个以上
传球章(四年级)	能掌握用脚的内侧传球的动作要领 能用双脚的正脚背交替连续颠球 7 个以上 知晓长传、外侧传、头球传以及后跟传等传球要领
运球章(五、六年级)	能够快速运球，动作协调、灵活 能在跑动中急停、急转，做出规避动作，且动作协调、舒展、实用 掌握运球过障碍接射门或传球组合动作

五 课程实施

自“发展足球特色，创建多彩校园”提出以来，我们始终秉承“用爱心滋润心灵、用体育锻炼身体、用智慧启迪思维、用美丽塑造未来”的校园足球文化，并通过“上好足球课、办好足球赛、抓好足球队”的实施，使得每个班级都能拥有自己的足球小组，每周都能参与专业的足球训练课程。

1. 绿茵球场，足球文化环境。

2. 为了提升学校的足球水平，我们开发了一套独具特色的校园课程，并成立了编辑小组，负责编写这套教材。

3. 进行梯队建设，成立训练梯队，完善队员管理制度，确保足球活动正常开展是项目推广的保障。

六 课程评价

（一）评价原则

1. 评价活动的导向性原则

教育评估可视作一种有效的监督工具，它能够帮助我们更好地掌握教育信息，并有效地推动课堂的改革。在这种情况下，将评估与指导相结合，既可以帮助受试者清楚地认识到自身长处，也能够为其提供更好的未来规划。重要的是，要仔细审视评估的结果，以便更好地理解其中的因果联系，深入挖掘出影响发展的根源，并且能够将这些发现与实际情况相互印证，以便让受评估的人有更清晰的目标。

2. 评价内容的整体性原则

在评估过程中，应该从多个角度全面考量校本课程的实施和开发，避免只关注某一方面，而忽略整体情况。校本课程的系统性和复杂性，使其效果受到多种因素的影响，形成了一个复杂的综合体。为了更好地评估课程的效果，我们应该从整体上考虑。首先，应该确保评估标准全面，涵盖所有课程实施的内容；其次，应该把握好重点，并结合定性和定量评估。

3. 评价方式的合理性原则

评价过程包括三种不同的评估形态：个人评估、小团队评估以及专家评估。这些评估基于个人的意见，在保证评估全面、公平的同时，兼顾了评估的可靠性。

4. 评价方法的可操作性原则

在每个学期的开始，我们会让教师或同事对成绩进行总结。这些总结使用多种方式，如观察、询问、检验、打分、评估。我们将根据课堂内容，制定适当的评估标准，并使用有效的方法来衡量工作。

（二）评价内容和方法

对学员的考核强调“三维”，即注意知识和专业技能、程序和技巧、情感态度价值观。重视发展性评价，在关心比赛成绩的同时，更重视学生参与活动的兴趣爱好、协作意志、团队精神的培养等。每学期按照各项任务，由各任课老师对每个学生进行踩球、颠球、顶球、传球、运球、射门等项目的检测，检测结果视为每个学生的运动表现点，记入其质量反馈单，并纳入考核评估运动积极分子、三好学生、三好学生标兵的必备条件之中。

评估的方式包括个人自我反省、小组互相评估和教师评估。

课程的有效执行取决于教师的努力，因此，也将评估教师的课堂表现、课程设计、课程安排、课堂调研、课堂讨论、课堂反思、课堂调查、课堂调控、课堂调查报告、课堂调查分析、课堂调研报告、课程调研报告。“文明班级”是一项重要的评估标准，它不仅用来衡量一般“文明班级”中的各项指标，还包括评估学生的参与度、表现以及教练员的表现。

七　加大投入，落实课程保障

（一）用足用好体育经费

学校每年的项目预算均专门列出体育专项经费，包括师资培训、器材添置、体育交流、活动开展等。上级拨款坚持专款专用，用足用好。每年学校体育正常经费在 40 万元以上，用于体育传统项目足球的专项经费在 30 万元以上。

（二）配足配好教学人员

学校配备了专职体育教师 10 名和 3 名足球教练（其中 4 人负责足球队工作），同时聘请校外高水平专业教练（如足球教练）到校上课，不断充实壮大体育师资队伍。学校致力于为体育教师提供全面的培养和指导，邀请专家来校授课，鼓励教师外出学习，组织校内的基础技能比赛，努力推动教师的专业发展，并严格执行各项福利政策，激发教师的积极性，以期达到更好的体育工作效果。

（三）配齐配足设施器材

学校拥有一个标准的11人足球场、一系列先进的健身设备和一个完善的多功能室内体育训练馆。每年均安排专项经费添置更新体育器材及设施，完全满足足球项目训练与上课需求。

（四）加强管理，赢得实效

1. 加强体育常规教学管理

坚持面向全体学生，保证体育课的教学质量。为提高体育课的效果，教学处制定明确的“德育目标、安全目标、体质目标、技能目标”，强调掌握必备的基础知识和熟练的操作技巧，以及培养对运动的热爱，并定期对其进行审核，同时，加强对教师的监管，以促进体育课的持续改进和提高。

2. 做好足球项目的训练管理

（1）成立训练团队，加强队员管理

在就近入学学生的生源基础上，发掘本校有体育特长的学生，确保学校体育运动的发展。学校运动员年龄结构呈梯状分布，队员是二至六年级的学生，9～13岁年龄段均提供队员训练。二、三年级的训练重基础，四、五年级重提高，六年级学生是一线队伍，代表学校的水平，担负着比赛任务。各个团队制定了专门的训练计划，根据学生基础与基本素质情况，针对不同层次、不同队员进行技术动作、身体素质和心理、思想等方面的综合训练，不断提高其竞技水平。

（2）落实责任，保证训练时间

为了保证足球比赛的顺利进行，团队必须遵循三个基本原则：计划、教案和总结。我们一周的训练安排是10次，早上60分钟，下午60～90分钟。为了提高足球运动水平，我们决定将冬季和夏季的特训分别集中安排在某一时期。平时，则确保每个人每天都能获得至少两个小时的锻炼时间（周三、五150分钟以上，周一、二、四都会达到120分钟以上）。此外，我们还会严格执行“运动员守则”和“运动员奖惩制度”，以确保所有的运动员都能够及时到场并接受指导。为了获得理想的结果，必须严格控制培训的质量。

(3) 加强研究,进行科学训练

通过设计专门的足球队员登记表,可以准确记录每位队员的学习情况、身体质量、技术水平、身体健康情况、社会经济背景等,从而更好地制定有针对性的、长期的、系统的、全面的体育锻炼计划,改善队员的健康情况,实现有效的体育锻炼。为确保团体的发展,将着力培养每一位团体成员的良好心理素质,并且提高其在课堂上的积极性。同时,为了确保每一位团体成员都能得到充分的指导,教练会定期跟踪每位团体成员的学习状况,并在必要的时候提供专业的指导。

(撰稿者:深圳市坪山区坪山第二小学　蔡东花　张笔锋)

第三章

有一种运动被称为“王”

跳绳，被誉为“运动之王”。青少年长期坚持跳绳运动，既能增强体质，还能改善心肺机能和循环代谢系统。

第一节　“跳”出精彩，活力校园

深圳市坪山区龙田小学跳绳品质课程以坪山区建设跳绳课程的“六个一”为目标，即每人一绳、每天一跳、每月一测、每期一赛、每人一证、每校一队，不断推动跳绳品质课程的发展。跳绳品质课程不断地发展，使学生跳绳技能水平不断地提高，给学生提供了一个展示的舞台，让学生在玩乐中掌握一项体育技能。

一　背景和理念

为认真落实中共中央办公厅、国务院办公厅《关于全面加强和改进新时代学校体育工作的意见》，着力推进学校体育育人理念、育人模式和方式方法改革，坪山区以“品质课程系列”为抓手，构建富有坪山特色的“悦动体育”课程，支持和鼓励学校结合实际开发形式多样、符合学生成长特点的特色体育课程和特色体育项目，形成“一校一品”向“一校多品”发展的新局面。

学校根据体育场地、设施等实际情况，将有利于增强学生体质、促进学生发育、提高身体协调性和灵敏性，且对场地和器材要求不高的花样跳绳，作为学校的体育特色项目之一。同时，我校不断探索建设花样跳绳品质课程的路径，逐渐形成了具有学校特色的“教材—普及—竞赛—课程”四位一体的课程体系。

二　课程目标

我校根据学生身体发展的特点、应具备的身体素质，以及学习跳绳的顺序，将课程目标分为总体目标和具体目标。

(一) 总体目标

学校以阳光体育活动的开展、身体素质的提高为中心，以增强学生体质，培养学生的审美情趣，以及热爱生活、积极进取、探究创新、顽强拼搏的意志品质，丰富校园文化，提升办学水平为根本目的。

（二）具体目标

1. 了解跳绳的历史与文化，增强民族自豪感，培养爱国主义精神。

2. 能掌握正确的跳绳姿势，跳出花样动作，掌握各类花样跳绳的技术要领和技巧。发展速度、耐力和爆发力，提高身体的灵活性以及协调性。

3. 激发参与花样跳绳的兴趣，培养团结合作的能力，互帮互助、勇往直前的体育品德，以及坚持运动的习惯。详细见表 3－1－1。

表 3－1－1　花样跳绳课程目标

<table>
<tr><th>学习方面</th><th>课 程 目 标</th><th>学 习 目 标</th><th>具体学习目标与课程内容</th></tr>
<tr><td>跳绳运动参与</td><td>参与跳绳学习与锻炼</td><td>积极参加跳绳活动</td><td rowspan="4">1. 速度（左右脚交替跳）
2. 前打后打
3. 单摇交叉跳
4. 勾脚点地跳
5. 双摇
6. 弹踢腿跳
7. 后屈腿跳
8. 两人一绳依次跳
9. 长绳“8”字跳
10. 侧打交叉跳
11. 提膝踢腿跳
12. 原地车轮跳</td></tr>
<tr><td>运动能力</td><td>1. 学习跳绳运动知识
2. 掌握跳绳技能和方法
3. 增强自我保护的安全意识</td><td>1. 学习跳绳知识，体验运动过程
2. 提高完成跳绳活动和跳绳技术的能力
3. 初步掌握多种跳绳活动
4. 重视跳绳活动中的安全问题</td></tr>
<tr><td>健康行为</td><td>1. 掌握基本跳绳知识和方法
2. 塑造良好体形和身体姿态
3. 全面发展跳绳能力
4. 提高适应自然环境的能力</td><td>1. 改善体形和身体姿态
2. 发展柔韧性、灵敏性、速度和力量
3. 增强适应变化的能力</td></tr>
<tr><td>体育品德</td><td>1. 培养坚强的意志品质
2. 学会调控情绪的方法
3. 发展合作意识和能力
4. 具有良好的体育品德</td><td>1. 坚持完成有一定难度的跳绳技术
2. 在跳绳活动中保持积极稳定的情绪
3. 在跳绳活动中乐于交流与合作
4. 遵守跳绳规则并自我规范行为</td></tr>
</table>

三 课程内容

课程的总体安排为：第一部分是理清编写思路，组织教学内容及课时分配；第二部分是对花样跳绳技术动作的编写进行主要说明；第三部分是跳绳课程的课外知识延伸；第四部分是跳绳课程评价体系的概括和评价方法的说明。

（一）编写思路与教学内容及课时分配示例

该部分旨在帮助体育教师理解和掌握花样跳绳课程的编写原则，用科学理论指导课程内容。同时，针对每一项技术动作编写"教学内容及课时分配示例表"，以便教师结合学生、场地、季节气候和地域等实际情况，制定教学工作计划，更好地实施体育与健康教学。

（二）花样跳绳技术动作编写说明

对花样跳绳课程的编写进行了详细说明，根据花样跳绳技术特点，由简及难逐层递进。本部分主要从内容安排和活动设计两个方面，对每节内容进行详尽分析，准确解释每节内容的教学目标、教学重点和难点、教学建议等，并且附有典型性的教学设计。

（三）花样跳绳课程的课外延伸

旨在增加教师对花样跳绳的了解，以及相关技术的解释、运动价值、花样跳绳的赛事说明和注意事项。课外延伸能够拓宽教师的知识面，加强对花样跳绳的理解，切实提高体育教学质量。

（四）花样跳绳课程评价体系

花样跳绳课程评价体系包括课堂基础评价、星级标准、评定方法以及一分钟跳绳普测成绩记录表，使教师更加具体地对学生学习效果进行评价。

四 课程实施

花样跳绳课程的实施，主要由课时安排、跳绳大课间、一分钟跳绳星级普测活动、亲子花样跳绳四个部分组成。

（一）花样跳绳校本教材的开发

2010 年 9 月，学校编制了第一版“跳绳”校本教材，帮助学生初步了解跳绳运动的发展、跳绳基本技术要领、跳绳普测星级标准等。该教材简单介绍了跳绳运动的由来和发展，阐述了花样跳绳的基本技术要领。教材内容具有的特色是制定了个人和班级的一分钟跳绳普测星级标准。从一年级到六年级、从一星级到五星级，并为达到五星级的学生颁发奖状，让学生有追求更快速度的动力；为达到星级标准的班级颁发牌匾，培养学生团结合作的精神，增强班级的凝聚力。

2017 年 1 月，编制了第二版“花样跳绳”校本教材，这套教材包括《花样跳绳校本教材》、《花样跳绳教师用书》、花样跳绳教案、“一分钟跳绳”普测数据库，是学校跳绳品质课程的参考用书。《花样跳绳校本教材》包含了数十种花样跳绳技术动作，内容比第一版教材更加丰富，配上学生担任“模特”拍摄的详细图解，使学生学习起来倍感亲切，更容易掌握，并能增强其自信心。《花样跳绳教师用书》和教案为体育教师提供花样跳绳的教学方法、重难点、评价方法等，帮助其更好地教会学生。“一分钟跳绳”普测数据库记录了全校学生测试的详细数据，包括每个班和每个学生的成绩、班级平均数、全校平均数、获评星级等。数据库为《国家学生体质健康标准》中的一分钟跳绳项目提供了数据分析，也为相关课题研究提供了数据支持，能使教师更好地了解每位学生的跳绳水平，为今后帮助学生提高提供了方向。

（二）花样跳绳的普及

1. 跳绳大课间

为更好地普及花样跳绳，确保每一位学生都能学会简单而有趣的跳绳动作，落实特色体育项目的开展，学校决定实行跳绳大课间，并编排了一套操作性强、趣味性高、运动量足的“绳操”。

跳绳大课间的建立，充分激发了学生参加体育锻炼的兴趣，调动了学生参与运动的积极性，促进了学生的身心健康发展，形成了在坪山区内具有影响力的学校特色体育大课间。“绳操”包含一分钟跳绳、花样跳绳步伐组合、三角形长绳、带绳跑操、放松操等环节，不仅有个人的短绳动作，也有团体的长绳配合。因为有一定的跳绳基础，学生对绳操动作掌握得游刃有余，多次在学校评估、学校交流等场合进行展示，成绩也多次在区学校阳光体育评比中名列前茅。

2. 一分钟跳绳星级普测活动

作为普及跳绳特色项目最有力的措施，一分钟跳绳星级普测活动根据《花样跳绳校本教材》中的星级标准，每学期进行一次全校学生的一分钟跳绳普测，并利用科学的设备进行测试和记录。同时，为学生建立跳绳普测数据库，运用信息化手段对学生每一次的跳绳普测数据进行整理、分析，对达到星级标准的班级、学生进行表彰。

3. 亲子花样跳绳

除了在学校跳绳外，学校还积极鼓励学生把跳绳技术带回家，和家长一起进行“亲子跳绳”，让学校、家庭、社区形成合力，共同促进花样跳绳的普及和发展。

五 课程评价与成效

根据花样跳绳课程的特点，建立了课程相关的评价体系，从课堂基础评价、跳绳普测两个方面对学生进行评价。花样跳绳课程的实施不仅丰富了校内体育文化，对学生的体质提升也有实质性的帮助。

（一）课程评价体系

1. 课堂基础评价

根据课程标准中有关评价的内容、评价的标准、评价的形式和对四个方面学习目标的要求，结合学生的身心特点、认知水平和实际掌握情况，采用学生自评、小组互评、班主任或家长评价以及教师评价进行。①

（1）实施评价要求

根据各水平学生身心特点，提出不同的评价实施要求。由于水平一阶段的学生年龄小，身心发育尚不健全，在学习评价体系的构建上要注意科学性和针对性。评价的内容、主体和标准不能单一，需多元化；评价要点需有所侧重；评价方法需多样化，视学生的可接受能力而决定。水平二要根据学生身心特点，尤其是其自我意识逐步增强，评价别人和自我评价能力逐步提高的特点，应充分调动学生参与评价的主动性和积极性，引导学生对跳绳评价形成正确的认识，从而逐步提高学生正确评价自己和他人的能力。水平三的目标和内容标准要求都有变化和发展，学生学习评价也相应有所侧

① 朱克卿，解朝爱. 中学体育学习积分评价的理论探讨[J]. 体育科技文献通报，2011，19(10)：67－68.

重，着重关注理论知识学习和应用、参与程度及运动技能的学习效果。

(2) 评价方法

在教师的指导下，每学期按“跳绳学习成绩评价表”进行自我评价、小组互评、班主任或家长评价。任课教师综合各项评价内容，每学期分上下两个学期进行，可采用“A、B、C、D”的等级评价形式，并可结合学生特长、突出成绩、明显进步等情况给出激励性评定的等级，填入学生学习成绩手册。

(3) 评价内容的确定及其依据说明

自我评价根据学习成绩评价的四个方面，针对各学段四个方面的学习目标及相应内容确定，见表 3-1-2。

体能：主要根据教学实际情况，同时参考《国家学生体质健康标准》，确定体能测试的专项指标，评价学生的体能水平。

知识与技能：主要根据《花样跳绳校本教材》各个学年段学习目标与要求，结合教学实际情况，选择相应的跳绳知识、技能评价指标，评价学生掌握程度以及对所学知识和技能的应用能力。①

态度与参与：主要对学生的出勤率、课堂表现、学习兴趣、积极主动探索问题情况，以及课外运动所学知识和技能参与度、课堂活动的行为表现等进行评价。

情意与合作：主要对学生在跳绳课堂中的意志品质、人际交往以及互帮互助等行为进行评价。②

表 3-1-2　评价内容权重分配表

体　能	知识与技能	态度与参与	情意与合作	合　计
40%	20%	20%	20%	100%

表 3-1-3　评价主体的权重分配建议表

教师评价	学生评价	他人评价	合　计
60%	30%	10%	100%

① 季浏.《义务教育体育与健康课程标准》修订说明与分析(五)——评价建议[J]. 中国学校体育，2012(9)：24-27.

② 嵇清. 我国《义务教育体育与健康课程标准》(小学部分)与日本《小学学习指导要领》(体育篇)的比较研究[D]. 扬州：扬州大学，2014.

表 3-1-4 跳绳学习成绩评价表

评价内容	学习表现		自我评价		小组评价		教师评价	
			第一学期	第二学期	第一学期	第二学期	第一学期	第二学期
体能	参考体能与运动技能项目测量表评定	★★★						
		★★						
		★						
知识与技能	会做简单的组合动作，并能说出简单的动作术语	★★★						
		★★						
		★						
态度与参与	能积极主动参与体育活动	★★★						
		★★						
		★						
情意与合作	能与同伴在活动中互相合作	★★★						
		★★						
		★						
	在克服困难建立自信方面的表现	★★★						
		★★						
		★						

注：在认为合适的意见所对应的空格内打“√”，小组意见由组长填写

（4）评价标准的发展性

在评价标准的制定上，要注意学生发展的差异性，对不同水平的学生制定不同的评价标准。① 如动作特别不协调的学生，动作掌握速度和程度可能差一些，评价时不能按常规标准的要求来评定，而应重点关注这些学生的学习态度及通过努力后的进步程度。

① 汪百祥. 差异性教学在乒乓球选项课中的运用[J]. 吉林体育学院学报，2008(5)：51-52.

（二）星级普测

学校每学期都会组织跳绳普测活动，学生无特殊原因需全部参加，学校有相应的跳绳星级班级和跳绳星级学生的评价标准，每名学生还有自己的星级普测成绩记录表，详细评定标准如下。

1. 一分钟跳绳次数星级班级评定标准，见表 3-1-5

表 3-1-5　星级班级评定标准

星级 年级	一星级	二星级	三星级	四星级	五星级
一年级（上）	70～79	80～89	90～99	100～109	110 以上
一年级（下）	80～89	90～99	100～109	110～119	120 以上
二年级	90～99	100～109	110～119	120～129	130 以上
三年级	100～109	110～119	120～129	130～139	140 以上
四年级	110～119	120～129	130～139	140～149	150 以上
五年级	120～129	130～139	140～149	150～159	160 以上
六年级	130～139	140～149	150～159	160～169	170 以上

2. 一分钟跳绳次数星级学生评定标准，见表 3-1-6

表 3-1-6　星级学生评定标准

星级 年级	一星级	二星级	三星级	四星级	五星级
一年级（上）	110～119	120～129	130～139	140～149	150 以上
一年级（下）	120～129	130～139	140～149	150～159	160 以上
二年级	130～139	140～149	150～159	160～169	170 以上
三年级	140～149	150～159	160～169	170～179	180 以上
四年级	150～159	160～169	170～179	180～189	190 以上
五年级	160～169	170～179	180～189	190～199	200 以上
六年级	170～179	180～189	190～199	200～209	210 以上

3. 评定办法

学生成绩统一采用LOOP电子跳绳技术设备进行测试，根据学生普测成绩，以一分钟所跳次数计入成绩表。

根据所获星级为星级班级颁发对应星级牌匾，见表3-1-7。星级学生则根据所获星级登记入册，并为五星级学生颁发奖状，见表3-1-8。

表3-1-7 星级班级表彰办法

星级班级	一星级	二星级	三星级	四星级	五星级
表彰办法	一星级牌匾	二星级牌匾	三星级牌匾	四星级牌匾	五星级牌匾

表3-1-8 星级学生表彰办法

星级学生	一星级	二星级	三星级	四星级	五星级
表彰办法	登记入册	登记入册	登记入册	登记入册	登记入册 颁发奖状

4. 一分钟跳绳普测成绩记录表

每个学生在一年级入学时都会收到一张"我的一分钟跳绳普测成绩记录表"，见表3-1-9，学生自行将每学期跳绳普测的测试成绩登记在表中，记录自己从一年级入学到六年级毕业的跳绳普测成绩。

表3-1-9 我的一分钟跳绳普测成绩记录表

星级 年级	无星级	一星级	二星级	三星级	四星级	五星级	班主任签名	体育老师签名
一年级(上)								
一年级(下)								
二年级(上)								
二年级(下)								
三年级(上)								

续 表

年级＼星级	无星级	一星级	二星级	三星级	四星级	五星级	班主任签名	体育老师签名
三年级(下)								
四年级(上)								
四年级(下)								
五年级(上)								
五年级(下)								
六年级(上)								
六年级(下)								

温馨提示：获得四星级和五星级，可以请班主任和体育老师给我签名哦，加油！

(三) 课程成效

1. 花样跳绳品质课程能丰富体育课内涵

传统的体育课主要是教师依据规定的教学大纲制定学年与学期教学计划，学生运动技能习得周而复始，就如同广播体操一样，几年乃至十几年都变化不大，久而久之，学生对体育课失去兴趣和新鲜感。学校将花样跳绳设置到学校课程内，依据《花样跳绳校本教材》，系统地传授学生花样跳绳的技巧，大大丰富了体育课的内容，也提高了学生上体育课的积极性。

2. 花样跳绳品质课程能提高学生体质健康水平

一分钟跳绳是小学阶段唯一存在附加分的必测项目，最高可加 20 分。由此可见，一分钟跳绳在小学体质健康测试中的重要地位，其评价标准必然会对学生的体质健康测试结果产生重要影响，见表 3－1－10。①

从表 3－1－10 可以看出，学校近三年的国家学生体质健康测试成绩，优良率逐年递增。

① 郑佳未，陈春欢. 1 分钟跳绳成绩对学生体质健康测试结果的影响[J]. 体育教学，2019，39(5)：56－57.

表 3-1-10　学校近三年国家学生体质健康标准测试数据

序　号	时　间	测试人数	优良率%	及格率%	不及格率%
1	2021 年	1 330	51.13%	98.80%	1.2%
2	2022 年	1 302	61.06%	99.23%	0.77%
3	2023 年	1 231	71.57%	98.94%	1.06%

一分钟跳绳作为每学期都会举办的比赛项目，学生们非常了解比赛规则，并且在锻炼技能的同时也培养了自身良好的心态。因此，在国家体质健康测试中，很多同学都能取得不错的成绩，甚至能够拿到 1～20 不等的附加分，总分提高，成绩等级也会相应提高。因此，跳绳作为评定学生体质健康的一项重要标准，充分说明开展跳绳品质课程可以提高学生体质健康水平。

3. 花样跳绳队成绩

(1) 参加竞赛

2011 年 10 月，学校成立了花样跳绳队，鼓励队员们积极参加各级各类跳绳竞赛。目前为止，花样跳绳队共参加了 8 次全国跳绳竞赛，包括全国跳绳锦标赛、全国跳绳联赛等，共获得 181 个国家级奖项，其中一等奖 80 个。《南方教育时报》《深圳商报》等媒体多次报道了跳绳队获奖的新闻。

(2) 以点带面

来自不同年级和班级的花样跳绳队队员，像一条条纽带，把学到的跳绳动作带回自己班级，分享给小伙伴们。小伙伴之间形成了一股竞赛的风潮，比一比谁学得快、学得好，很好地发挥了以点带面的作用。

同时，花样跳绳队还承担着对外交流、展示的重任。区里多家幼儿园举办运动会，都会邀请队员们参加开幕式表演。队员们自信的表情、炫酷的动作，收获了一批批幼儿园“小粉丝”，激发了小朋友们学习花样跳绳的兴趣和热情，为促进坪山区花样跳绳幼小衔接的发展贡献了自己小小的力量。

六　课程管理

学校非常重视跳绳特色项目的发展，在各类宣传中均有所体现。一是田径场边的镂空抽象雕塑和多边形照片展板，用生动活泼的学生跳绳形象来进行宣传，直观明了，鼓励学生课余时间进行跳绳锻炼；二是星级班级牌匾和星级学生公示，学校对每次跳绳普测达到星级标准的班级进行授牌，对达到五星级标准的学生进行光荣榜公示，无形中增加了班级凝聚力，提高了学生参与跳绳的积极性；三是期末表彰大会，每学期末的典礼上，学校会对花样跳绳队优秀队员进行表彰，鼓励全校学生以优秀队员为榜样，积极为学校争光；四是跳绳大课间的规范化实施，处处体现着龙田小学将跳绳项目作为体育特色发展的坚定道路。

（撰稿者：深圳市坪山区龙田小学　庄惠民　吴逸诗　陈柔　郑雅诗）

第二节　“绳”舞飞扬，跃动青春

坪山区外国语文源学校是一所九年一贯制学校，目前小学38个班，初中17个班。校园整体设计新颖别致，学生学习活动空间充足，功能室及信息化设施配置齐全，是一所现代化智慧型学校。学校体育工作坚持不只让学生、教师，也让学生家长参与到体育活动中来，认真落实人人参与、家校共育、终身体育的理想目标。在校园体育方面，选定跳绳作为学校特色体育项目，列入常规课程和每天大课间活动。同时，为认真贯彻落实《关于印发坪山区“品质课程系列”建设方案的通知》和《坪山区“品质课程系列”建设方案》的相关要求，更好地落实品质课程系列建设的目标和高质量跳绳课程建设，落实跳绳推广工作和跳绳品质课程示范学校建设，学校注重发展学生的体育兴趣和特长，营造学校快乐体育氛围，拟通过推动校园跳绳的“六个一工程”（每人一绳、每天一跳、每月一测、每期一赛、每人一证、每校一队），打造跳绳特色学校品牌，推动学校学生文化学习和跳绳专项能力协调发展。

一　课程背景

在国家体育总局社会体育指导中心全国跳绳推广委员会的组织带领下，在全国跳绳推广工作者的共同努力下，如今，跳绳已经发展成为一项集健身、娱乐、竞技、观赏为一体的体育竞技运动项目，极具技巧性、趣味性、艺术性、实用性，被我国纳入《国家学生体质健康标准》项目，为部分地区幼升小、小升初入学考试必测项目。同时，花样跳绳作为时尚运动类项目，有助于培养学生参与体育运动的兴趣，增强学生的创新意识，增强学生对新鲜事物的接受能力与适应能力。①

学校将跳绳作为特色体育项目，引入各年级体育课程，旨在通过跳绳培养学生的基本运动技能。学校跳绳课程以面向全体学生为方向，以“为学生身体素质发展奠基”

---

① 高敏. 我国跳绳运动“SWOT-AHP”分析与提升策略研究[D]. 曲阜：曲阜师范大学，2020.

为基本理念，确定了“有趣、有料、有效”的教学基本原则，采用引导学生“主动探索与积极创造”的学习方式，激发学生对体育运动的浓厚兴趣，提高学生自主学习与锻炼的能力，有效提升个人体质健康，树立终身体育的运动目标。

学校致力于通过探索跳绳课程建设与实施，推动学生能力的加速发展，并进一步整理出从教学与管理的“双轮驱动”到课程的顶层设计、课程构建、实施方略、评价体系为一体的“四轮驱动”的跳绳教学实施模式。

二　课程目标

《义务教育体育与健康课程标准(2022 年版)》要求学生通过体育与健康课程学习而逐步形成正确价值观、必备品格和关键能力，包括运动能力、健康行为和体育品德等方面。① 要求以“掌握与运用体能和运动技能，提高运动能力；学会运用健康与安全的知识和技能，形成健康的生活方式；积极参与体育活动，养成良好的体育品德”为总目标。基于上述要求，结合学校师生特点，学校努力实践推进跳绳运动推广工作，引导全校师生参与跳绳运动，积极组织校园跳绳活动，加强学校跳绳文化建设，形成坪外文源跳绳运动特色。根据跳绳运动和学校体育教学的特点，学校跳绳课程的重点目标是：

1. 了解花样跳绳运动的起源与发展等相关知识与文化，熟知花样跳绳运动的健身价值、安全、防护与运动损伤的处理方法等基础知识。

2. 在花样跳绳运动中提高体能水平，提高下肢肌肉力量、灵敏性和协调性等。

3. 理解花样跳绳的比赛规则与裁判方法，能够参与组织班级内和班级之间的比赛，并敢于承担观察、计时、计数等裁判工作。

4. 理解健康的生活理念和价值观，通过了解跳绳对身体的好处，养成良好的运动习惯和健康的生活方式。

5. 养成敢于挑战自我、突破自我的决心，培养独立思考能力和团队精神。

三　课程内容

基于新课标要求与学校跳绳课程目标，跳绳课程主要以花样跳绳为基础，根据课

① 尚力沛. 核心素养背景下体育学习评价的若干问题讨论[J]. 天津师范大学学报(基础教育版)，2019，20(1)：56－60.

程的不同需求，将课程划分为跳绳课、跳绳大课间、训练队课程，见图 3-2-1，总计五个板块。根据课程目标的四个水平段，设计相对应的教学重点内容，见图 3-2-2。

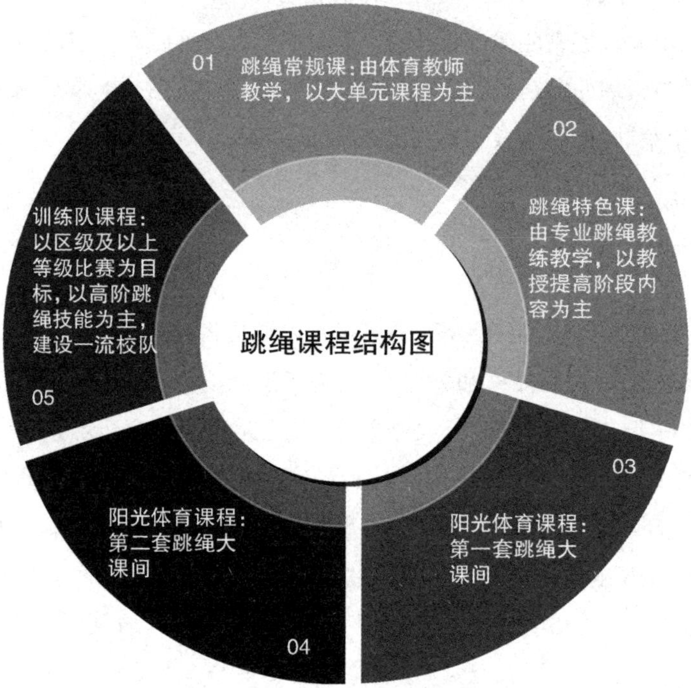

图 3-2-1　跳绳课程结构图

学校跳绳课程主要以跳绳常规课为核心，通过跳绳大课间进行补充，以训练队为代表，打造跳绳示范学校。课程内容共计五个模块。

(一) 模块一：跳绳常规课

跳绳常规课以水平段进行划分，通过大单元教学，集中学习跳绳专项技能，并通过对应形式的考核评价学习效果。

1. 一年级上学期以并脚跳为基础，以花样跳绳一段内容为提升，着重培养学生的跳绳基础，为跳绳大课间的实施做准备。一年级下学期以坪外文源特色跳绳大课间内容为核心，通过教授特色绳操、速度跳、一带一单摇跳、8 字长绳，串联大课间活动。

2. 二年级以花样跳绳二段为核心内容，以双摇跳为提升内容，着重提升学生的肢体控制能力及速度。

3. 五、六年级以竞速跳绳、跳绳速度耐力(即强心挑战)为核心,重点通过提升耐力水平,进一步提升学生跳绳的速度,为小初衔接做准备。

4. 初中以培养正确的速度跳绳习惯为重点内容,对接中考,通过专项训练,强化1分钟跳绳速度,保障中考成绩。

(二) 模块二:跳绳特色课

跳绳特色课是以由入门至精通为目标设置的体育课程,通过聘请专业跳绳教练,以每周一节特色课的形式,帮助学生由基础入门向精通跳绳过渡。通过特色课与常规课的双向提升,教授学生花样跳绳三段内容、连锁跳、车轮跳、长绳等提高阶段的专项技术。

(三) 模块三:阳光体育课程:第一套跳绳大课间

第一套坪外文源跳绳特色大课间是以一年级至三年级学生为主体,以花样跳绳一段内容为主要内容,结合并脚跳、双脚轮换跳、一带一单摇跳、8字长绳等跳绳动作,通过《YES,OK》音乐在个人绳中融入中国跳绳段位制花样动作,为段位考评打基础。整套大课间设计让学生在阳光体育锻炼中玩,在玩中跳,在跳中学,在学中乐。

(四) 模块四:阳光体育课程:第二套跳绳大课间

第二套坪外文源跳绳特色大课间是以四年级至六年级学生为主体,以花样跳绳二段内容为主要内容,结合速度跳、两人一绳、集体跳等跳绳动作,通过《出发向未来》音乐在个人绳中融入中国跳绳段位制花样动作,并提高难度,让学生在阳光体育运动中挑战自我,提升自我。

(五) 模块五:训练队课程

训练队课程是以区级及以上等级的各项比赛为目标设置的体育课程,通过聘请专业跳绳教练,选拔优秀跳绳运动员的形式,帮助学生由普通运动员向精通跳绳运动员过渡。通过速度跳、花样跳绳、集体跳等内容的长期训练提升,以区级及以上水平各项赛事为目标,力争前列。

上述五个模块,每一个模块有不同水平的内容,具体如下(图3-2-2)。

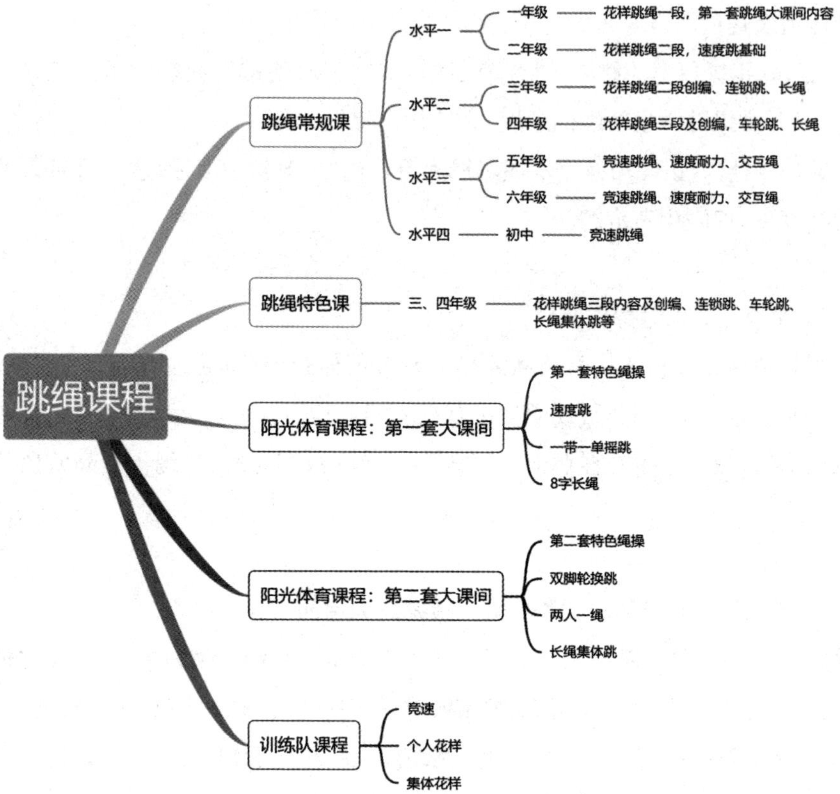

图 3-2-2　文源学校跳绳课程阶段设计结构图

四　课程实施

围绕“有趣、有料、有效”的教育原则，从学习目标与学生的实际获得出发，确定与跳绳课程配套的细化标准①，形成能量源源不断的课堂动力系统的课程架构，落实跳绳课程顶层设计、课程构建、实施方略与评价体系为一体的“四轮驱动”的跳绳教学实施模式，跑出跳绳课程实施的加速度。

（一）丰富跳绳课程资源，完善跳绳课程体系

学校于 2019 年确立以跳绳为学校体育发展特色，选取段位花样规定动作作为教

① 任海江. 无体育不清华无体育不成志——解析清华附小体育教学改革之路[J]. 体育教学，2019,39(7)：45-47.

学素材，在全校范围内开展了“跳绳课程”建设，凸显了关注学生发展、重视梯度成长的课程理念，丰富跳绳课程设计和实施，合理配置学校场地与器材资源，在不断的探索中优化完善课程结构，旨在为学生提供优质跳绳课程资源。“跳绳课程”内容以段位花样规定动作（一段～九段）为主要内容，以速度跳绳为基础技能，花样跳绳为展示技能。未来，学校将会结合本校实际情况，在实践中不断修改完善已有课程资源，并探索开发新的跳绳品质课程体系。

（二）创设跳绳社团，发展学生跳绳兴趣

为了让跳绳影响力进一步提升，学校高度重视对跳绳社团的开发，为跳绳社团聘请高水平教练，在大众普及的基础上，进一步提高竞争力；设定目标：在区级比赛中力争第一，在市级、省级、全国比赛中取得前 8 名。

（三）开发大课间跳绳项目，浓郁课间体育氛围

为了进一步拓展跳绳活动范围，学校拟推进体育大课间定期进行跳绳活动，提高校园跳绳活动覆盖范围。

（四）评选跳绳课程精品项目，打造跳绳示范学校

规划校园体育节、跳绳节等，组织跳绳争霸赛、班级跳绳比赛、班级 8 字长绳比赛、班级绳操比赛等跳绳活动，激发学生参与热情，形成全校跳绳热潮，提高活动水平与质量，形成具有文源特色的校园跳绳活动。

五　课程评价与成效

为激发学生跳绳学习与推广的持续动力，综合考虑不同水平段的能力水平及需求，学校跳绳品质课程设置了段位制考核与体育大课间活动评比的评价方式，并将评价贯穿到日常学习与活动中，让学生在浓厚的跳绳运动氛围中学习与成长。

（一）完善跳绳课程评价体系，激发学生学习兴趣

综合考虑不同水平段学生的能力及需求后，学校跳绳品质课程设置了段位制考核（见表 3－2－1、表 3－2－2 和表 3－2－3）与体育大课间活动评比的评价方式，并将评价贯穿到日常学习与活动中。跳绳课程考核评价采用学完即测的原则，在大单元教学结束后进行统一考核。

表 3-2-1　跳绳项目考核标准表

<table>
<tr><th colspan="6">跳绳项目考核及标准</th></tr>
<tr><td colspan="6">1 分钟跳绳：
在平坦、整洁的场地上进行。教师作为裁判以秒表计时，教师提前准备跳绳设备并调试好，当听到开始信号时，受试者采用右脚起跳，以正摇双脚轮换跳的方式完成测试。</td></tr>
<tr><th>等　级</th><th colspan="2">优　　秀</th><th>良　好</th><th>合　格</th><th>不合格</th></tr>
<tr><td rowspan="2">成绩(次)</td><td>男</td><td>111～126 次</td><td>91～110 次</td><td>51～90 次</td><td>50 次及以下</td></tr>
<tr><td>女</td><td>121～136 次</td><td>101～120 次</td><td>51～100 次</td><td>50 次及以下</td></tr>
<tr><td colspan="6">三段花样动作：
在平坦、整洁的场地上进行。参考中国跳绳段位制考评标准，教师根据学生实际情况，选出三个动作(侧身前点地跳、双脚交叉侧勾点地跳、侧打交叉跳)进行考评。</td></tr>
<tr><th>等　级</th><th colspan="2">优　　秀</th><th>良　好</th><th>合　格</th><th>不合格</th></tr>
<tr><td>三段动作技评</td><td colspan="2">精神风貌良好，动作熟练标准，具有表现力</td><td>精神风貌良好，动作标准，能连贯做出动作</td><td>能基本完成动作</td><td>不能完成动作</td></tr>
</table>

(二) 段位制考核内容分段

跳绳评价考核采用中国跳绳段位制考核内容，考核内容分为段位速度(30 秒单摇跳)和段位速度耐力。其中考核内容为达标制，达到相应的成绩可晋升为对应段位。段位速度考核共有 1 段～9 段，通过考级便可获得对应的等级证书。

表 3-2-2　跳绳段位速度考核表

段　　位	考　核　标　准
一段	30 秒单摇跳 60 次以上
二段	30 秒单摇跳 70 次以上
三段	30 秒单摇跳 80 次以上

续 表

段　位	考 核 标 准
四段	30 秒单摇跳 100 次以上
五段	30 秒单摇跳 110 次以上
六段	30 秒单摇跳 120 次以上
七段	30 秒单摇跳 150 次以上
八段	30 秒单摇跳 160 次以上
九段	30 秒单摇跳 170 次以上

表 3 - 2 - 3　跳绳段位速度耐力考核表

段　位	次　数	考 核 要 求
一段	80 次	一次性连续单摇跳绳次数
二段	240 次	
三段	480 次	
四段	800 次	5 分钟之内累计单摇跳绳次数
五段	1 600 次	10 分钟之内累计单摇跳绳次数
六段	2 400 次	15 分钟之内累计单摇跳绳次数
七段	3 200 次	20 分钟之内累计单摇跳绳次数
八段	4 000 次	25 分钟之内累计单摇跳绳次数
九段	4 800 次	30 分钟之内累计单摇跳绳次数

(三) 形成常规评价考核制度

每班体育教师为主考官,每学期组织全班跳绳段位速度考核,由全班共同监督完成。除定期考核以外,学生可自主向主考官提出挑战晋级考核,考核合格即可晋级段位,取得段位证书。

(四) 制定大课间活动评比方案

推进体育大课间跳绳活动评比方案的制定，建立大课间活动的长效激励机制，保证学生参与热情并提高集体荣誉感。

通过推进跳绳课程建设工作，实施跳绳课程，学校学生跳绳能力得到极大进步，形成了“人人参与、形式丰富、以赛促练”的校园跳绳文化，学生、教师人人齐上阵；单人跳、双人跳、多人跳、速度跳、花样跳样样皆发展；单项赛、集体赛、挑战赛，场场皆精彩。文源学子们在每天的体育运动中跳出了健康、跳出了活力、跳出了成绩、跳出了友谊。在推进跳绳课程建设工作的几年内，学校在大课间、速度赛、花样赛等方面取得了众多国家级、省级、市级、区级比赛成绩。

第一，2020 年起，学校开始推行坪外文源特色跳绳大课间活动，在每天的体育大课间时间，通过融合特色绳操、速度跳、一带一单摇跳和 8 字长绳，形成具有文源特色的跳绳大课间活动，并于 2021 年获得全国校园跳绳大课间视频展示大赛三等奖的荣誉。

第二，2020 年起，学校开始建设校级跳绳训练队，旨在打造一支高水平精英跳绳代表队。经过长期的培养，学校跳绳队运动员在坪山区屡获佳绩，其中包括 2021 年坪山区小学生花样合作跳绳展示评比活动第二名、2021 年坪山区中小学生竞速跳绳比赛多项第一名，并在 2023 年坪山区中小学生跳绳锦标赛中包揽各组别团体第一名。

同时，学校致力于以赛促练，多次参加国、省、市级比赛，并在 2021 年全国跳绳联赛线上分站赛中突破自己，在全国各省市 200 余支队伍、3 000 余名运动员汇聚云端、共争佳绩的比赛中，取得了 1 金、3 银、1 铜的好成绩。在 2023 年深圳市中小学生跳绳比赛中，首次代表坪山区参赛，取得突破性成绩，以 3 个第一名、6 个第二名、7 个第三名的好成绩，跳出了坪山新纪录、新风采。

六　课程管理

为保障学校跳绳品质课程建设工作顺利实施与推进，学校通过成立跳绳品质课程建设工作领导小组，制订跳绳品质课程示范学校发展方案，落实场地、器材、经费等各项保障措施，确保课程建设、推进与管理。

(一) 组织保障

学校高度重视跳绳品质课程推进工作，在校长的领导下成立了校级跳绳品质课程领导机构，实行分工责任制。跳绳品质课程统筹小组负责跳绳品质课程发展工作的规划、组织、协调、保障等事项；跳绳品质课程开发小组负责组织开发跳绳品质课程内容，形成跳绳品质课程体系；跳绳品质课程实施小组负责跟进跳绳课程教学实施、活动组织、评比、表彰与宣传等具体工作事项。

（二）人员保障

体育科组共有体育专任教师18名，其中包含1名专任跳绳教练，11名教师具备跳绳初级教练员、裁判员资质。教师们具有良好的跳绳专项素养、丰富的教研经验，能带动体育科组积极参与、投入跳绳品质课程建设，有效推动跳绳品质课程的开展。

跳绳品质课程建设参与人员以青年体育教师为主，从体育八大院校毕业的占比超50%，具备大学本科及研究生学历，体育素养高、科研能力强。大部分教师具有较丰富的体育教学经验，积极参与跳绳教研活动。

1. 引进跳绳专业团队

与全国跳绳推广中心签署合作发展协议，与专家合作制订学校开展跳绳运动的规划与实施方案，并落实培训、授课、赛事组织等事项。引进跳绳专业教练，负责跳绳整体开展规划、技术教学训练、技能提高等事宜。

2. 邀请“跳绳王”入校指导

为了提升体育教师的跳绳专业技能，学校规划邀请了全国跳绳推广中心技术总监、“中国跳绳之父”、“中国跳绳王”胡平生老师入驻校园，为学校全体师生进行为期一个月的跳绳指导。

3. 专业培训，打造优质跳绳教师队伍

学校自与全国跳绳推广中心合作后，积极参与跳绳培训，输送新教师参与全国跳绳教练员、裁判员培训，取得跳绳专业资质，致力于打造坪外文源优质跳绳教师队伍。

（三）经费保障

学校高度重视跳绳品质课程建设工作，每年都会划拨跳绳专项经费以确保各项跳绳活动顺利展开。

（四）硬件保障

学校具有架空层、风雨操场、室外篮球场等活动场地，具备开展大型跳绳活动的条件。目前，已配备充足的跳绳以及菲普莱跳绳计数系统等，以保证跳绳课程实施与校园跳绳活动的顺利开展。

(五) 安全保障

打通家校共育渠道，创造共同认知。学校成立校级、班级、社团三级家委会体系，让家长成为学生强身健体的千军万马。① 每年的运动会、跳绳比赛、跳绳节等重要活动，都由家委会组织并参与；每学期的家长会，体育教师都会走进班级，发布学生体质发展报告，为学生的假期锻炼提供针对性的建议；每次寒暑假，家校开展亲子共同参与运动项目打卡活动，鼓励更多家庭树立"健康第一"的理念。

(六) 评价保障

1. 过程性跟踪文源学子的成长数据

构建文源学子跳绳学业发展、运动品格养成、体质健康的个性化分析系统。横向一体，覆盖全维度，建立水平数据库。

2. 文源学子自主记录成长的关键事件

引导文源学子采用间接语言、代表性图片影像等方式，从跳绳课堂学习、运动习惯、跳绳活动比赛、社团训练等方面，对关键时间进行自主记录与评价，形成运动成长档案，定期反馈展示，主动勾勒文源学子成长"图谱"，实现自我发现与超越。

3. 让热爱运动的文源学子成为"随处可见"的榜样

通过成长记录，用"校园 NO. 1"、跳绳龙虎榜等记录体育锻炼的关键事件，班级、年级、社团评选"最有价值跳绳运动员"等方法，寻找近处的榜样，不断对标，挖掘潜能，让文源学生成为他人学习的榜样。

（撰稿者：深圳市坪山区文源外国语学校　罗继炎　彭亮）

---

① 任海江. 无体育不清华无体育不成志——解析清华附小体育教学改革之路[J]. 体育教学，2019，39(7)：45－47.

第三节　悦动花样，“绳”彩飞扬

深圳市坪山区坪山实验教育集团坪山实验学校于2010年9月建校，是为满足全区人民对优质教育的需求，高标准设计、高质量建设的一所现代化九年一贯制公办学校。学校现有教学班163个，在校生7 600多人。近年来，深圳市坪山区坪山实验学校的领导与教师们对学生体育活动的建设与开展给予了更多的关注，以“达标争优，增强体质”为宗旨，积极践行“健康第一”的指导思想，把体育运动与构建和谐校园等活动有机地结合起来，使学生养成了良好的体育习惯。在校园体育方面，跳绳作为学校特色体育项目，被列入学生的常规课程以及大课间活动中。

同时，坪山实验学校认真贯彻落实《关于印发坪山区“品质课程系列”建设方案的通知》和《坪山区“品质课程系列”建设方案》的相关要求，更好地落实品质课程系列建设的目标，推进高质量跳绳品质课程建设，落实跳绳推广工作和跳绳品质课程示范学校建设，注重发展学生的体育兴趣和特长，营造学校快乐体育氛围，努力打造跳绳特色品牌学校。

一　课程背景

跳绳是一项具有悠久历史的民族传统体育运动，具有深厚的文化底蕴。花样跳绳则是一种新兴的、时尚的运动，它由传统的跳绳演变而来。如今，国家体育总局社会体育指导中心全国跳绳推广委员会组织带领推广跳绳运动，跳绳已被我国纳入《国家学生体质健康标准》项目，是广东省乃至全国部分地区中考体育测试必测项目。花样跳绳作为一种流行的运动类项目，能更好地激发学生对体育运动的兴趣，提高他们的创造力，提高他们对新事物的接纳和适应性。

在学校里，不仅要把全民健身的方针贯彻下去，更要注意学校的体育教学和学生的身体健康，学校的体育教学和校园跳绳课程均根据《义务教育体育与健康课程标准（2022年版）》和相关的政策来进行。学校跳绳课程根据学生的学习需求和兴趣爱好，面向全体学生，确立了“达标争优、强健体魄”的教学理念，落实“教会、勤练、常赛”要求，注重“学、练、赛”一体化教学。遵守“健康第一、因材施教、身心协调发展、知识技能并重、终身体育能力”的体育教学原则，校园跳绳品质课程也纳入了学校发展规划和年度工作计划中，并得到了有效实施。另外，学校还成立了校园跳绳质量课程工作小组，针对校园质量课程的实施、教学管理、运动安全防范、师资培训、课余训练和竞赛、检查督导等方面拟定了详细的规定和工作制度，并将其进一步完善。

二 课程目标

体育与健康课程是新时期学校体育工作的一个重要载体，它体现了“立德树人”的根本任务，体现了“健康第一”的教育思想。其中《义务教育体育与健康课程标准(2022版)》要培养的核心素养，主要是指在体育与健康课程的学习过程中，学生逐渐形成的正确价值观、必备品格和关键能力。

基于以上新课程标准，学校结合本校师生特点，努力推进学校跳绳推广工作，把“达标争优、强健体魄”作为目标。我们以“健康第一”为指导，在学校里积极地开展健身活动，并进一步加强课外的训练和管理，从而使师生的跳绳技术得到了进一步的发展。同时，利用体育课教学主渠道，认真落实跳绳课程体育课堂教学常规，进一步推进学校跳绳运动工作，形成麒麟跳绳运动特色。学校跳绳课程的重点目标是：

1. 通过校园跳绳课程，学生了解跳绳的动作要领以及花样动作的重难点，能够独自完成正确、优美的跳绳动作；

2. 通过校园跳绳课程，学生能享受跳绳运动乐趣，掌握跳绳的基本技术，积极参与，提高运动能力；

3. 通过校园跳绳课程，学生知道体育锻炼对健康的重要性，积极参加体育锻炼，形成体育锻炼意识和习惯，培养团结协作、积极应对挫折和失败的精神。

三 课程内容

根据新课标要求以及学校跳绳课程目标，跳绳课程主要以花样跳绳为主要课程，根据课程的不同需求、学生的年龄特点，将跳绳课程划分为跳绳大课间、跳绳常规体育课、跳绳特色课程、麒麟花样跳绳队，致力于打造深圳市跳绳示范学校。课程内容共分为四个模块。

(一) 模块一：跳绳大课间

为了更好地贯彻《体育强国建设纲要》，进一步推进“体教结合”，促进健身活动在学校的推广和发展，必须对跳绳项目进行深入研究。学校积极开展校园阳光体育跳绳大课间活动，切实提高学生体质健康水平，促进学生健康成长。在学校“阳光一小时”活动的基础上，对大课间活动进行了积极的改革，营造出一种独特的气氛，切实实现每日一小时的运动。在此基础上，进一步丰富学生的校园文化生活，形成良好的校风和学风。

学校的跳绳大课间以班级为单位开展，全程以动感的音乐为背景。由班主任带领全班同学到指定位置(绳自备)进行跳绳训练。活动的形式以跳绳比赛项目为主，学生还可以通过绳索来创编并脚跳、双脚交换跳、单脚跳、双摇跳、一带一跳、长绳 8 字跳、10 人长绳等多种游戏。教师要主动监督同学们，“大家都有绳子，大家都要跳绳，我要跳绳，我要跳绳”。大课间结束后，体育教师组织队伍统一做放松操，再排队回到教室。

(二) 模块二：跳绳常规体育课

跳绳常规体育课根据学生水平段进行划分，通过跳绳大单元教学开展，在构建课程单元的过程中，着重将“学—练—赛”这一教学模式进行深度融合。具体来说，我们会细致地梳理和整合与跳绳相关知识与技能，确保学生能够全面理解并掌握这些基础的和进阶的跳绳技巧。通过这种方式，不仅能让学生们更好地理解每个环节的意义，还能激发他们对这项运动的热情，同时提高他们的身体协调能力和竞技水平。

1. 一、二年级以并脚跳为主要学习内容，主要为了培养学生对跳绳的兴趣爱好，为后面的学习打好基本功，其间穿插花样跳绳一段的动作套路以及双摇、一带一跳、8 字长绳、10 人长绳等。

2. 三、四年级开始全部采用换脚交换跳，与《国家学生体质健康标准》挂钩，以“达标争优”为目标，强壮体魄。花样跳绳方面对一、二年级所学的双摇、一带一跳、8 字长绳、10 人长绳进行巩固提升，另外还要进行花样跳绳二段的动作套路的学习。

3. 五、六年级以竞速跳绳、耐力跳绳为主要学习内容，主要通过双脚交换跳动作提升耐力水平，进一步提升学生的肺活量等身体素质，为体育中考做准备。另外在原有的基础上，学生还会进行花样跳绳三段的动作套路学习，以及车轮跳、交互绳等花样。

（三）模块三：跳绳特色课程

跳绳特色课是跳绳常规体育课的扩展与提高。学校开设跳绳特色课程，把跳绳品质课程作为体育课的必修内容，学生每周上一节跳绳专项课程，并且专门聘请专业的跳绳教练入校园为学生进行跳绳专项性教学。跳绳特色课根据学生的学段进行内容的设计，具体如下：

1. 水平一：一、二年级学习花样跳绳一段动作套路、双摇、一带一跳、8字长绳；

2. 水平二：三、四年级学习花样跳绳二段动作套路、双摇、一带一跳、8字长绳、10人长绳；

3. 水平三：五、六年级学习花样跳绳三段动作套路、车轮跳、交互绳、8字长绳、10人长绳。

（四）模块四：麒麟花样跳绳队

麒麟花样跳绳队教练组在经过深入的了解以及多方面的研讨后，根据年级组别把学生分成了两个梯队，分别为两个梯队制订了系统的、科学的训练计划。第一梯队的队员一周五练，周一至周三训练时间为下午5点到6点30分，周四、周五训练时间为下午4点到6点；第二梯队的队员一周两练，训练时间为周四、周五的下午4点到6点。

训练内容包括速度跳绳课程和花样跳绳课程。速度跳绳课程以中小学生跳绳比赛中的个人项目为主要内容，比如单摇跳30秒、交叉跳30秒、双摇跳30秒、并脚跳1分钟、互动绳速度跳、10人长绳绕8字跳、10人同跳等。花样跳绳课程种类繁多，如个人花样集体规定套路、两人同步花样、两人车轮花样规定套路、自编绳操等。花样跳绳的多样性体现在其丰富的动作编排上，不仅有单人花样动作，还包括了双人合作中的同步技巧，如双人车轮等。此外，还有交互绳技术，要求参与者之间通过默契配合完成一系列规定动作。除了传统的跳绳花样外，还可以创作个人特色的花样，或者设计与他人互动的有趣伙伴跳。

四 课程实施

为了深入学习习近平新时代中国特色社会主义思想，贯彻落实国务院颁布的

《关于全面加强和改进新时代学校体育工作的意见》，学校积极深化体育改革，坚持健康第一指导思想，把校园跳绳运动作为立德树人的载体，积极推进素质教育的深入实施，致力于促进学生德智体美劳的均衡发展，确保他们能够健康而全面地成长。我们倡导多元化的教育理念，鼓励学生挖掘自身潜能，培养创新思维和实践能力，同时注重学生的心理健康与道德教育，为他们提供一个充满爱、关怀与支持的学习环境。通过这样的教育模式，我们期待每个学生都能拥有一个丰富多彩的未来，并让其在跳绳运动中养成良好的运动习惯，形成健康意识和终身体育观。

（一）开发跳绳大课间项目

在提倡人人参与“全国亿万学生阳光体育运动”的背景下，大课间体育活动不仅是一种新型的体育组织形式，还是新时期加强青少年体育锻炼、增强青少年体质的战略举措。跳绳大课间是一项极具观赏性、趣味性和挑战性的活动，它已成为校园里一道靓丽的风景。它不仅可以减轻学生的学习压力，还可以改善学生的身体素质，并使学生在运动中得到最大程度的满足。跳绳大课间活动对场地和器材没有强制要求，也不影响学校正常的教学，是一项低成本、高回报、器材简便、操作简单、动作易学的体育活动项目。

（二）完善跳绳课程体系

学校要保证学生有充足的体育运动时间。按照区教育局文件精神，保证义务教育每天开设一节体育课，保证学生每天有一小时校园体育活动，跳绳课程也成了体育课的必修内容。其中，1 分钟跳绳作为身体素质检测中的一项，过去一直是考生身体素质检测中比较薄弱的环节。经过体育教师的训练和各班级班主任教师的共同努力，我校的达标率高达 90%。另外，学校每学期开展以年级为单位的跳绳竞速比赛活动，评选跳绳优秀班级和跳绳小达人，激发学生对跳绳的热情。

（三）创设跳绳特色课程

跳绳特色课程通过聘请专业跳绳教练进校园，以每周一节跳绳专项课的形式，结合跳绳常规体育课，帮助学生更好地学习跳绳技能，由基础入门向跳绳特长过渡。课程内容有花样跳绳一、二、三段套路，双摇，一带一跳，交互绳，车轮跳，长绳 8 字跳和 10

人长绳。

(四) 建立麒麟花样跳绳队

坪山实验学校麒麟花样跳绳队建队于2016年,是学校重点建设的体育运动代表队。建队初期至今,我们的队伍不断壮大,队员的技能也在科学的训练中潜移默化地扎实起来。跳绳队一直秉承着"含仁怀义日日新"的校训,以及"更快、更高、更强"的体育精神,严格要求、刻苦训练、团结协作、顽强拼搏,认真对待每一次的训练和比赛。跳绳队在坪山区比赛中成绩位列前茅,多次参加深圳市、广东省乃至全国跳绳比赛。

(五) 开展各种跳绳活动

学校每个学期积极开展校园跳绳速度争霸赛,大力推广校园跳绳项目,坚持"面向全体,人人参与"的宗旨,有效利用学校体育资源,培养学生团结协作、公平竞争的意识,发展学生个性特长,促进学生身心健康,增强学生社会适应力,让更多学生可以参与到跳绳运动中,感受体育竞赛的魅力。除此之外,学校还为校园跳绳项目提供各种各样的平台,大力营造跳绳有益的校园氛围。例如在开学典礼、元旦文艺汇演等大大小小的活动中,让学生可以通过一次次的演出收获跳绳运动所带来的愉悦感和自豪感,同时也让更多的学生想要参与到跳绳运动中来。

五 课程评价与成效

为了激发学生学习兴趣,更好地根据学生情况制订教学计划,在课程实施中,我们让评价过程服务于教学过程,使学生能够找到自己的定位,发现自己的价值,从而把评价真正融合进教学过程。在学习过程中,及时给予学生适当的评价,通过及时的、有效的评价激励学生。

(一) 跳绳段位制考核评价

根据全国跳绳运动推广中心发布的《中国跳绳段位制(试行)》相关内容，跳绳课程评价的项目有段位速度(30秒单摇跳),段位速度耐力(3分钟单摇跳),段位花样一、二段内容。见表3-3-1、表3-3-2和表3-3-3。

表 3-3-1　跳绳速度段位表

段位速度(30 秒单摇跳)		
一段	二段	三段
60 次及以上	70 次及以上	80 次及以上
四段	五段	六段
100 次及以上	110 次及以上	120 次及以上
七段	八段	九段
150 次及以上	160 次及以上	170 次及以上

评分办法：只能采用(并脚跳或者双脚轮换跳)一种跳绳姿势，考评成绩达到晋升标准及以上为通过。

表 3-3-2　跳绳速度耐力段位表

段位速度耐力(3 分钟单摇跳)		
一段	二段	三段
300 次及以上	380 次及以上	460 次及以上
四段	五段	六段
540 次及以上	620 次及以上	700 次及以上
七段	八段	九段
800 次及以上	850 次及以上	900 次及以上

评分办法：只能采用(并脚跳或者双脚轮换跳)一种跳绳姿势，考评成绩达到晋升标准及以上为通过。

表 3-3-3　跳绳花样段位表

段位花样(一段)			
左右侧打	弓步跳	并脚跳	并脚左右跳
双脚换脚跳	间隔交叉跳	开合跳	勾脚点地跳

续　表

段位花样(二段)			
弹踢腿跳	踏步跳	后屈腿跳	左右侧打直摇跳
吸腿跳	手臂缠绕	钟摆跳	前后转换跳

评分办法：按照《中国跳绳段位制教学光盘》套路动作及背景音乐进行考评，须一次完整跳出整个套路动作。按照评分细则进行评分，成套完成总分达到60分及以上为通过。

(二) 课堂学习考核评价

在传统的教学评价中，往往是将体育教师作为评价的主体，但实际上在跳绳教育教学中参与者主要是学生，甚至还有部分学生的家长。因此，学校体育教师改变了传统的跳绳教学评价体系，将评价主体合理设置在体育课堂上以及课后等，从而将评价方法变得多元化。通过评价，让学生在跳绳学习的过程中发现自己存在的问题并不断努力。同时，采用学生之间相互评价的方式还可以确保评价的内容更加客观有效。不仅如此，通过让学生家长参与考核评价，实现良好的家校联合，以促进学生跳绳课程的学习和掌握。

1. 评价方法

体育教师制定了“跳绳学习考核评价表”，见表3-3-4，根据学年分上下两个学期进行自我评价、教师评价、组内评价及家长评价。采用“A、B、C、D”的等级评价，结合学生上课表现、测试成绩、进步情况进行表扬和激励性的等级评定，填入“跳绳学习考核评价表”中。

表3-3-4　跳绳学习考核评价表

评价内容	自我评价		组内评价		教师评价		家长评价	
	第一学期	第二学期	第一学期	第二学期	第一学期	第二学期	第一学期	第二学期
运动能力								

续 表

评价内容	自我评价		组内评价		教师评价		家长评价	
	第一学期	第二学期	第一学期	第二学期	第一学期	第二学期	第一学期	第二学期
健康行为								
体育品德								

2. 1 分钟跳绳测试方法

1 分钟跳绳测试需使用秒表、口哨和跳绳，测试场地要平坦、整洁。在测试开始之前，先让学员在练习中保持自然站姿，并事先调整好绳索的长度。一听见开始的信号，测试立刻开始。学生可以通过并脚跳或者双脚轮换跳的方式完成跳绳。在听到终止信号的时候，停止跳绳并停止计数。

表 3 - 3 - 5　小学男生 1 分钟跳绳测试评分表(单位：次)

年级 \ 等级	A	B	C	D
一年级	99	87	38	17
二年级	107	95	46	25
三年级	116	104	55	34
四年级	127	115	66	45
五年级	138	126	77	56
六年级	147	135	86	65

表 3-3-6　小学女生 1 分钟跳绳测试评分表(单位：次)

年级＼等级	A	B	C	D
一年级	103	87	38	17
二年级	113	97	48	27
三年级	125	109	60	39
四年级	135	119	70	49
五年级	144	128	79	58
六年级	152	136	87	66

(三) 跳绳课程成效

在学校跳绳课程建设工作实施顺利推进下,学生的跳绳技能得到了很大程度的提升,校园跳绳文化氛围浓厚,主要体现在以下几个方面。

1. 跳绳大课间效果显著

通过制定跳绳大课间活动评比方案,确定了大课间活动的长效机制,大大丰富了大课间的内容,转变了传统广播操的大课间模式。活动主要采用以年级为单位、分班进行的形式,以动态的音乐为背景,全程开展活动。学校还根据实际情况,适时组织年级间的比赛,提高学生对体育活动的热情。

2. 学生体质健康成绩提高

通过在常规跳绳体育课上实施落实跳绳课程,学校学生整体跳绳水平得到极大的提高,连续几年在国家体质健康测试中,学生成绩优良率和及格率达标并逐年上升。学生除了能够在国家体质健康测试中取得优秀的成绩外,还对跳绳的历史、比赛规则有了一定的认识,在学会技能的同时提升了文化素养。

3. 麒麟花样跳绳队成绩优秀

学校麒麟花样跳绳队活跃在各大跳绳赛场上,并取得了优异成绩。其中,在 2021 年全国跳绳线上分站赛中,取得 1 金、2 银的好成绩;2022 年深圳市中小学生跳绳比赛中,代表坪山区参加比赛,取得了单项第一名的优异成绩。学校跳绳队成绩在坪山区名列前茅,2021 年在坪山区中小学生竞速跳绳比赛中获得多项第一名,在 2021 年坪山区中小学生花样合作跳绳展示评比活动获得第一名，2023 年坪山区中小学生跳绳比赛中总成绩第三名。

六 课程管理

为了保障学校跳绳课程工作的顺利开展与实施，学校成立了校园跳绳课程建设领导小组，由副校长牵头，特长办、体育科组长、全体体育老师参与课程实施，落实场地、器材、制度、经费等各项保障，保障课程顺利推进。

(一) 建立课程管理制度

根据新课程标准，开发以跳绳为特色的校本课程。学校体育教研组坚持集体备课制度，系统学习了《义务教育体育与健康课程标准(2022 年版)》，根据新课程标准并结合学校实际情况，开发了适合学校的跳绳校本教材，占整课时数的 20%～30%。教材内容主要包括跳绳文化、快乐有效的跳绳练习方法、简单的技术配合、跳绳比赛规则等，其宗旨是通过跳绳教学活动，以趣味性跳绳吸引学生参加，学习各种跳绳技术，培养学生对跳绳的兴趣爱好，从而在运动中育人，使学生达到身心健康成长。

学校体育部负责学校体育的校本课程，协助教师制订教学方案，统筹安排、组织、指导学校的体育教育工作。在教学过程中，教师要严格按照学校的教学计划，主动贯彻新课程标准，灵活实施课堂教学，有效地利用学校课程资源开展教学活动，教学处不定期进行推门听课活动，保证教学质量。

(二) 配强体育师资

学校为贯彻落实校园跳绳品质课程工作配备最强体育师资，配备多位跳绳专项的体育教师，其中高级教练员 1 名，中级教练员 1 名，初级教练员 3 名，高级裁判员 1 名，中级裁判员 1 名，初级裁判员 3 名。

另外，学校每年组织体育教师参加区跳绳品质课程专项培训，学校定期开展跳绳的教学研究，不断地提升体育教师的跳绳专业技能，达到专业化标准。学校的体育教师们都在潜心研究，勇于探索，勇于创新，结合自身的教学特色与性格，发挥其教育艺术与才华。

（三）器材经费保障

学校内建设有专门进行跳绳运动的场馆，保证运动场地设施的规范性、安全性，同时定时定期不断补充跳绳训练竞赛所需的器材，例如竹节绳、钢丝绳、交互绳、长绳等绳具，保证其数量充足。学校在校园内大力推广了跳绳运动，让学生们能够拥有自己独特的天地，施展自己的本领，并且让更多学生喜爱跳绳、热爱运动。

此外，学校大力支持麒麟花样跳绳队的训练，充分保障跳绳队的训练时间和训练经费。例如聘请校外专业教练员跟队提供技术指导；定期定量补充跳绳队所需要的训练用具，比如竹节绳、钢丝绳、交互绳、长绳等绳具；为跳绳队队员购置比赛服、比赛鞋等装备，并配备针对队员安全、医疗等方面的应急方案。

（撰稿者：深圳市坪山区坪山实验学校　陈晓薇）

第四节　悦动青春，共探“绳”奇

马峦小学以“向着梦想奔跑”为办学理念，以“梦想从这里起航”为校训，努力打造学生快乐、教师幸福、家长放心、社会满意的湾区高品质学校。因此，学校尤其重视五育并举，严格贯彻落实中共中央关于深化教育改革、推进素质教育等有关文件精神，以坪山区“悦动体育”品质课程为主抓手，发展“一校多品”的体育品质课程，以跳绳为主要项目，实施“六个一工程”（即每人一绳、每天一跳、每月一测、每期一赛、每班一队、每人一证），构建富有特色的体育课程。

一　课程背景和理念

2016年，国务院办公厅印发《关于强化学校体育促进学生身心健康全面发展的意见》，提出了“让学生熟练掌握一至两项运动技能，逐步形成‘一校一品’‘一校多品’教学模式”；2020年10月，中共中央办公厅、国务院办公厅又印发《关于全面加强和改进新时代学校体育工作的意见》，再次强调要“坚持整体推进与典型引领相结合，鼓励特色发展。弘扬中华体育精神，推广中华传统体育项目，形成‘一校一品’‘一校多品’的学校体育发展新局面”。

跳绳运动作为我国传统体育项目，其开展形式多样、内容丰富，具有较强的观赏性和趣味性，深受广大师生的喜爱，且跳绳运动容易操作，对场地的要求也不高，在校园中具有极高的推广性和应用价值。同时，跳绳运动还可以促进人体骨骼的生长和发育，增强上下肢肌肉、关节和韧带的力量等，能起到很好的健体与强心的作用。

马峦小学高度重视体育工作和学生的体质健康，为此，学校积极开展校园跳绳活动，大力推广与发展跳绳课程，并提出“人人会跳绳，人人跳好绳”的课程理念，重点培养学生的“善运动”技能，让每一位马峦学子熟练掌握不少于两项体育运动技能，其中跳绳为必备掌握项目，同时在毕业时都能拿到属于自己的跳绳段位证书，并达到中考跳绳满分的标准。

二　课程目标

《义务教育体育与健康课程标准(2022年版)》提出课程目标应在高度关注对所有学生进行激励与指导的基础上，针对不同身体条件、运动基础和兴趣爱好的学生因材施教，提出不同的学习目标，选择适宜的教学内容，采用多样的教学方法与学习评价方式，为学生创造公平的学习机会，促进每一位学生产生良好的学练体验，增强学习的自信心，在原有的基础上获得更好发展。同时目标应与核心素养培养相契合，要掌握与运用体能和运动技能，提高运动能力；学会运用健康与安全的知识和技能，形成健康的生活方式；积极参与体育活动，养成良好的体育品德。基于上述要求，学校根据师生情况，并根据不同水平段制定了不同的课程目标，来满足学校学生的发展。

(一) 水平一(一、二年级)

1. 运动能力目标：通过学习能初步掌握跳绳的基本跳法，并能完成连续的跳跃；

2. 健康行为目标：积极参与各项跳绳运动，在跳绳中激发热情与兴趣，体会运动的快乐；

3. 体育品德目标：培养学生热爱民族传统体育的情感，并和同学互相帮助。

(二) 水平二(三、四年级)

1. 运动能力目标：进一步掌握跳绳的技巧，初步掌握轮换跳技能，并学会一定等级的花样跳绳，也能和同学配合完成集体跳绳项目；

2. 健康行为目标：逐渐养成运动的习惯，并积极参与集体项目，注重团结协作，遇到困难也能积极面对，不退缩；

3. 体育品德目标：具有课堂自主意识，自觉维护和维持课堂纪律与学习氛围，培养积极探究、自主创新的精神。

(三) 水平三(五、六年级)

1. 运动能力目标：能熟练地掌握轮换跳技能，并且能够较好地完成各种花样及集体跳绳项目，同时在个人花样上有所创新；

2. 健康行为目标：遇到困难与挫折能稳定情绪并迅速调节，养成自我和他人安全运动意识，同时养成终身体育意识；

3. 体育品德目标：懂得遵守各项游戏和比赛的规则，尊重和正确认识比赛结果，养成公平、公正意识，并培养勇于拼搏、不畏艰难的体育精神。

三 课程内容

根据新课标内容与学校实际情况，跳绳课程以速度跳与花样跳绳为主体，将课程主题划分为跳绳常规课、跳绳大课间、跳绳社团课、跳绳精英训练课四个模块，根据不同的模块划分不同的课程内容。课程主题模块图见图 3－4－1。

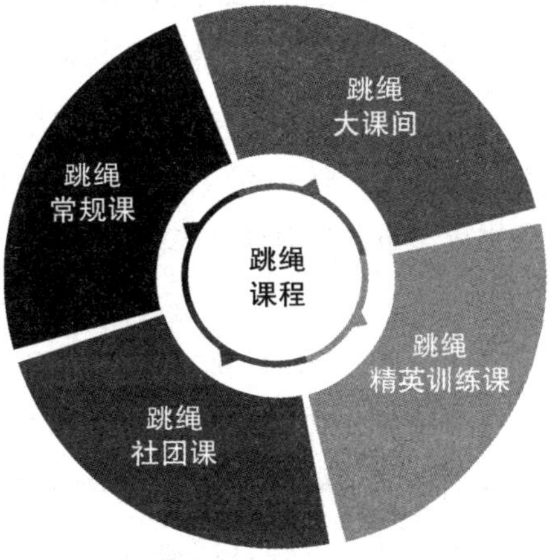

图 3－4－1 课程主题模块图

(一) 模块一：跳绳常规课(每周一节)

跳绳常规课以水平段划分，进行全面的跳绳普及。

一年级以双脚并脚跳为主要授课内容，在授课过程中穿插跳绳游戏，培养学生跳绳的兴趣，使其打下良好的跳绳基础。

二年级继续熟练绳性，并开始教学学校大课间绳操内容，以大课间为核心，进行简单花样跳绳的教学，并穿插一带一、8 字长绳跳等内容。

三、四年级逐渐增加难度，进行双摇跳教学，并且教导学生从双脚并脚跳过渡至车轮跳，提升学生速跳能力，并加入相应的两人单绳等花样内容。

五、六年级以竞速跳绳为核心，提升学生的速度、耐力等方面的素质，为学生进入初中奠定基础，并进行相应多人跳长绳、8 字长绳等团队运动练习，提升学生团结协作意识。

(二) 模块二：跳绳大课间

学校自主创编绳操加啦啦操的阳光体育大课间活动，利用周二至周五半个小时大课间活动时间(如遇雨天室外操无法开展，学生将在教室进行室内操的练习，以此确保学生每天健康运动一小时)，组织全校师生参加运动。师生们将五彩的跳绳在操场上挥动着，并伴着不同形式的跳跃，场面相当壮观，能够有效培养学生的团队意识、集体荣誉感。除此之外，学校还大力推广课间微运动，在下课时，随处可见学生进行跳绳运动。

（三）模块三：跳绳社团课

跳绳社团课是对跳绳常规课内容的延伸与拓展，让学生更好地了解与热爱跳绳这项运动，并使学生的跳绳成绩有大幅度的提高。同时，跳绳社团课会组建低年级组别的跳绳队伍，细化跳绳队伍的建立，为跳绳精英训练队提供良好的后备人才，为更多学生提供参与各项赛事及表演的机会。

（四）模块四：跳绳精英训练课

学校通过聘请国家级的跳绳教练，从跳绳社团中遴选出部分学生接受专业、科学的训练，使他们跳绳水平达到更高水平的要求。该精英训练课以高阶跳绳技能为主要学习内容，以参加区级及以上比赛并获得优异成绩为目标，打造一流跳绳团队。

四　课程实施

学校高度重视跳绳品质课程创建，组织有力的团队进行领导及落实，保障跳绳课程的正常开展，并以此推动学校体育教育和学生体质健康发展。对于跳绳课程的四个内容模块，学校进行了以下落实。

（一）常规体育课穿插跳绳课

学校严格执行国家课程标准和国家"减负"政策，科学调整、优化课程设置，达到每天一节体育课的目标要求，并制定了"3＋1＋1"特色课程方案，一周五节体育课中有三节为常规体育课，其余两节分别为跳绳和啦啦操的特色普及课。

（二）跳绳大课间

早上8:10～8:40为学校自主创编的"跳绳＋啦啦操"大课间运动时间。具体时间安排为：

8:10～8:16，全体师生伴随着节奏明快的跑操音乐入场；

8:16～8:18,在《中华大家园》歌曲中做热身操;

8:18～8:22,在《幸福的午歌》歌曲中做啦啦操;

8:22～8:26,在《歌唱祖国》歌曲中做绳操;

8:26～8:30,在自创音乐《生机勃勃》中素质练习;

8:30～8:34,在校歌《逐梦马峦》中做放松操;

8:34～8:35,在《我和我的祖国》歌曲中结束运动;

8:35～8:40,在跑操音乐中返回教室。

(三) 跳绳课间微运动

为积极发动学生参加课间微运动,学校将运动场、教室、走廊过道铺设成 PVC 软性地胶,非常适合跳绳运动,并划定各班"啦啦操＋跳绳"的微运动区域。在课间 10 分钟,同学们随时拿出自己的跳绳,到指定区域活动。通过微运动,学生能够进一步巩固跳绳动作,不断刷新跳绳纪录,提高身体的灵活性和反应能力,愉悦身心。

(四) 跳绳社团课

学校每周二及每周四的下午有社团课,其中跳绳社团课便是其中最热门的社团课之一。每到周二、周四下午,学生便会进行走班式的上课。跳绳社团课的场地在负一楼架空层运动场,学生会带着自己的跳绳来到场地上课,场地中还有各种练习跳绳的道具及器材。

(五) 跳绳精英训练课

学校于 2020 年开始打造跳绳精英队,并组建相对应的梯队,每个队人员覆盖全学龄段,形成了前后衔接,同时还建有班级、年级代表队,学生基本达到全员参与。跳绳精英队在每周都会有定时、定点、定内容的精英训练课,教师为其科学制订训练计划。专业教练联合学校体育组利用每周科组教研时间,确定一周的训练计划,详见表 3－4－1。利用智能跳绳系统,监测学生居家完成训练任务的情况,通过不断高水平的训练来达到较高的竞技水平,代表学校参加各种表演及赛事。

表 3-4-1　跳绳精英训练课安排表

时间/日期	周一	周二	周三	周四	周五
早训 7:20—8:20		单摇速度训练	双摇速度训练	单摇速度训练	双摇速度训练
午训 12:30—13:30					
社团训练 14:55—16:20		社团		社团	
晚训 17:15—18:30	花样训练		交互绳 速度训练		花样训练

(六) 校园跳绳文化

学校定期举行各种跳绳赛事，如校园跳绳吉尼斯纪录挑战赛、每月一次的班级全员跳绳联赛、体育节亲子跳绳比赛及每学期末的各种类型跳绳赛(单摇、双摇、8 字绕绳、花样等)。每一个比赛都被记录在案，并不断更新个人及班级的最新成绩，以此激励全校的学生参与跳绳运动。另外，在课后邀请家长开展“大手拉小手”亲子运动，通过天天跳绳软件进行核查、量化及评价。

五　课程评价

(一) 评价方式

学校认真贯彻落实《关于印发坪山区“品质课程系列”建设方案的通知》和《坪山区“品质课程系列”建设方案》的相关要求，更好地落实品质课程系列建设的目标和高质量跳绳品质课程建设，落实跳绳推广工作和跳绳品质课程示范学校建设，注重发展学生的体育兴趣和特长。利用体育课开展全员跳绳比赛，记录学生成绩并且建立晋级制度。

(二) 晋级制度

1 分钟单摇晋级，详见表 3-4-2。

表 3-4-2　1 分钟单摇晋级表

跳绳个数	等　级
100～150	新秀
150～170	初级
170～200	中级
200～250	高级
250 以上	精英

设置不同段位专属跳绳。不同段位专属跳绳见图 3-4-2、图 3-4-3、图 3-4-4、图 3-4-5、图 3-4-6。

图 3-4-2　新秀段位专属红色跳绳

图 3-4-3　初级段位专属黄色跳绳

图 3-4-4　中级段位专属红黑跳绳

图 3-4-5　高级段位专属胶绳

图 3-4-6　精英段位专属钢丝跳绳

(三) 段位考核

1. 段位速度(30 秒单摇跳)考核,详见表 3 - 4 - 3。

表 3 - 4 - 3　30 秒单摇跳考核表

段位	考　核　内　容	考核时间	考核老师
一段	30 秒单摇跳 60 次及以上		
二段	30 秒单摇跳 70 次及以上		
三段	30 秒单摇跳 80 次及以上		
四段	30 秒单摇跳 100 次及以上		
五段	30 秒单摇跳 110 次及以上		
六段	30 秒单摇跳 120 次及以上		
七段	30 秒单摇跳 150 次及以上		
八段	30 秒单摇跳 160 次及以上		
九段	30 秒单摇跳 170 次及以上		

2. 段位速度耐力(3 分钟单摇跳)考核,详见表 3 - 4 - 4。

表 3 - 4 - 4　3 分钟单摇跳考核表

段位	考　核　内　容	考核时间	考核老师
一段	3 分钟单摇跳 300 次及以上		
二段	3 分钟单摇跳 380 次及以上		
三段	3 分钟单摇跳 460 次及以上		
四段	3 分钟单摇跳 540 次及以上		
五段	3 分钟单摇跳 620 次及以上		
六段	3 分钟单摇跳 700 次及以上		
七段	3 分钟单摇跳 800 次及以上		

3. 花样类，详见表 3-4-5。

表 3-4-5 花样类段位考核表

段位	动作名称		
一段	并脚跳(O)	开合跳	勾脚点地跳
	双脚交换跳	并脚左右跳	弓步跳
	左右侧打(S-S)	间隔交叉跳(C)	
二段	后屈腿跳	吸腿跳	钟摆跳
	弹踢腿跳	左右侧打直摇跳	手臂缠绕(W)
	前后转换跳	踏跳步	
三段	双摇跳	提膝侧点跳	前后打
	间隔交叉后摇跳(C)	侧身前点地跳	双脚交叉侧勾点地跳
	侧打交叉跳(S-C)	吸踢腿跳	
四段	敬礼单摇跳(E)	放接绳柄(R)	敬礼侧打缠绕(E-S-W)
	交替交叉单摇跳(C-C′)	360°转身单摇跳	侧打直双摇跳(SO)
	同侧胯下内侧交叉单摇(O2)	开合交叉双摇跳(OC)	
五段	固定交叉双摇跳(CC)	异侧胯下内侧交叉单摇跳(C1)	膝后背后交叉单摇跳(T1)
	背后交叉单摇跳(T)	侧打交叉放绳(S-C-R)	交叉开合双摇跳(CO)
	双手膝后交叉单摇跳(T2)	俯卧撑跳过绳(P-O)	
六段	前滚翻跳(G)	侧打敬礼双摇跳(SE)	倒立推起过绳(P-O)
	交替交叉双摇跳(CC′)	胯下交换交叉跳(O2-C1)	左右侧打直三摇跳(SSO)
	侧打直三摇跳(SOO)	同侧手胯下交叉缠绕(W)	

六 课程成效

学校的跳绳课程不断发展，学校学生的跳绳水平取得显著的进步，并且在各级各类赛事中屡获佳绩，学生的体质健康也得到了明显的提升。

（一）学生的体质健康得到了有效的提升

由于学校大力发展跳绳品质课程，学生的近视率从原来的接近 23.4%，下降到 14.6%，下降了近 10%；肥胖率从原来的 19.3%，下降到 11.49%，下降了 7.81%；运动时间从原来的每天不足 1 小时，上升到每天运动 2 小时以上。跳绳作为学生体质健康测试中唯一拥有附加分的项目，它的重要程度不言而喻。学校学生的体质健康测试优良率从最早的 49.2%提升到前年的 75.93%，再到去年的 92.35%。学生的身体素质得到了很大的提高，详见表 3-4-6。

表 3-4-6　近五年体测成绩及跳绳成绩表

年　份	人数（全校）	体　测		跳　绳	
		优良率	合格率	优良率	合格率
2019 年	397	62.22%	98.99%	19.40%	96.47%
2020 年	532	52.44%	97.74%	28.58%	96.44%
2021 年	669	75.93%	99.10%	64.42%	98.80%
2022 年	771	92.35%	99.74%	94.68%	99.61%
2023 年	902	96.50%	100%	94.17%	100%

（二）竞赛成绩突出

1. 大课间成绩

以学校绳操大课间为主要内容的案例“绳彩飞扬，活力啦啦”从全国两千多份体育案例中脱颖而出，荣获“全国活力校园最佳课外体育教学案例奖”。学校获评“全国活力校园创新案例奖”，将参加国际交流（全国仅 30 所学校获此殊荣）。学校大课间活动在 2021 年“千万学生跳动啦啦操大课间活动”中被评为感动大课间故事，并荣获优秀大课间创编；学校被评为全国百佳校园大课间操优秀单位。

2. 2022 年广东省学生跳绳公开赛（佛山站）

学校跳绳队在 2022 年广东省学生跳绳公开赛（佛山站）中获得小学公开组团体总

分第一名，斩获 12 枚金牌、13 枚银牌、10 枚铜牌。

3. 深圳市全员跳绳比赛

2022 年、2023 年连续两年在深圳市全员跳绳比赛中荣获一等奖，并获得“深圳市跳绳达人班级”称号，徐研峰老师、陈涌锦老师先后被评为优秀教练员。

4. 区级赛事

2021 年坪山区花样合作跳绳展示评比活动一等奖；

2021 年坪山区中小学生跳绳竞速比赛小学乙组团体总分第二名；

2021 年坪山区中小学生跳绳竞速比赛小学甲组团体总分第三名；

2023 年坪山区中小学生跳绳锦标赛团体花样自编第一名；

2023 年坪山区中小学生跳绳锦标赛小学团体总分第二名。

七 课程管理

为保障学校跳绳课程顺利地开展，并且在发展的道路上有源源不断的活力，学校通过制度、组织管理、经费、人员、场地器材等各个方面落实保障措施，确保跳绳课程的建设与发展。

（一）制度保障

跳绳课程的顺利开展必须有各项条例制度支撑，贯彻落实《学校体育工作条例》，是开展学校体育工作的基本保障。要针对学校和学生的具体特点，实事求是地制定各项与时俱进的规章制度。学校将跳绳品质课程纳入学校发展规划和年度工作计划，并严格执行。学校出台了《跳绳、啦啦操表彰激励制度》，制订了“学校体育教师跳绳、啦啦操培训方案”“跳绳、啦啦操竞赛方案”，完善了《教学常规检查制度》，有效保障跳绳与啦啦操品质课程的创建。

（二）组织保障

为使跳绳品质课程建设顺利实施，学校成立跳绳品质课程建设领导小组，并明确各部门职责，具体如下。

1. 成员：

组长：钟映霞

副组长：吴海波、孙旺

成员：徐研峰、陈涌锦、何锦宏、高屹峰、郑子厨、梁晓君、张瑜、和志刚

2. 职责：

办公室职责：对创建跳绳体育特色学校工作开展的后勤保障及统筹物资、资金的支持；创建体育特色学校重点项目人员的安排和领导小组的会议安排及召开。

德育处职责：创建体育特色学校重点项目建设过程中活动的协调、沟通策划等。

教学处职责：创建体育特色学校重点项目工作开展的表彰、督查、整改，以及教学工作的安排与协调。

安全办职责：针对跳绳特色学校创建项目工作的安全保障，及产生情况的应对处理。

体育组职责：负责对全校的跳绳普及项目工作，并在各类跳绳赛事上用心用力；在平时的教学、教研中不断提升自身素质，建设一支“来之能战，战之能胜”的队伍。

（三）人员保障

学校跳绳项目师资队伍力量雄厚。学校聘请专业的国家级跳绳教练，深入常规课及训练课，并组织体育科组教师开展教学研讨和专项培训，现有高级教练员 1 名，初级教练 3 名、高级裁判员 1 名，初级裁判员 3 名。

（四）场地器材保障

学校篮球场、羽毛球场等运动场地铺设塑胶地面，运动场重新改造铺设软基人工草皮，班级及走廊过道铺设 PVC 塑胶地板，都非常适合跳绳运动。学校还购置了智能跳绳系统，辅助学生练习跳绳。2021 年，利用暑假将运动场原有的草皮更换为美观、安全、环保的人工草皮，有效保证师生在安全舒适的场地上训练。

（五）经费保障

学校每年列出跳绳项目的专项经费预算，保障学校品质课程的正常开展，随着跳绳品质课程的不断发展，还会继续增加经费的投入。

跳绳，跳动着活力，展示着拼搏，实现着超越。通过这样一项运动，实现我们的目标：让我们的学生人人爱跳绳、人人会跳绳、人人跳好绳，让我们的教师人人能跳绳、

人人能教跳绳，营造人人运动的浓郁氛围。为了共同的目标，我们必须同舟共济，齐心协力。我们要始终坚持走内涵发展的道路，把学校跳绳特色建设牢记心上，抓在手中，落实于行动，为学校辉煌的明天，开拓进取、奉献追求。

（撰稿者：深圳市坪山区马峦小学　陈涌锦）

第四章

作为传统文化瑰宝的武术

武术，是我国的一项传统体育运动，被誉为中华传统文化的瑰宝。武术既注重体格之锻炼，又关注精神之修养，兼及体操之功能和舞蹈之美感。

第一节　习武强身健体又铸魂

深圳市坪山区中山中学在“玉德之学，未来之门”的办学定位下，以“少年养志，玉汝于成”为育人目标，弘扬“玉德精神”，践行“以生为玉，琢玉成器”的育人理念。我校致力于为学生提供多样化成长平台，开展丰富多彩的育人特色课程，为学生提供了广阔的实践平台和个性发展空间。其中，武术课程作为学校重点打造的特色育人课程，长期以来，坚持创新武术教学方式、方法，积极引导、鼓励学生参加国内外比赛。截至目前，学生已获国内外荣誉二百余项。其中武术队队员何秦轩同学参加第九届世界传统武术锦标赛，并夺得该比赛咏春拳项目的金牌。我校武术队员成长故事曾在《南方都市报》《深圳晚报》《中学生报》，以及深圳卫视、深圳教育、坪山教育、深圳少年栏目等媒体上被报道、宣传。此外，深圳卫视出品了由我校武术队队员参与并主演的《咏春》宣传片，在市内外的校园掀起了“中华武术学习”新浪潮！

一　课程背景

在十四部委印发的《武术产业发展规划》中提到以武术运动为载体，以参与体验和专业培养为主要形式，达到使学生身心健康和传承中华优秀传统文化的目的。

学校是教育的主阵地，学生在成长的过程中大部分时间都在学校，学校教育对学生的影响重大而深远。习近平总书记强调中华优秀传统文化传承的形式和载体也在不断创新。如何创新形式载体，让学生更好地了解传统文化、爱上传统文化，如何引导学生自觉做优秀传统文化的继承者与发扬者，让学生与传统文化“双向奔赴”，深入挖掘我国优秀传统文化的精神内核，将其以更加贴近生活、更加鲜活的方式呈现，并有效形成不同教育主体之间的工作合力，是学校、家庭、社会对青少年开展优秀传统文化教育的题中之义。

二　课程目标

我校武术社团从成立启动至今，坚持围绕以“强身健体、弘扬国粹”为宗旨，以“丰富校园文化，活跃学生课外生活，掌握一项体育运动技能”为文武兼修的目的，在培养学生高尚的武德、优良的作风和坚强的意志品质同时，也更加注重学生的组织能力、创新能力，以及吃苦耐劳的意志品质和团结互助的集体主义思想的培养，促进学生身心全面发展，健康成长，为将来适应社会打下良好的基础。

三 课程内容

以本校自创武术操融入体育课堂教学、传统武术项目社团课程体验学习、专业武术训练队课程开展为新形式载体，培养青少年对传承传统文化的兴趣。

《义务教育体育与健康课程标准（2022 年版）》提出“体育与健康课程依据学生的学习需求和兴趣爱好，面向全体学生”“根据学生运动技能形成规律和身心发展规律，整体设计课程内容”。本课程内容设计主要围绕中华传统武术拳术及器械，包含了传统拳术八极拳、咏春拳及传统器械双刀、单鞭、双鞭、朴刀、三节棍等。课程开设了较多传统拳术和传统器械项目，系统安排了多种项目的学习，确保提高学生学习兴趣并丰富其学习内容，使传统武术课堂内容不再枯燥，从而有效提高学生的运动体育体验及运动能力。

四 课程实施

教学分为四种方式：武术与常规课相结合、武术与体育大课间相结合、武术与社团相结合、武术与训练队相结合。

（一）武术与常规课相结合

根据《义务教育体育与健康课程标准（2022 年版）》要求，按照单项大单元类教学，七年级学生大单元教学前期课程以武术基本技术作为学习的核心，在加强学生进行武术基本技术练习的基础上进行本校自创武术操的学习。武术操内容包含五步拳、洪拳、醉拳、虎拳、长拳、八卦掌、散打及太极拳八个项目，在达到活动各个关节目的的基础上提升学生对传统武术的认识和喜爱，最终以“学、练、赛”的方式呈现出来。根据初中生中考特点，在此阶段需要加强体能训练，通过“课课练”板块的单元教学融合体能训练，提高学生一般体能和专项体能。体能训练能较为全面地提高学生的身体素质，全面发展学生的心肺耐力、肌肉力量、肌肉耐力、柔韧性、反应能力、位移速度、协调性、灵敏性、爆发力和平衡能力。为提高学生学习的趣味性和全面性，定期变换训练内容，并将游戏的方式加入训练中。组织学生将观赏性较高的项目通过展示的方式进行评比，而格斗类项目则通过项目比赛进行评比，将课堂中学习的内容运用到比赛中，使学生更加深刻地理解所学的内容。

（二）武术与体育大课间相结合

《教育部办公厅关于进一步加强中小学生体质健康管理工作的通知》特别提出，中小学校每天统一安排30分钟的大课间体育活动。学校充分利用体育大课间的30分钟，将传统体育文化项目与体能训练充分融合。学生既能通过体育大课间提高身体素质，又能培养自己对传统体育文化的兴趣。例如，八段锦、武术操等体育活动在全校得以推广，其中本校自创的武术操教学内容曾荣获全国武术网络大讲堂一等奖，并在2022年9月开展全校师生线上线下传统养生功法八段锦比赛等。

（三）武术与社团相结合

武术社团是学校的精品社团，社团教师经验丰富，社团师资力量雄厚。社团教师既担任社团教学的工作，同时也是武术训练队的教练，有多次带学生参加各类武术大型赛事的经历，并且带领学生在各类武术大型赛事中多次取得优异的表现和成绩。学校教师团队曾多次参加各项专业培训并顺利结业，在课程开展过程中，学校也多次组织各种大中小型有关传统武术文化项目的活动及比赛。学生通过参加校内校外的活动，培养自己勇于挑战、展现自我、团队合作等意志品质。

（四）武术与训练队相结合

武术队成立至今，主要围绕传统拳术和传统器械、根据学生的兴趣和特长选择适合的武术拳种及器械项目进行教学，发展学生的专项技能。

五　课程评价

本课程通过制定武术品质课程发展方案，成立专项工作领导小组，落实场地、器材、经费等各项保障措施，保障学校武术品质课程建设工作的实施与顺利推进。

学校高度重视武术品质课程推进工作，在校长的领导下成立了校级武术品质课程领导机构，实行分工责任制。通过教学及活动的形式对学校武术课程进行推广，曾先后组织千人武术操、百人武术表演、武术项目主题运动会、全校教职工八段锦比赛等。学校专业武术场地、地毯、气垫、器材等配备完善，同时，在校领导支持带领下，近年来组织学生参与区级、市级、省级、国家级、国际级比赛，取得200余项成绩和荣誉。

附：参考案例

《武术少年拳》教学设计

【指导思想】

尝试创新武术教学方式、方法，在激发学生兴趣、营造快乐和谐氛围的基础上，通过运用平板电脑、学生自主学习、小组探究等方式，引进、融合散打作为主要学习辅助手段，以提高课堂学习效率和有效发展学生的体能为出发点，力争突破武术传统式教学那种枯燥、乏味、硬性输入的方法，使每一位学生都能积极主动参与学习的全过程。课堂教学中，坚持以教师为主导，学生为主体，尊重个体差异，合理开发人力资源与器材资源，注重创新意识以及智力与非智力因素的培养，树立学生自信心，让学生体验运动的快乐，为终身体育打好基础。

【教材分析】

武术少年拳既有着重上肢手型的练习，又有着重下肢步型的练习，其动作具有一定的攻防技击性，内容丰富多彩，具有广泛的适应性，深受学生们的喜爱。同时，少年拳动作的设计要求全身各部分的协调配合，且重心需相对稳定才能达到效果，因此，本堂武术课教学内容有利于促进学生身心及内脏的全面发展。

【学情分析】

本课学习主体是初中学生，由于处于生长发育期，学生的身体素质和掌握技术动作的水平参差不齐。但是学生对于直观的、容易模仿的武术教学兴趣较高。根据学生的这个特点，本课以直观教学为主，自主学习与小组探究为辅，合理地利用学校篮球场地认真完成教学任务。

【教法与学法】

教法：

1. 启发式教学法：引导学生积极思考，培养善于创新的能力。

2. 讲解示范法：通过语言讲解，使学生获得正确的动作概念。

3. 预防和纠正错误法：通过及时纠正动作，提高学生自信心。

学法：

1. 自主学习法：学生以小组为单位，以使用平板电脑自主学习为主，教师指导为辅，提高自主学习与探究能力。

2. 互动演示法：师生互动演示，使学习内容更加直观。

3. 集体练习与分组练习相结合：通过反复练习，实现熟练掌握。

【单元设计】

课次	教　学　内　容	备注
1	学习少年拳动作：1. 震脚架打 2. 蹬踢架打 3. 上步弹踢 4. 马步架打。学生了解动作攻防含义，掌握动作方法及要领。	本课
2	学习少年拳动作：5. 弓步撩掌 6. 虚步架打 7. 跳步推掌 8. 撩拳收抱。学生了解动作攻防含义，掌握动作方法及要领。	
3	巩固少年拳第一套动作，考核评价。	

【教学过程】

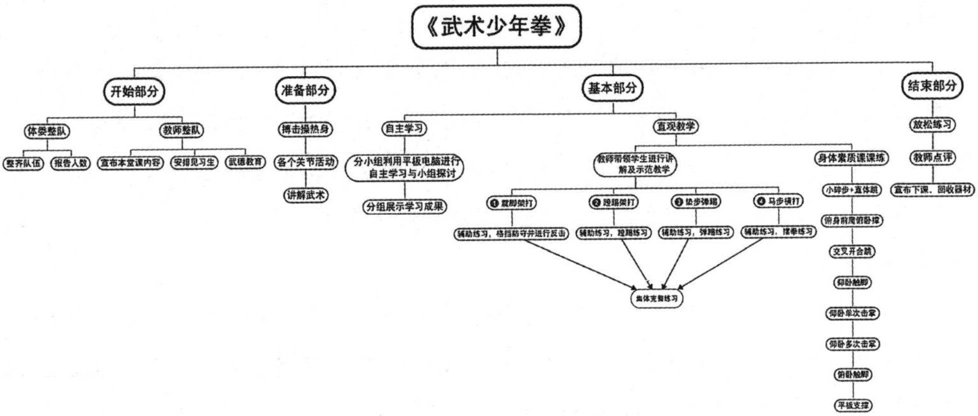

图 4-1-1　课堂教学流程思维导图

【场地器材】

(1) 呼啦圈 8 个　　(2) 平板电脑 8 个

(3) 标志桶 8 个　　(4) 音响 1 个

(5) 室内篮球场地一块

课时教学设计

单元第　　课时　　学期总第　　课时　　备课时间：20　　年　　月　　日

课题	武术少年拳第一套 1～4 动作及身体素质练习	设计人	李浩
正授课型	新授课☑　复习课☐　综合课☐　考核课☐		
学习模式	小组合作☑　探究学习☑　体验学习☑　其他☑		
学习目标	1. 运动参与目标：学生在学习过程中积极主动，能较好地参与到集体练习和小组练习中去； 2. 运动技能目标：较好掌握武术少年拳的动作要点，较流畅完成动作，展现武术精神； 3. 身体健康目标：提高上、下肢的协调能力，发展身体素质； 4. 心理健康目标：通过对动作的学习，增强自信心，同伴间能相互合作，共同进步； 5. 社会适应性目标：培养和谐的人际关系、良好的心理品质和保家卫国的高尚情操。		
学习重点难点	1. 重点：动作的方法和要领； 2. 难点：动作的连贯性、动作发力以及动作规范度。		
场地器械准备	场地：室内篮球场 器材：1. 呼啦圈 8 个　2. 平板电脑 8 个　3. 标志桶 8 个　4. 音响 1 个		

过程设计

环节	用时（分）	学习内容	教师活动	学生活动	组织与队形
开始部分	3	课堂常规	1. 集合整队 2. 宣布课的内容 3. 师生问好 4. 安排见习生	1. 体育委员整队并报告人数 2. 向老师问好，认真听取本次课内容 3. 讲解队形要求：静、齐、快	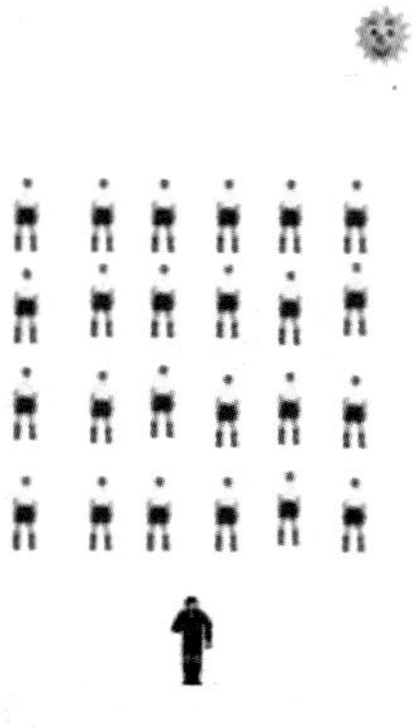

续 表

环节	用时（分）	学习内容	教师活动	学生活动	组织与队形
准备部分	10	热身活动 1. 搏击操热身 2. 徒手操（队形图一）	1. 教师讲解示范 2. 教师领操 要求：教师口令清晰、响亮，动作标准到位	要求：按照教师指令认真进行准备活动	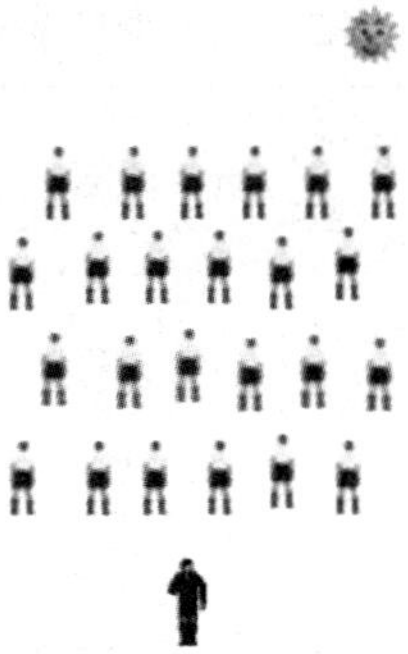
基本部分	15	一、自主学习 任务一：小组根据视频学习少年拳1～4节的动作，培养学生自主合作学习的能力 1. 教师结合攻防含义讲解示范动作，加深学生对动作的理解 2. 教师领做，针对指导 任务二：分小组进行展示，一组进行展示，另一组进行评价 二、集体学习 1. 学习武术抱拳礼动作  2. 学习少年拳预备式动作 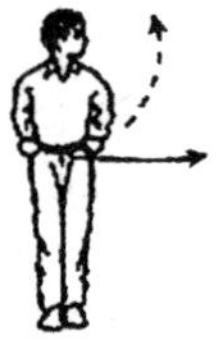	1. 提出小组学习任务 2. 提示学生根据视频和文字解释合作学习 3. 引导各组相互讨论，共同完成 4. 巡回指导 5. 示范讲解 6. 领做 7. 根据学生练习中出现的问题进行纠正 8. 组织学生进行展示 9. 组织学生进行互相评价 教师讲解少年拳1～4节的动作要领并进行动作示范 1. 抱拳礼动作要领：并步站立，左手四指并拢伸直成掌，拇指屈拢；右手成拳，左掌心掩贴右拳面，左指尖与下颏平齐。右拳眼斜对胸窝，置于胸前屈臂成	1. 与同组成员共同探究动作要领 2. 相互指导，评价、纠错 3. 认真听讲，仔细观察 4. 根据教师提示互查、自查，及时纠正动作 5. 跟教师一起练习 6. 小组内相互纠正 7. 积极展示，相互鼓励	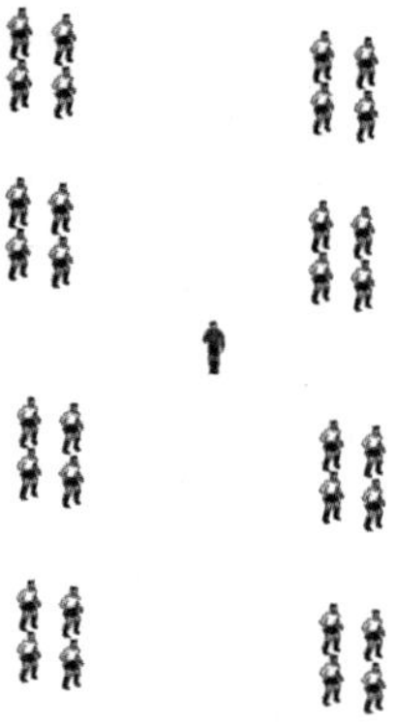

续　表

环节	用时（分）	学习内容	教师活动	学生活动	组织与队形
基本部分	10	3. 学习少年拳第一动“震脚架打”  第一节：震脚架打 4. 学习少年拳第二动“蹬踢架打”  第二节：蹬踢架打 5. 学习少年拳第三动“上步弹踢” 	圆，肘尖略下垂，拳掌与胸相距20 ～ 30 厘米。头正，身直，目视受礼者，面容举止自然大方 2. 震脚架打动作要领：右脚提起在原地下跺震脚，随即向左跨一步，向左转体90°成左弓步，同时左臂内旋屈肘向上横架于头前左斜上方，拳心朝上，右拳向前冲出，拳心向下，眼看右拳前方 3. 蹬踢架打动作要领：身体前移，左腿直立支撑，右脚屈膝提起，脚尖上勾向前下方蹬踢，高不过膝，力达脚跟，同时左臂外旋下压，拳心向上，右拳收抱于右腰侧，眼看前方，上动不停，右脚后撤还原左弓步架打姿势 4. 垫步弹踢动作要领：左腿直立，右脚向前垫步至左脚旁落地，左脚抬起，两臂屈肘抱拳于腰侧，随即左脚迅速向前落地，右脚向前弹踢，脚面绷直，高与胯平，眼看前方	1. 观看镜面示范动作，认真听讲，体会动作要领要求 2. 跟随老师做动作 3. 尝试喊口令练习 4. 小组合作练习 要求：认真练习，听从老师的指令 震脚架打 蹬踢架打 垫步弹踢 马步横打	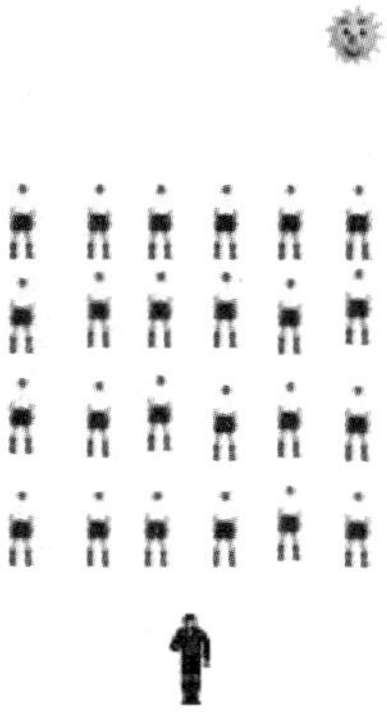

续　表

环节	用时（分）	学习内容	教师活动	学生活动	组织与队形
基本部分	4	6. 学习少年拳第四动“马步横打”  三、课课练 1. 碎步开合跳 2. 俯身前爬俯卧撑 3. 交叉开合跳 4. 俯卧触脚 5. 仰卧触脚 6. 仰卧单次击掌 7. 仰卧多次击掌 8. 平板支撑	5. 马步横打动作要领：右脚向前落地，脚尖内扣，向左转体90°两腿下蹲成马步，同时右拳伸直由身体后侧向前平行挥摆横打，拳心向下，力达拳眼，眼看右拳前方 教师巡场指导动作，改正错误动作，表扬鼓励正确动作 要求： 1. 讲解清楚，示范正确，纠错及时 2. 讲解示范指导练习 教师在前面喊口令，示范领做，小碎步等练习用击掌作为节拍 教师发口令指导学生进行练习，语言上作出提示，提醒学生发力要点	1. 四列横队体操队形散开，跟着教师的口令进行 2. 在教师的指导下进行练习，互相观察，互相交流，掌握正确的技术 3. 认真听讲，积极思考	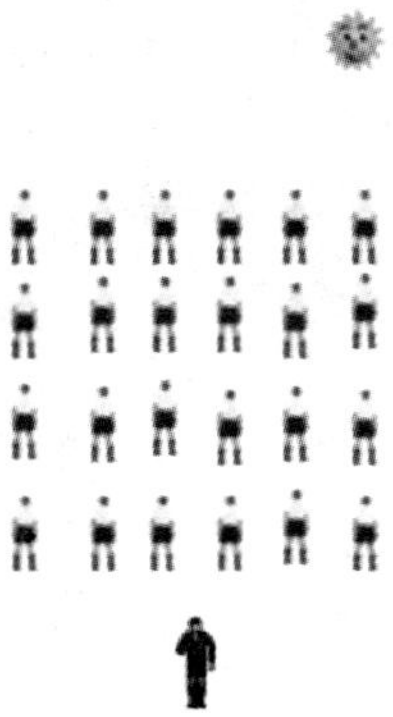 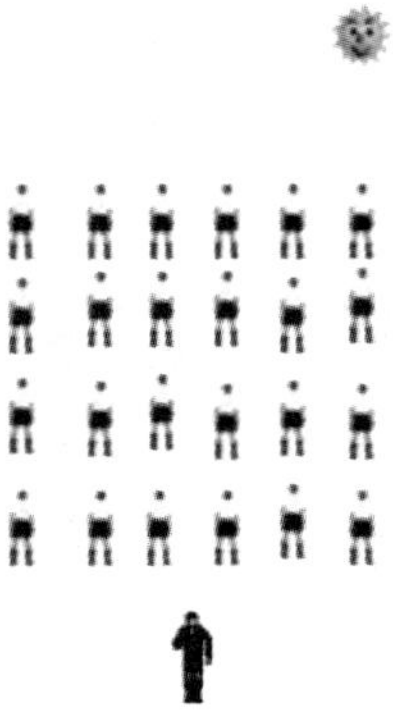
结束部分	3	放松小结 1. 集合队伍 2. 放松练习 3. 收回器材 4. 师生再见	1. 教师对本课进行小结 2. 带领学生做放松练习	1. 根据自己的能力和教师的指导，进行符合自己能力的分层学习，并努力提高自己的技术水平 2. 动作到位，认真放松 3. 归还器材	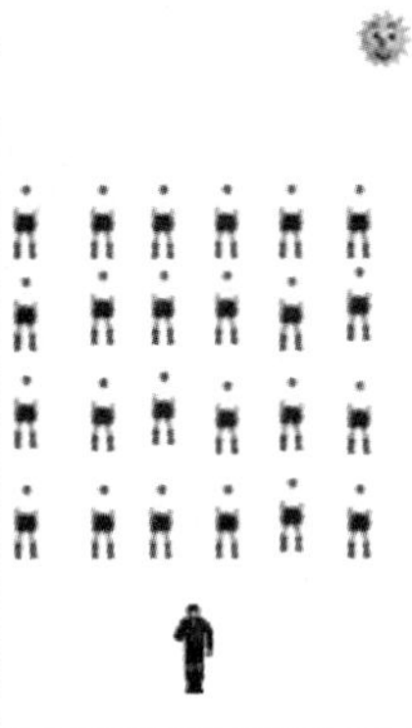

续 表

心率变化曲线	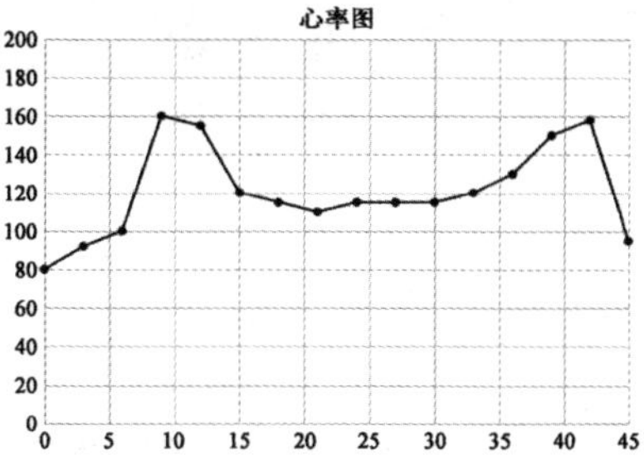	预计练习密度	55%～60%	安全隐患	杜绝携带尖锐及金属物品上课
学科组长审核签字：			授课日期：　年　月　日		
教学反思与改进					

（撰稿者：深圳市坪山区中山中学　李浩　梁锐）

第二节　“武”动童年　放飞梦想

武术又称国术，是我国劳动人民在长期生产、生活实践中创造发展起来的宝贵的民族文化遗产之一，是集强身健心、增进健康、防病祛病、防身自卫于一体的具有独特民族风格的体育项目。《义务教育体育与健康课程标准(2022年版)》提出：中华传统体育类运动除了与其他类运动具有共同的育人价值外，在培养学生的中华民族认同感、文化自信等方面具有重要作用。其中，武术类运动项目有助于弘扬立身正直、见义勇为、自强不息、厚德载物的尚武精神，促进学生理解和践行中华民族传统体育与养生文化。

坪山中心小学大力推广武术运动，将其作为学校的体育特色，旨在提升学生身体素质的同时，培养学生健康的运动习惯和良好体育品德，践行学校身心健、品行美、学能智的育人目标。

一　背景和理念

武术，拥有调停战事、维护和平的实力。作为中华民族炎黄子孙的生存技能，中国传统武术伴随着中国历史与文明发展，走过了几千年的风雨历程，成为维系这个民族生存和发展的魂，及承载中华儿女基因构成的魄，止戈为武。武，是拥有维护自身安全和权益的实力。修习武术，让我们从身到心、由魂至魄得到提升而充满安全感，精壮神足，具有安然自胜的实力。这是我族历代沉淀而成、安魂守魄的法宝。

2023年12月，深圳市教育局关于印发《深圳市加强和改进学校体育工作的实施意见》的通知，指出积极发展中华传统体育类运动项目。开展学校武术运动，既是落实学校每天一节体育课教学的途径之一，同时，也是弘扬中华民族传统体育文化的需要。

二　课程目标

1. 运动能力：了解武术动作的攻防含义，掌握五步拳、少年拳第一套的完整套路，能够协调连贯、劲力顺达、形神兼备地完成动作演练；

2. 健康行为：能够积极主动地参与各种集体、分组和个人演练、展示和攻防练习，体验到习武的乐趣；

3. 体育品德：能够精神振奋、意气昂扬，表现出勇于克服困难、顽强果敢、坚韧不拔的优良品质。

三 课程内容

武术课程学习内容的安排，结合学生身心发育特点，一到六年级分水平进行。水平一阶段选编最简单易学的武术基础动作，包括武术基本功、基本动作和武术健身操，发展身体柔韧、灵敏、协调等素质，体验武术动作的速度、力量和节奏感；水平二阶段教学以冲拳、掌法和腿法、步伐的简单组合动作教学为主，提高学生学练武术动作的准确性和连贯性，为武术套路学练打下良好的基础；水平三阶段在复习武术基本功和组合动作的基础上，学习五步拳、少年拳(第一套)，使学生掌握连续进行武术动作或攻防技击时控制身形、表现精神、顺达用力的方法，以此体验和表现武术精、气、神的运动风格。

(一) 一、二年级武术教学课程计划

表 4-2-1 一、二年级武术教学课程计划

<table>
<tr><th rowspan="2">学习目标</th><th colspan="2">学习内容</th><th rowspan="2">课时(%)</th><th rowspan="2">教学要点</th></tr>
<tr><th>类别</th><th>内容</th></tr>
<tr><td rowspan="5">1. 初步掌握简单的武术基本功、基本动作和武术健身操。
2. 体验武术动作的速度、力量和节奏感。</td><td>游戏比赛</td><td>武术游戏</td><td>2(17)</td><td rowspan="5">1. 以游戏法为主要教学方法。
2. 以游戏比赛培养学生对武术学习的兴趣。</td></tr>
<tr><td rowspan="3">技术</td><td>武术基本功</td><td>2(17)</td></tr>
<tr><td>武术基本动作</td><td>4(33)</td></tr>
<tr><td>武术健身操</td><td>4(33)</td></tr>
<tr><td>身体素质</td><td>柔韧性、灵敏性、协调性</td><td>——</td></tr>
</table>

一、二年级武术教学课程内容，见表 4-2-2。

表 4-2-2　一、二年级武术教学课次内容示例

一年级		二年级	
课　次	主 要 内 容	课　次	主 要 内 容
第 1～2 课	武术游戏	第 1～2 课	武术游戏
第 3～4 课	武术基本功：正压腿、侧压腿、压肩	第 3～4 课	武术基本功：正压腿、侧压腿、压肩
第 5～6 课	基本手型：拳、掌、钩 基本手法：抱拳礼、抱拳、冲拳、推掌	第 5～6 课	基本手型：拳、掌、钩 基本手法：搂手、架拳、挑掌、按掌
第 7～8 课	基本步型：弓步、马步 基本腿法：正踢腿、侧踢腿、蹬腿	第 7～8 课	基本步型：弓步、马步、仆步 步型转换
第 9～10 课	武术健身操	第 9～10 课	武术健身操
第 11～12 课	武术健身操	第 11～12 课	武术健身操

(二) 三、四年级武术教学课程计划

表 4-2-3　三、四年级武术教学课程计划

学习目标	学 习 内 容		课时(%)	教学要点
	类　别	内　容		
1. 进一步学习和掌握武术组合动作，提高练习武术动作的准确性和连贯性。 2. 培养学习兴趣和积极进取、勇于拼搏及吃苦耐劳的精神。	专项体能	腿部力量、平衡能力、灵敏性	2(17)	1. 游戏法与比赛法相结合。 2. 注重学生重在“形”、立于“神”、练达于“力”、形神兼备的武术神态的培养。
	技术	武术基本功	2(17)	
		武术基本动作	4(33)	
		武术组合动作	4(33)	
	身体素质	力量、柔韧、灵敏、快速、协调	——	

三、四年级武术教学课程内容，见表 4-2-4。

表 4-2-4　三、四年级武术教学课次内容示例

三年级		四年级	
课　次	主 要 内 容	课　次	主 要 内 容
第 1～2 课	专项体能：腿部力量、平衡能力	第 1～2 课	专项体能：腿部力量、灵敏性
第 3～4 课	武术基本功：正踢腿、侧踢腿、仆步压腿	第 3～4 课	武术基本功：里合腿、外摆腿
第 5～6 课	武术基本动作：弹踢、摆掌	第 5～6 课	武术基本动作：连续弹踢、连续穿掌
第 7～8 课	武术基本动作：撩掌、穿掌	第 7～8 课	武术基本动作：弓步架打、歇步盖打
第 9～10 课	武术组合动作：上步搂手马步击掌—弓步双摆掌—弓步钩手撩掌	第 9～10 课	武术组合动作：仆步钩手—弓步钩手撩掌
第 11～12 课	武术组合动作：上步搂手马步击掌—弓步双摆掌—弓步钩手撩掌—弹踢推掌—马步击掌	第 11～12 课	武术组合动作创编

（三）五、六年级武术教学课程计划

表 4-2-5　五年级武术教学课程计划

学习目标	学 习 内 容		课时(%)	教学要点
	类　别	内　　容		
1. 学习五步拳，掌握五步拳的动作要领和动作方法，体验武术精、气、神的运动风格。 2. 初步了解祖国的传统体育文化知识，激发爱国情感，培养爱国精神。	知识	武术基本功	1(16.6)	1. 游戏法与比赛法相结合。 2. 注重发力次序，眼随手动、协调连贯、节奏鲜明。 3. 注重对攻防技击的理解和掌握。
		武术组合动作	1(16.6)	
		五步拳	3(50)	
	考核	五步拳整套动作	1(16.6)	
	身体素质	力量、柔韧、灵敏、快速、协调	——	

表 4-2-6　六年级武术教学课程计划

学习目标	学习内容		课时(%)	教学要点
	类别	内容		
1. 学习少年拳(第一套),掌握连续进行武术动作或攻防技击时控制身体、表现精神、顺达用力的方法。 2. 发展身体柔韧、灵敏、协调等素质,体验武术动作的速度、力量和节奏感。	专项体能	力量耐力、平衡能力	1(17)	1. 游戏法与比赛法相结合。 2. 注重发力次序,眼随手动、协调连贯、节奏鲜明。 3. 注重对攻防技击的理解和掌握。
	知识	少年拳	4(66)	
	考核	少年拳整套动作	1(17)	
	身体素质	力量、柔韧、灵敏、快速、协调	——	

五、六年级武术教学课程内容,见表 4-2-7。

表 4-2-7　五、六年级武术教学课次内容示例

五年级		六年级	
课次	主要内容	课次	主要内容
第 1 课	武术基本功	第 1 课	专项体能
第 2 课	武术组合动作	第 2 课	少年拳：震脚架打、蹬腿架打、垫步弹踢
第 3 课	五步拳(1～4)式	第 3 课	少年拳：马步横打、弓步撩掌、虚步架打
第 4 课	五步拳(5～8)式	第 4 课	少年拳：跳步推掌、撩拳收抱
第 5 课	五步拳整套动作练习	第 5 课	少年拳整套动作练习
第 6 课	考核	第 6 课	考核

四 课程实施

创新小学武术教学策略，采用学—练—赛—评的学习形式，在教学过程中从“重技术教学”转向“重核心素养培养”。教学方法采用大单元设计，不再碎片化地割裂每个技术动作设计教学，构建起纵向衔接、横向一致、内在统一、形式联合的武术一体化课程体系。

推行创造型课程模式，打造合作学习武术课堂。在教学中传递“尚武精神”的同时，融入模拟对抗情景，让学生在合作学习中互动体验对抗运动，身临其境，学以致用。

开展丰富多彩的校园武术比赛“鹏城英雄”活动。通过全校性的武术比赛、亲子周末等活动，真正落实课堂教会技能、课后勤练技能和平时常赛运用技能的三位一体的育人模式。

五 课程评价

(一) 一、二年级课堂评价

表 4-2-8 一、二年级课堂评价

教学内容	评价要点			评价建议
	知识	技能	态度	
武术基本功	知道正压腿、侧压腿、压肩是武术的基本功，并能根据教师说出的动作名称进行正确的基本功练习。	能够较协调地做正压腿、侧压腿、压肩的动作。压腿时能够坚持 5 秒以上。	1. 出勤好。 2. 学习认真，努力完成练习活动。	1. 每次课教师坚持把学生出勤情况记录在班级考勤簿上。 2. 教师应以发展的眼光对学生的学习态度、动作质量、行为表现等进行评价。
武术基本动作	知道所学手型、手法和步型、腿法的动作名称和动作方法，并能根据教师或同学说出的动作名称进行正确的基本动作练习。	能够比较准确地做出所学的基本手型、手法、步型、腿法等动作。做到冲拳快速有力、拧腰顺肩；蹬腿勾脚，力达脚跟。		

续 表

教学内容	评 价 要 点			评价建议
	知 识	技 能	态 度	
武术健身操	能够说出整套武术健身操的动作名称，并能根据教师或同学说出的动作名称做出正确的动作反应。	能够跟随音乐随集体较连贯地完成健身操的整套动作。能够有眼神与动作的配合。	3. 能够与同学愉快合作、相互帮助学习。	3. 评价应结合教学过程中学生的表现，采取让学生在相互交流中进行互评；或教师与学生共同观察，师生共同进行评价；或学生在教师指导下进行自我评价。

（二）三、四年级课堂评价

表 4－2－9　三、四年级课堂评价

<table>
<tr><th rowspan="2">教学内容</th><th colspan="3">评 价 要 点</th><th rowspan="2">评价建议</th></tr>
<tr><th>知 识</th><th>技 能</th><th>态 度</th></tr>
<tr><td>武术基本功</td><td>知道正踢腿、侧踢腿、仆步压腿是武术的基本功，并能根据教师说出的动作名称进行正确的基本功练习。</td><td>能够较协调地做正踢腿、侧踢腿、仆步压腿的动作。能够达到动作的基本技术要求。</td><td rowspan="3">1. 出勤好。
2. 学习认真，努力完成练习活动。
3. 能够与同学愉快合作、相互帮助学习。</td><td rowspan="3">1. 每次课教师坚持把学生出勤情况记录在班级考勤簿上。
2. 教师应以发展的眼光对学生的学习态度、动作质量、行为表现等进行评价。
3. 评价应结合教学过程中学生的表现，采取让学生在相互交流中进行互评；或教师与学生共同观察，师生共同进行评价；或学生在教师指导下进行自我评价。</td></tr>
<tr><td>武术基本动作</td><td>知道所学腿法和掌法的动作名称和动作方法，并能根据教师或同学说出的动作名称进行正确的基本动作练习。</td><td>能够比较准确地做出所学的基本腿法、掌法等动作。做到动作快速有力、准确、协调，用力部位正确。</td></tr>
<tr><td>武术组合动作</td><td>能够说出整套武术组合动作名称，并能根据教师或同学说出的动作名称做出正确的动作反应。</td><td>能够随集体较连贯地完成组合动作。能够有眼神与动作的配合。</td></tr>
</table>

（三）五、六年级课堂评价

1. 运动项目评价

表 4-2-10　武术动作质性评价

内　容	优秀 （100～90 分）	良好 （89～75 分）	合格 （74～60 分）	继续努力 （59 分及以下）
五步拳 少年拳（第一套）	功架清楚，动作方位、路线正确，协调连贯，劲力顺达、节奏鲜明、手眼协调配合，攻防意识明显。	功架清楚，动作方位、路线正确，协调连贯，体现力度，眼神能配合。	功架清楚，路线明确，动作基本连贯。	动作不熟练

2. 综合性评价

表 4-2-11　武术学练综合性评价

维　度	内　容	评 价 要 点	评 价 建 议	建议权重
知识	锻炼价值、练习方法、动作术语	1. 学生能够熟练说出武术套路的动作名称。 2. 了解其锻炼价值和攻防含义。 3. 知道一些习武的方法和安全常识。	1. 由教师或同伴对其课堂上的术语使用情况进行评价。 2. 在练习中，对学生所了解的武术锻炼价值、攻防含义、习武的一些锻炼方法和安全常识进行评价。	20%
技能与体能	武术的完整技术	1. 技能：掌握基本功串联中每个动作的动作方法以及五步拳、少年拳的完整套路，能够协调连贯、劲力顺达、形神兼备地完成动作演练。 2. 体能：在习练过程中发展柔韧、灵敏、速度、力量等身体素质和动作的衔接能力。	评价时，要关注动作熟练度、规范性，攻防意识明显，整体动作协调连贯，特别是动作有力度，眼神与动作配合好。	60%

续 表

维 度	内 容	评 价 要 点	评 价 建 议	建议权重
学习行为和能力表现	积极参与、主动关注、心理调节	1. 教学活动中，学生能够积极主动地参与各种集体、分组和个人演练、展示和攻防练习，并体验到习武的乐趣。 2. 学练中精神振奋、意气昂扬，并关注自己的武技水平和武德体现；习练中能够表现勇于克服困难、顽强果敢、坚韧不拔的优良品质。	采用师评、自评、互评的方法，对演练的积极性、武德体现等进行评价。	20%

（撰稿者：深圳市坪山区坪山中心小学　宋幸辉）

第三节 “舞麒麟”弘扬优秀传统文化

深圳市坪山区第二外国语学校，创建于2019年，招生规模为54个班级。作为一所新开办的九年一贯制学校，我校积极探索与地方文化相结合，立足本地传统民间艺术，开创以地方特色为蓝本的课外校本课程，进一步推广地方传统项目文化，传承特色活动项目，结合特色配乐，促进师生的学习热情，提高师生的参与率，提升师生协调、速度、力量等身体素质，培养其整体合作的意志品质。根据2014年全国中小学体育教学指导委员会召开的“学校体育特色(一校一品)”研讨会提出的各学校可结合学校的师资、地域、条件等创建学校体育特色，构建一校一品体育课程的指示精神，我校探索增加国家课程外的学习项目，融合地方文化，结合学校理念，以舞麒麟为突破口，以点带面开展学校特色项目课程。通过不断实践，学校摸索出适合自身且能传承长久的特色课程项目。

学校体育科组与大万麒麟队结成友谊之师，以邱杰峰、于守豪、欧阳凯、黄春缘老师为基础，在麒麟队曾旭东老师的指导下开展舞麒麟传统项目进校，以学校为平台弘扬地方传统文化特色项目，在学校领导的大力支持下，编写适合学校发展的舞麒麟校本课程。

“舞麒麟”是流传于我国民间的一种艺术表演形式，麒麟有着丰富的文化内涵，是“守德、施仁”的典范，是“祥和、平安”的昭示，是“富有、尊贵”身份的体现，是“主正、辟邪”的化身。多年来，麒麟对民间文化发展产生了深远的影响，常用于“祭祀、祈福”，也有着“吉祥、喜庆”的寓意，同时代表着人们对美好生活的向往。

“舞麒麟”作为一种国家非物质文化遗产，不仅是一种文化符号，能娱乐大众且承载着国人的一种情感寄托，同时也有着强身健体的功能。历史上曾被作为一种抵御外敌、增强体质的习武方式。

一 课程性质

体育与健康是学校课程的重要组成部分。地方传统文化特色是新时代中国特色社会主义中大力弘扬的特有文化，本校致力于展现地方传统特色，传承非物质文化遗产。本课程是以身体练习为主要手段，以地方(大万)传统文化特色项目“舞麒麟”为抓手，以学习“舞麒麟”的文化知识、技术及配套音乐为主要内容，以增进学生健康、宣传文化遗产、传承传统文化、培养学生终身体育习惯、弘扬传统文化为主要目标的课程。

本课程有以下特点：

1. 课程培养学生掌握必要的传统文化知识，学会传统文化项目“舞麒麟”的动作技术及配乐，养成体育健康生活的好习惯。

2. 课程强调学生的实践性，以身体练习为主要手段，通过知识传授、实操练习及意识养成，提高学生的实践能力。

3. 课程强调在学习“舞麒麟”运动过程中，通过优质的文化熏陶、适中的身体负荷，丰富学生的传统知识，提高体能和运动技能水平，促进学生健康成长。

4. 课程强调充分发挥体育的育人功能，强调“以人为本”“健康第一”的理念，通过传统文化践行德育教育，融合传统与现代的文化精神，促进学生健康行为与生活方式养成，提高学生心理健康与社会适应水平，促进学生“五育并举”的发展。

二 课程基本理念

(一) 以生为本，健康第一，快乐成长

舞麒麟课程以提高学生身心健康为指导思想，努力构建客家传统文化项目的知识与技能、过程与方法、情感与价值的统一，强调体育学科的特点，与传统文化相整合，促进学生的健康成长。通过舞麒麟课程，发展学生身体素质与运动技能，增强民族自豪感，促进学生身心协调、全面发展。

(二) 以传统项目为载体，激发学生运动，培养自我锻炼的意识

舞麒麟课程以国家体育课程为宗旨，强调教学目标的确立、方法的运用、技能的形成，注重与地方文化相结合，培养学生对传统项目的兴趣，提高其对课程学习的动机，重视对学生正确价值观和民族自豪感的培养，促进学生主动参与课程学习的态度。

(三) 以学生为中心，通过课程使学生学会学习

舞麒麟课程高度重视学生的发展，以国家课程标准为指导，充分发挥教师主导、学

生为主体的学习方式，促进学生身心的发展，尤其注重培养学生自主学习、合作学习和探究学习的能力，促进学生掌握舞麒麟的方法，提高自我学习的能力。

（四）关注学生个体差异，做到让每一位学生受益

舞麒麟课程覆盖面广，含有动作技能、音乐伴奏、道具制作等模块，充分考虑学生的差异及兴趣，因材施教，针对学生特长合理分配教学内容，发展学生体育、艺术能力，促进学生不断进步和发展。

三　课程设计思路

（一）弘扬传统文化精神

根据新时代中国特色社会主义弘扬传统文化精神，确定课程目标体系和课程内容。

（二）结合地方传统文化

以弘扬传统文化为理念，结合地方传统文化特色，借鉴国家体育课程发展的经验，舞麒麟课程设置了新课标要求的运动参与、运动技能、身体健康、心理健康与社会适应四个方面的内容，为学校校本课程提供明确的指导，使学生更好地达成学习目标。

（三）根据学校教学实际，设置学生水平段教学

本校为 2019 年新开办学校，考虑到项目的特点并参考专家的建议，为更好地满足教学需要，项目课程以小学部为对象，设置水平一、水平二的教学目标及评价方法。

（四）根据课程项目要求，分项学习

舞麒麟课程内容包括动作技能和乐器配合，分别设计让不同的学生学习不同的项目，成立道具动作小组和器乐配音小组，融合动作与音乐，整合成一套完整的舞麒麟动作技术。针对学生学习情况具体问题具体分析，使项目体系内不同学生的能力均得到充分发挥，提高学生主动参与的积极性。

（五）探索合适的评价方法

舞麒麟课程探索建立有利于学生发展的评价方法，要求对学生的文化知识、技能

与体能、态度与参与、情意与合作进行综合评价，在以教师评价为主的基础上引导学生进行自我评价和相互评价，重视形成性评价和终结性评价相结合，提高学生体育学习和锻炼的主动性、积极性及自我评价能力。

四 本课程教学目标概述

(一) 运动能力

舞麒麟课程以马步、弓步、转体等运动技术，发展学生武术、体操等运动技能；学生通过学习整套舞麒麟动作，掌握课程中要求的动作技能。同时，学生还能通过表演及参加多种形式比赛，逐步增强自身的学习能力、安全从事运动的能力，加深对客家文化舞麒麟的认识。

发展目标：

1. 能够熟练地掌握舞麒麟基本动作，熟练地运用身体律动以及掌握音乐的韵律；

2. 能够熟练地掌握舞麒麟基本组合套路，以及细化舞麒麟的套路，进行双人的配合表演。

(二) 健康行为

舞麒麟课程把发展学生身体素质放在首位，提高学生力量、灵敏、耐力等身体素质。课程强调引导学生努力学习和锻炼，发展体能，提高适应环境的能力，形成关注自身健康的意识和行为。

发展目标：

1. 增强沟通能力和服务意识，培养良好的团队合作精神；

2. 通过舞麒麟的学习，收获良好的身体形态，培养美感；

3. 通过舞麒麟的训练，进一步强身健身，提升对舞麒麟的认识。

(三) 体育品德

舞麒麟课程另一个重要目标是提高学生心理与社会适应能力，通过个人练习提高学生艰苦奋斗、坚持不懈的意志品质；通过套路练习增强学生团体合作、协调配合的团结精神；同时发展学生的自尊、自信，及培养面对挫折的能力。

发展目标：

1. 坚持不懈的意志品质；

2. 自我调整情绪的能力；

3. 团结合作的整体精神。

五 教学条件

麒麟道具、音响设备、CD、影像资料、教材。

六 教学方法

讲授、示范、案例、小组讨论、情境、情景、启发式。

七 课程内容

水平一、水平二（一到四年级）。

(一) 运动能力

1. 学习目标：会做简单的舞麒麟动作，基本上学会整门课程。

2. 评价要点：能说出舞麒麟动作的单项动作名称，会做单项动作技术，基本上能做出完整套路。

3. 评价方法：做出动作的数量和流畅度。

(二) 健康行为

1. 学习目标：知道锻炼的知识和方法，提高身体素质。

2. 评价要点：速度、灵敏等身体素质有所提高。

3. 评价方法：以国家体质测试标准进行检测。

(三) 体育品德

1. 学习目标：努力完成学习任务，表现出团结合作的精神。

2. 评价要点：完成学习任务，相互合作，相互鼓励。

3. 评价方法：自我评价，生生评价。

八 课程内容设计

表 4-3-1 动作内容设计

内 容 名 称		学 时
舞麒麟单个动作练习	礼仪：起势	13
	动作：握麒麟、舞动麒麟、脚步动作练习、回看、左(右)前方上步	
	左右舞动脚动作、舞动背部动作	
舞麒麟套路练习	套路动作编排	13
	套路动作完整练习	
合 计		26

九 课程教学一览表

表 4-3-2 学期计划表

单元周次	课时	单元标题	能力目标	知识目标	课程主要内容
第一周	2	舞麒麟理论课的学习	了解舞麒麟的起源、历史，大万世居的历史以及舞麒麟在坪山的发展。	1. 了解舞麒麟的起源、历史； 2. 了解大万世居的历史以及舞麒麟在坪山的发展。	观看视频及文件，了解舞麒麟的历史。
第二、三周	2	舞者行抱拳礼	1. 掌握抱拳礼技术要领； 2. 能够熟练完成动作。	1. 了解舞麒麟特点； 2. 熟悉舞麒麟动作特点； 3. 表现力的运用； 4. 培养团队意识。	1. 抱拳礼的动作要求； 2. 手部动作练习。

续　表

单元周次	课时	单元标题	能力目标	知识目标	课程主要内容
第四、五、六周	2	起式动作	1. 掌握基本步伐技术要领； 2. 动作要求生猛轻巧。	1. 了解舞麒麟特点； 2. 熟悉舞麒麟动作特点； 3. 表现力的运用。	1. 起式的动作要求； 2. 步伐的练习； 3. 握麒麟的方法。
第七、八周	2	麒麟三行礼动作	1. 熟练地掌握三行礼动作，流畅地连接前两个动作； 2. 动作要求轻柔慢。	1. 了解舞麒麟特点； 2. 熟悉舞麒麟动作特点； 3. 表现力的运用。	1. 步伐的练习； 2. 手脚的协调配合。
第九、十周	2	左右舞动脚动作	1. 熟练地掌握舞动脚的动作要领，动作轻盈，脚步动作变换连贯； 2. 动作要求左右连贯，降低重心。	1. 了解舞麒麟特点； 2. 熟悉舞麒麟动作特点。	1. 左右脚步动作练习； 2. 手上动作练习。
第十一周	2	舞动背部动作	1. 掌握舞麒麟背部动作要领； 2. 背部圆润、放松。	1. 了解舞麒麟特点； 2. 熟悉舞麒麟动作特点； 3. 表现力的运用。	背部动作练习。
第十二、十三周	2	套路的串联	掌握舞麒麟基本动作，动作连贯，形成一套完整的套路。	1. 了解舞麒麟特点； 2. 熟悉舞麒麟每个动作特点； 3. 连贯地完成动作。	1. 单个动作的练习； 2. 完整套路动作练习。

十　动作流程及规格

(一) 准备

两人沿麒麟摆放方向平行走至头部并停在左侧位置，行抱拳礼。准备完后，1号队员(头部)在左侧抓住麒麟头木柄处，抬起麒麟头部，右手握住底部在外侧的手柄，再用左手握左底侧手柄。2号队员(尾部)左手抓左侧边，右手在红布底下反手抓住另一侧边，待双方确认准备就绪后，双方由里向外整理三次，完毕后1号队员马上进入麒麟头内部，成马步准备舞动，2号队员用红布覆盖并调整位置，尾部木柄从两脚间绕过并锁定，准备舞动。

(二) 行礼

行礼是舞麒麟重要环节，其技术动作分为三个环节。第一节两手握麒麟高举过头，身体舒展，自然站立，向前倾，两脚比肩稍窄，麒麟头朝前，双手左右舞动，调整完毕后，双手由右上侧绕半弧往右侧腰间收回，同时右脚向左后侧一步成交叉动作，前脚掌着地，双脚保持一个脚掌距离，稍屈膝站稳，身体保持正直，头部跟随麒麟头方向倾斜，两手由腹部右侧向身体左前方自然推出，双手 45°对立，完成后还原成站立姿势继续舞动；第二节动作与第一节相同，方向相反，双手高举与头同高，双手向身体右前方推出，同时左脚向右后侧一步成交叉动作，两手由腰间左侧向身体右前方自然推出，双手 45°斜对立，完成后还原成站立姿势继续舞动；最后一节动作与第一节相同，动作位置比第二节更低。

(三) 握麒麟

动作规格：双手大拇指与四指相对，自然放松，抓稳麒麟手柄，用手腕带动前后摆动。

重难点：四指放松，手腕自然前后摆动。

易错点：手指出现紧握，由前臂摆动。

(四) 舞动麒麟

动作规格：双手握住麒麟两侧木柄，肘部外翻，身体前倾，麒麟头部朝前，手腕自然前后摆动，连续舞动。

重难点：肘部外翻，手腕跟随身体自然前后摆动。

易错点：双手握得过紧，身体过于绷紧，双肘垂直，脚站得太宽或太窄。

(五) 脚部动作

动作规格：左(右)脚不动，移动脚向另一侧后方挪动一个脚掌距离成交叉步，后脚尖着地，前后站立，屈膝相扣，半蹲站稳。

重难点：脚部方向朝前，移动脚与支撑脚保持一脚掌距离，后膝向前膝扣紧。

易错点：脚部方向朝内或外，移动脚向后方挪动距离过大或过小，后脚全脚掌着地。

(六) 回看

动作要领：双手舞起麒麟，从身体右侧绕经腰部舞至左上方，高于头部，左脚同时向左后方 45°挪动并站稳成弓步，双手左右舞动后稍停顿，观察尾部同伴准备情况，小碎步还原（不停地舞动麒麟）；再向右后方做相同动作。

重难点：低头，麒麟（麒麟头部平向左侧）随身体自然由右向左舞动，身体与脚部的协调配合。

易错点：没有低头，麒麟头部朝前，身体与脚步不协调。

(七) 左(右)前方上步(共 4 步)

动作要领：麒麟不停舞动，以原点为中心，由左方出发自然走动两圈（自定），过程中做出左右摆动的动作，数量稍多则观赏性强。

重难点：先出右脚自然交叉步，肘关节左右平移，动作协调。

易错点：步伐顺序错误，不连贯，身体多余动作过多，舞动中动作停顿过多。

(八) 起圈

动作要领：双手舞动麒麟时，交叉步，右脚先向左前方上交叉步，双手肘关节朝下向右平移；左脚向左前方上步，双手肘关节朝下向左平移；右脚再向左前方上交叉步，双手肘关节朝下向右平移；最后左脚向左前方一大步，后脚成弓步，麒麟向左上方推出；舞动两次后稍停顿，同样路线舞动麒麟返回原点。右前方再做一次，动作相同，方向相反。

重难点：手腕动作保持舞动姿势不变，行进中动作的协调，体力要求高。

易错点：体力不足，动作变形，行走速度过快。

（撰稿者：深圳市坪山区第二外国语学校　欧阳凯　黄春缘）

第五章

飘逸与旋转，绘就不一般的精彩

羽毛球和乒乓球是飘逸与旋转的艺术，蕴含着无尽的奥秘与智慧，作为连接世界的特殊语言，跨越国界，把不同文化的人们紧紧联结在一起。

第一节　羽球飞舞，尽显英姿飒爽

深圳市坪山实验学校以“麒麟文化”为主线、以“各美其美，美美与共”为发展方针，提出并建设“麒麟·美”文化课程体系。该课程体系根据不同水平阶段学生的特点，结合校内各个体育场馆的地理位置，整合体育与健康课程和校本课程，将羽毛球课程纳入学校的课程总表。学生通过羽毛球课程的学习，提升了体能和运动技能，培养了团队合作精神和竞争意识。

一　课程背景

全民健康是国家综合实力的重要体现，是经济社会发展取得进步的重要标志。全民健身不仅是推动全民健康的关键路径和方法，更是确保广大民众强健体魄、享受美好生活的基础支撑。学校体育作为全民健身这一国家战略的重要一环，“提高学生体质，促进学生健康”是学校体育的重要任务之一。羽毛球作为一项受欢迎的体育项目，正逐渐受到广大学生的喜爱和关注。它不仅可以锻炼学生的身体素质和意志品质，还具有竞技性、对抗性、观赏性和趣味性。开设羽毛球特色课程将有助于学生全面提高身体素质，培养学生对体育运动的兴趣，提高学生参与度。为实现这一目标，学校遵循“发掘学生特长，塑造学校特色”的原则，以羽毛球运动为切入点，开展各种形式多样、丰富多彩的活动，旨在将羽毛球运动普及化，使每个人都能参与并热爱这项体育活动，从而全面推进学校的素质教育，促进学生的全面发展。

我校“麒麟·美——羽毛球课程”面向全体学生，依托《义务教育体育与健康课程标准(2022年版)》，确立“重普及而保基础，铸优秀而培卓越，塑造杰出校园羽毛球文化”的课程理念。该课程理念重点强调全员参与并掌握基本技能、优秀人才的培养以及校园羽毛球文化的建设三个方面。首先，“重普及而保基础”是指羽毛球特色课程致力于让每名学生都有机会接触并参与其中。基础技术的培养能够为学生提供稳固的羽毛球基础，为后续学习和提高奠定坚实的基础。通过全员参与，提高学生对羽毛球的兴趣，使学生不仅能够锻炼身体，提高健康水平，还能培养团队精神和竞技意识。通过系统训练和学习，学生能够掌握正确的击球技术，熟悉基本的羽毛球比赛规则，并具备基本的战术策略。其次，“铸优秀而培卓越”是指羽毛球课程致力于在保证羽毛球运动普及的基础上，通过针对性训练和指导，提高学生的技术水平、战术意识和竞技能力，使学生能够在比赛中展露风采，获得优异成绩。培养优秀选手不仅能够为学生个人发展提供机会，同时也能为学校的羽毛球队伍增添光彩，提升学校声誉。通过专业化的训练和指导，挖掘学生的潜力，提高学生技术水平、竞技能力和综合素质。培养卓越选手能够使学生在羽毛球领域达到更高的水平，并可能走向专业化道路。最后，羽毛球课程致力于塑造杰出校园羽毛球文化。通过羽毛球课程、组织各种形式的比赛和活动，如班级联赛、校际比赛、羽毛球知识竞赛等，培养学生的团队合作精神、竞技意识和各种体育品德。营造积极、健康、有活力的羽毛球氛围，为学生提供展示和交流的平台，提升学生的综合素养，同时也为学校树立良好的形象，为国家和社会培养更多优秀的体育人才。

总之，“重普及而保基础，铸优秀而培卓越，塑造杰出校园羽毛球文化”这一课程理念的实施能够促进学生全面发展和成长，体现学校对羽毛球课程的全面关注和期望，致力于让每名学生都能体验到羽毛球运动的乐趣，发现自己的潜力并实现自己的目标。同时，学校也注重优秀人才培养和校园羽毛球文化建设，以促进这项运动在校园内的长期发展并保持一定影响力。通过本课程，希望培养出一批具备优秀技能和良好品格的羽毛球人才，并为校园羽毛球文化的发展作出贡献。

二　课程目标

学校羽毛球课程目标基于《义务教育体育与健康课程标准（2022 年版）》的理念，基于体育与健康课程的核心素养要求，充分体现羽毛球的独特课程性质，并深入反映羽毛球课程的核心理念。无论是在常规体育课还是羽毛球专项课的大单元教学计划和社团活动计划中，课程目标主要都包括运动能力、健康行为、体育品德等方面。

（一）运动能力

新课标要求学生通过羽毛球课程的学习，享受羽毛球运动带来的乐趣，提升运动能力。通过羽毛球课，学生不仅能掌握各种一般体能的学练方法，还能掌握羽毛球专项的体能学练方式。学生通过积极参与各种体能练习，达到《国家学生体质健康标准（2014 年修订）》的相应要求，改善体形，保持良好的身体姿态。同时，在学练羽毛球技术时，还能发展多种运动项目的技战术，并能够参与展示或进行比赛。根据新课标的要求，加强课程内容的整体设计，在原有羽毛球内容的基础上再添加其他运动项目的内容，使学生能够至少掌握 1～2 项运动的专项技能，落实“教会、勤练、常赛”，同时实现“学、练、赛、评”一体化。课程不仅使大多数学生能够基本掌握羽毛球的基本运动技能，实现羽毛球运动的普及，还能够培养优秀的青少年羽毛球高水平运动员，提高国家的羽毛球人才储备。通过羽毛球课程的学习，学生能够认识一般和专项体能及运动技能发展的重要性，掌握所学羽毛球项目的基础知识和基本原理，了解并运用所学运动项目的规则。同时，课程还经常组织学生观看各类羽毛球的比赛，使学生能简要分析羽毛球比赛中的各类现象和问题，在羽毛球的学练中形成积极的体育态度，提高分析问题和解决问题的能力。

（二）健康行为

学校希望学生通过羽毛球的学习，不仅仅能够学会运用健康与安全的知识和技能，养成健康的生活方式，还能理解体育锻炼对健康的重要性，逐步形成体育锻炼意识和习惯。在羽毛球课中，学生能够学习并掌握个人卫生保健、营养膳食、青春期生长发育、常见疾病和运动伤病预防、安全避险等知识与方法，并将其运用在学习、生活以及各类运动项目中。与此同时，学生还能够了解和体验羽毛球等各类体育活动对心理健康的积极影响，学会调控自己的情绪，积极应对挫折和失败，保持良好的心态。在课程实施过程中组织的各类羽毛球活动中，学生能够在球场上主动同他人交流与合作，促进自身从“生物人”到“社会人”的转变，以羽促成长。

（三）体育品德

我校鼓励学生积极参与羽毛球等各类体育运动，通过羽毛球的学习，学生能够在实践中养成良好的体育品德。通过羽毛球的学习，学生能理解参与竞赛和展示等活动对个人品德塑造的重要性；学生能够在校内外积极参与羽毛球的各类竞技比赛；在遇到困难或挑战身体极限且保证安全的情况下，能克服困难、坚持到底，与同伴一起顽强拼搏。同时，在学习过程中，学生能够遵守羽毛球课程各类游戏、展示或比赛的规则，相互尊重，诚实守信，具有公平竞争的意识和行为；充满自信，乐于助人，表现出良好的礼仪，承担不同角色并认真履行职责，正确对待成败；能将体育运动中养成的良好体育品德迁移到日常学习和生活中。

三　课程内容

为实现新课标的“教会、勤练、常赛”理念，学校推动“学、练、赛、评”一体化教学，并基于大单元教学进行羽毛球课程的整体设计。在贯彻课程理念上，学校贯彻“重普及而保基础，铸优秀而培卓越，塑造杰出校园羽毛球文化”的羽毛球课程理念，同时，学校坚持课内外有机结合，因材施教，科学制定和规划羽毛球课程内容，以达成羽毛球课程的既定目标。

课程内容包含了羽毛球的专项运动能力知识，也包含了一般运动能力的要点。通过羽毛球各种形式课程的实施，提升学生的综合素养和羽毛球专项素养，实现真正的“享受乐趣、增强体质、健全人格、锤炼意志”。根据运动能力的划分，将羽毛球课程内容分为五个模块。

(一) 模块一：专项体能

体能课程包括一般体能练习和羽毛球专项体能练习。一般体能练习与羽毛球专项体能练习交叉进行。根据学段的不同教授不同的内容，如在水平一的学生中，体能练习主要集中在灵敏性、协调性、柔韧性和基础力量方面。这些练习的目的是帮助学生建立正确的身体姿势和基础体能，为以后的体能发展和运动技能学习打下坚实的基础。灵敏性和协调性练习有各种跑、跳、转体等练习，如短距离冲刺、折返跑、侧向跑、跳绳等，以及各种平衡、控制身体动作的练习，如单脚站立、平衡木行走、平衡球等。其中，基础力量练习包括：手持小哑铃做手腕快速屈伸；手持球拍大小臂不用力，利用手腕力量连续上下颠击羽毛球；绕腕练习和侧体绕 8 字练习等。柔韧性和耐力练习包括进行各种拉伸和关节活动练习，如身体扭转、颈部旋转、肩部拉伸等。相较于水平一，水平二的学生能力有了一定的发展，因此需要在原有的基础上进行更加系统和全面的训练。在水平一的基础上，水平二的课程内容可以逐渐增加一些基础的力量训练，如俯卧撑、仰卧起坐、倒立撑等；灵敏性和协调性练习则可逐渐增加一些更为复杂和多样化的练习，如综合障碍跑、快速变向跑等；另外，还可增加更多的有氧运动和耐力训练。水平三中，在灵敏性和协调性练习中逐渐增加一些快速反应和爆发力的练习，如短距离冲刺、高抬腿跑、跳跃练习等；逐渐增加一些重物训练或对抗性练习，如绑沙袋、推手、挥重练习等；同时逐渐增加一些专项耐力训练，如连续进行多次的击球练习。水平四，在灵敏性和协调性练习中进行更加复杂的平衡和控制身体动作的练习，如单脚跳、平衡板上跳绳、平衡球等；力量练习中逐渐增加一些更加专业的力量训练，如有针对性的器械训练等；在耐力练习中，进行一些多次的移动击球练习，以及耐力跑，锻炼心肺，提高连续作战的能力。

（二）模块二：专项技能

羽毛球专项技能课程根据学段的不同也有不同的内容，需要根据学生的身心发展特点，合理地安排专项技能课程的内容。水平一包括介绍羽毛球运动的基本知识和技能，包括握拍、发球、接发球、击球等基本技术；通过游戏和趣味比赛，让学生初步了解羽毛球比赛的基本规则和裁判方法；初步掌握正手发高远球、正手击高远球、正手网前球等基本技术，并能够进行简单的比赛。水平二包括进一步掌握正手和反手挑球、正手和反手接发球技术；学习并掌握前交叉、后交叉、腾跳交叉等基本步伐；逐渐提高技术难度，学习吊球、杀球、接杀球等技术；进行全场步伐练习，掌握全场移动的基本技术。水平三包括熟练掌握握拍方法，加强网前球、吊球、杀球技术的训练，同时提高对球路变化和控球准确性的要求；学习并掌握平抽挡、快推、接杀球、下压控网等进攻技术，同时注重提高对对手的观察能力和反应速度；学习并掌握前后场连贯步伐以及全场步伐，逐渐提高技术难度和要求，如提高击球速度、加强力量和变化等，同时注重技术细节和动作规范的训练。水平四包括进一步熟练掌握网前球、吊球、杀球技术，同时提高对球路变化和控球准确性的要求；熟练掌握平抽挡、快推、接杀球、下压控网等进攻技术，同时注重提高对对手的观察能力和反应速度；掌握前后场连贯步伐以及全场步伐。

（三）模块三：专项战术

在羽毛球课程中，有一些常见的进攻战术和防守战术，其中进攻战术有：① 发球抢攻，利用快速、准确的击球将羽毛球击向对手的弱点，迫使对手无法有效反击。② 重复压对方的底线两角，通过击高球、重复压对方的底线两角，造成对方的被动，然后寻找机会进攻。③ 攻击对手的弱点，观察对手的击球习惯和位置，有针对性地攻击对手的弱点区域，例如对手的反手或后场。④ 打四方球，若对手步子较慢、体力较差、技术不全面，可以运用快速准确的落点攻击对方场区的四个角落，寻找机会向空当进攻。⑤ 杀、吊上网战术，对手打来的后场高球，本方先以杀球配合吊球把球下压，落点选在场区的两条边线附近，致使对手被动回球。若对手回网前球时，本方迅速上网搓球、勾对角球或平推球，创造在中场大力扣杀的机会。⑥ 打对角线，对付身体灵活性差、转体较慢的对手，不论是进攻还是防守，均应以打对角线球为主。这样，对方会因移动困难而被动，为我方创造进攻机会。防守战术有：① 快速移动，通过快速的脚步移动，准确地来到球的附近，为防守做好准备。② 斜线防守，将羽毛球击向对手的体侧，使其难以回击，并为自己创造更大的得分机会。③ 打对角线，如果对手打来的球路比较刁钻，那么打对角线就是一个很好的选择。这样可以避免球直接回到对方的攻击区域。④ 防守反击，在对方主动进攻、我方被动防守时，我方可高质量地接杀挡网；或抓住对方攻杀力量减弱，或落点不好之机会，以平抽底线球还击对方后场，扭转被动局面，并进行反击。以上是羽毛球的一些常见进攻战术和防守战术，但具体应用需要根据课程和情况灵活调整。

（四）模块四：专项心理

在羽毛球专项心理练习内容中，需要针对不同年龄、性别和个性特征的学生进行个性化的心理训练，避免一刀切。在心理训练中结合技术训练和战术训练，使学生能够更好地掌握技术和战术，从而在比赛中发挥出更好的水平。同时，注重心理训练的长期性和系统性，不断提高学生的心理素质和适应能力。在心理训练中培养学生的自我调控能力，使其能够更好地自我管理和自我控制。所以，在专项心理模块的内容中，首先要培养学生积极的心理状态，通过暗示、调整呼吸、放松身心等方法，使其形成积极的心态和良好的心理准备，从而在训练和比赛中发挥出更好的水平；其次要提高集中注意力的能力，通过观察对手的球路、动作和表情等方法，使学生能够更好地集中注意力，从而在比赛中做出正确的判断和应对；再次，要增强自信心，通过肯定自己的优点、鼓励自己的表现等方法，使自己更加自信，从而在比赛中发挥出更好的水平；另外，管理好自己的情绪，通过控制呼吸、放松身心等方法，使学生能够更好地管理情绪，从而在比赛中保持冷静、沉着和稳定；最后，培养团队合作意识，通过与队友交流、互相鼓励等方法，使学生更加注重团队合作，从而在比赛中发挥出更好的水平。

(五) 模块五：运动智能

羽毛球能力的提升不仅需要强大的身体素质、技能与心理素质作为支撑，运动智能对学生的羽毛球专业技术水平的发展和提高也有着重要的影响。运动智能是指能够很好地运用身体来表达自己的思想和情感，这种智能是智力的某些因素和能力的某些因素的有机结合。运动智能体现在运动生活的方方面面，不仅需要在球场上获得羽毛球专项运动能力，也要接受基本的健康教育和体育品德培养。在健康教育中，课程内容严格按照《义务教育体育与健康课程标准(2022 年版)》的要求，设定健康行为与生活方式、生长发育与青春期保健、疾病预防与突发公共卫生事件应对、安全应急与避险等教学内容；同时在学生体育品德的培养中，增加了团队合作和领导能力的实践活动，包括合作训练与团队活动、观摩和学习优秀选手以及羽毛球文化和精神培养等内容，充分体现全员参与和掌握基本技能、优秀人才的培养、校园羽毛球文化建设的课程理念。通过全员参与，体验羽毛球运动活动，学生不仅能够锻炼身体，提高健康水平，还能培养团队精神和竞技意识。

上述五个模块，每一个模块有针对不同水平的内容，具体见图 5－1－1。

四　课程实施

为实现学校羽毛球特色课程“重普及而保基础，铸优秀而培卓越，塑造杰出校园羽毛球文化”的课程理念，达到预期的课程目标，实现课程成果，课程实施内容主要包括：1. 针对不同年级的羽毛球体育与健康课程的大单元教学；2. 开设校级社团，组建羽毛球校队，实现校级羽毛球兴趣社团与学校羽毛球队的有效结合；3. 在学校体育节中组织羽毛球比赛；4. 开设年级羽毛球特色选项课；5. 大力促进校园羽毛球文化建设。

(一) 针对不同年级的羽毛球体育与健康课程的大单元教学

学校为常规体育课设计 18 课时及以上相对系统和完整的教学，形成结构化、完整的运动知识和技能的教学，不仅包括该项目的基本动作技术学练，还包括组合动作技术学练、对抗练习、教学比赛、体能练习等；包括身体运动方面的学练，还包括基本原理、规则与裁判、欣赏与评价等运动认知类的学习。这样结构化知识和技能的教学内容对培养学生运动能力、健康行为和体育品德三个方面的核心素养具有重要促进作用。如三年级的羽毛球大单元学习内容包括几部分，具体如下。1. 基础知识与基本

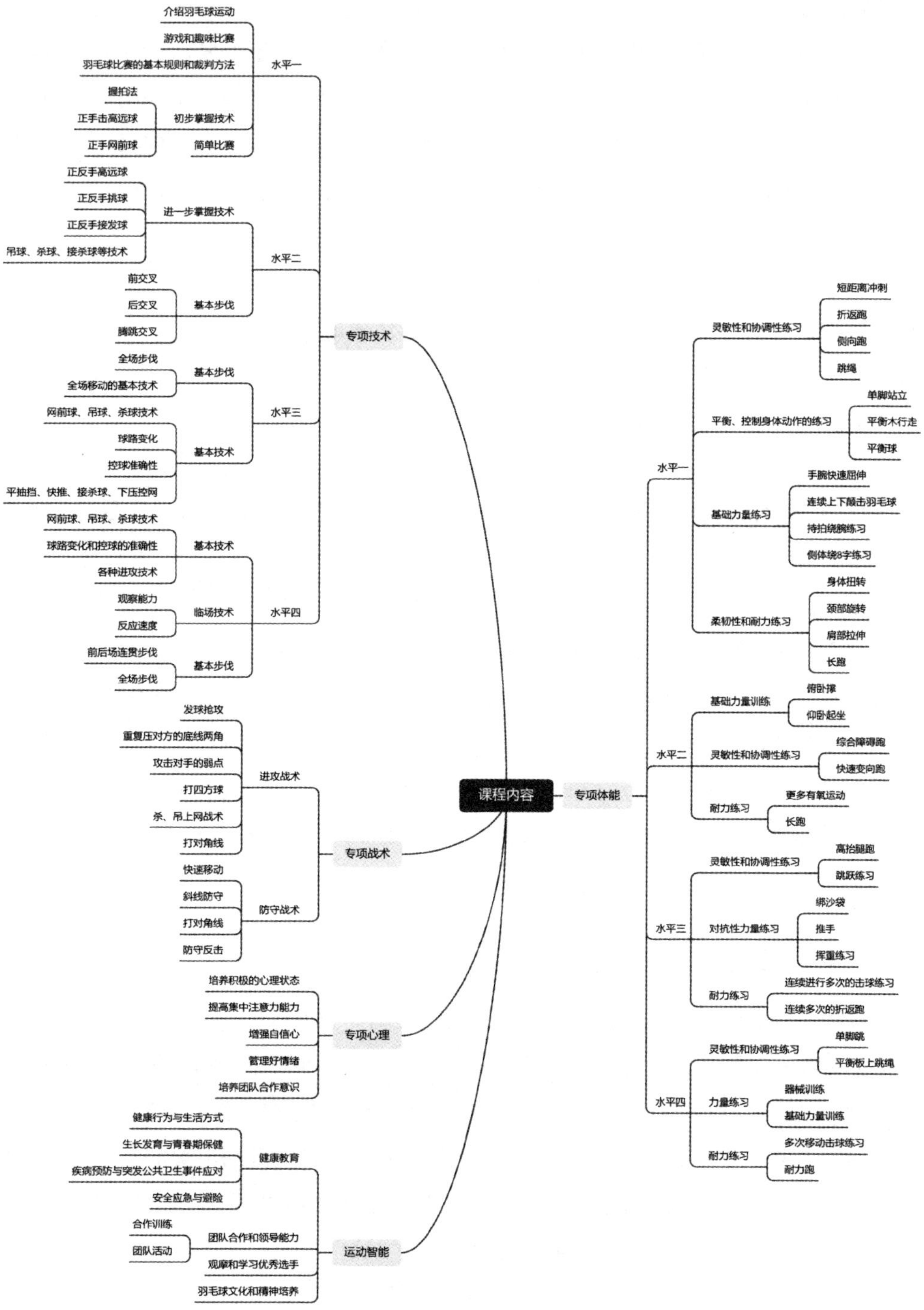

图 5-1-1　各水平阶段的羽毛球课程内容

技能：① 羽毛球运动的起源与发展，② 羽毛球的礼仪，③ 握拍，④ 正手发高远球，⑤ 羽毛球步伐。2. 技战术运用：① 掌握正确的握拍方式、正手发高远球技术，尽可能应用到比赛活动中；② 利用并步、交叉步、垫步等步伐进行移动。3. 体能：① 提高体能水平，加强羽毛球专项体能练习；② 通过热身游戏和步伐练习发展身体灵活度和协调性；③ 通过追逐跑锻炼下肢力量和心肺功能。4. 展示或比赛：① 参与班内半场单打羽毛球比赛；② 参与班级间的羽毛球比赛；③ 在比赛中敢于运用所学的羽毛球技术，能移动到准确位置并有较高命中率。5. 规则与裁判方法：① 学习羽毛球简单的计分方法和规则，并在比赛中运用；② 承担班内比赛的部分裁判工作。6. 观赏与评价：每学期通过现场、电视、网络等途径观看不少于 6 次羽毛球比赛，如观看班内比赛、班级联赛、学校比赛、国家队比赛等。

(二) 开设校级社团，组建羽毛球校队，实现校级羽毛球兴趣社团与学校羽毛球队的有效结合

学校高度重视羽毛球社团以及校队的发展，并在优良的课程资源的支持下，顺利地实现羽毛球校队的小初衔接，不仅进一步提高了学校在坪山区乃至更高平台中羽毛球的竞争力，也进一步促进了学生羽毛球等相关技能和综合素养水平的提升。校队当前以四个梯队(水平一、水平二、水平三、水平四)来进行建设，通过年级特色选项课等方式，进行中小学羽毛球运动员的选拔，每周进行羽毛球训练，通过体能、技战术的学习，让队员们尽可能高效地提高羽毛球水平。同时，学校羽毛球队也积极参与市羽毛球比赛，并在近两年取得许多优异成绩。

(三) 在学校体育节中组织羽毛球比赛

学校在“四节”的“体育节”上大力推进班级之间的羽毛球比赛，让水平二、三、四阶段的学生能够尽可能地参与进来。羽毛球比赛由中学和小学部的体育组牵头，由特长办、德育处组织，由学校后勤物业做保障，并联系家委会及宣传部门，共同为学生打造精品的校园羽毛球赛事，让更多的学生以更多样的形式参与到羽毛球的运动当中，体现出学校羽毛球教学“学、练、赛”的一体化。在羽毛球比赛中，设置了男子单打、女子单打、男子双打、女子双打和混合双打等项目，在学校内组织比赛报名，并按照报名情况进行选拔，确定参赛选手和队伍。同时确保比赛场地和器材的充足和合适，准备足够数量的羽毛球场地，确保场地的平整和安全；同时，提供足够数量和质量的羽毛球

拍、羽毛球等器材，以满足比赛的需求。比赛结束后，举行颁奖典礼，表彰获奖选手和队伍，并为他们颁发奖品和证书等，最后对本次比赛的情况进行总结和评估，收集参赛学生和教师的反馈意见，以及观众的意见。根据评估结果进行比赛的改进和调整，以提高比赛的质量和参与度，为今后羽毛球教学实现良性循环打好基础。

（四）开设年级羽毛球特色选项课

学校积极参与体育课程改革，让学生在进行体育与健康课程的学习中，能够以年级为单位集中学习羽毛球这一项目。羽毛球项目由校内外专业的教师进行授课，每周一节，以年级为单位，鼓励更多学生接触羽毛球这一运动项目，既能够保持课程的延续性，也能够保证学生学习羽毛球的积极性。特色选项课程是联系学校各个羽毛球活动的纽带。一方面，开设年级羽毛球特色选项课能够最大化地提升学校羽毛球参与基数，实现羽毛球运动的普及；另一方面，能够最大化地发掘更有潜力与素质的羽毛球运动员，在普及基础的羽毛球相关知识与技能的同时，建设有学校特色的羽毛球高水平运动队，提升学校在区域乃至全国的羽毛球竞争力。

（五）大力促进校园羽毛球文化建设

学校在大力推进羽毛球课程建设的同时，还大力发展全校范围乃至全坪山实验教育集团范围的文化建设。学校工会牵头组织，在体育组的协助之下，坪山实验教育集团组织了校内和集团内部的教职工羽毛球比赛，丰富了教职工的业余文化生活，提高教职工的身体素质，进一步增进同事之间的情谊。比赛过程分为两个部分：第一阶段在坪山实验学校内部进行交流赛，按照年级组进行报名，共计十支参赛队伍（一至九年级以及教辅组），采取“先小组循环后交叉淘汰”的方式进行比赛，最终角逐出前四名并进行颁奖；第二阶段共有四支队伍参赛，其中包括坪山实验学校初中部、坪山实验学校小学部、锦龙小学、科悦实验小学。第二阶段采用“小组单循环”的方式进行比赛，按照积分确定比赛的最终名次。学校组织的教职工羽毛球比赛，不仅增强了教职工对羽毛球运动的认识，极大地燃起了大家对体育运动的热情，还为教职工们提供了一个强健体魄、增强身体素质、展现自我和相互交流的机会和平台。通过本次比赛，展现出了集团教职工积极向上、努力拼搏、不断进取的精神风貌，营造了健康和谐的校园羽毛球氛围。

五 课程评价

推动羽毛球特色课程的持续发展离不开评价与考核。为了提高羽毛球课程的学习质量和学生兴趣,检测课程学习成果,学校羽毛球特色课程设置了羽毛球项目考核及标准、等级考核、羽毛球常态联赛等评价方式,并将评价贯穿到日常学习与活动中,通过多样化的学习评价促进学生达成学习成果,并为学生创设浓厚的羽毛球运动氛围。

(一) 羽毛球项目考核及标准

羽毛球考核评价采用学完即测的原则,在大单元教学结束后进行统一考核,见表 5-1-1。

表 5-1-1 羽毛球项目考核及标准

羽毛球项目考核及标准		
正手发后场高远球(10 分) 技评:以握拍、发力、击球的高度、弧度、落点的稳定性以及规则要求评定。测试者任选一个发球区利用正手发后场高远球,球落在对方场地的端线和双打的后发球线之间,每球 2 分,5 个球,共 10 分。		
8—10 分	动作协调、手法正确、击球质量高、落点到位	
6—7 分	动作较协调、手法较正确、击球质量较高、落点较合理	
3—5 分	动作基本协调、手法基本正确、击球质量一般、落点基本合理	
1—2 分	动作不协调、手法不正确、击球质量差、落点不到位	
5 次低重心移动(20 分) 测试者(以右手持拍者为例)站在中线位置,听到指令(开表)后,采用交叉步伐往右边移动,右手碰到球之后,以左脚为轴,往左边转,向左移动之后,右脚先落地,右手碰到球,再以左脚为轴往右转,如此反复进行 5 次,计时,共计 10 个球。		
分　值	男(秒)	女(秒)
20	14	16
19	14′5	16′5

续 表

分　值	男(秒)	女(秒)
18	15	17
17	15′5	17′5
16	16	18
15	16′5	18′5
14	17	19
13	17′5	19′5
12	18	20
11	18′5	20′5
10	19	21
9	19′5	21′5
8	20	22
7	20′5	22′5
6	21	23
5	21′5	23′5
4	22	24
3	22′5	24′5
2	23	25
1	23′5	25′5

(二) 等级考核内容

羽毛球评价考核采用中国羽协等级测试内容，等级考核分为少儿一级运动员至少儿七级运动员，每个级别分别对应四种测试科目，每级别满分 320 分值，通过达标分数即可获得对应的等级证书。

(三) 制定学生羽毛球常态联赛比赛方案

为丰富学生羽毛球课余活动，学校积极推进学生羽毛球常态联赛方案的制订，建立常态联赛长效激励机制，一类分为专项联赛，一类分为羽毛球年级联赛，培养学生参与激情与集体荣誉感。旨在通过定期的比赛活动，提高同学们的羽毛球技能和身体素质，同时培养团队合作精神和竞技能力。营造积极向上的体育氛围，提高全员参与羽毛球运动的积极性和兴趣，促进羽毛球运动在学校的普及和发展。

在推进羽毛球课程建设工作的日子里，学校在校园联赛、校外比赛等方面取得了众多较好的比赛成绩。“无体育不教育”，本着坚持健康第一的教育理念，五育融合视角下的“美美与共向未来”的体育特色课程正引领学生享受羽毛球魅力，强身健体，更将“体育强则中国强”的梦想种子根植于孩子的心田。

六 课程管理

学校羽毛球特色课程管理主要包括教学条件保障、教学队伍保障、教学资源保障、课程改革转变。

(一) 教学条件保障

教学条件是保证教学质量和学生学习效果的重要因素，主要包括教学设施、教学场地、教学经费等内容。首先，学校提供高质量的教学设施，包括羽毛球场地、球拍、球等，以满足学生的学习需求和保证教学质量。同时，教学设施应根据学生的实际情况和实际需求进行配置，以满足不同层次学生的需求。其次，学校具备完善的教学场地，包括室内场地和室外场地，能够提供给学生进行实战训练和比赛，确保学生有良好的训练环境，提高训练效果和兴趣。同时具备安全保障措施，确保学生的安全。最后，学校领导高度重视建设羽毛球特色课程，并提供一定的教学经费，确保课程的顺利开展。

(二) 教学队伍保障

优秀的教练团队是羽毛球课程管理的核心。学校体育教师不仅具备专业的教学水平和技能，拥有丰富的比赛经验和良好的沟通能力，能够针对不同水平的学生进行有效的指导和培养；同时具备高度的责任感和敬业精神，能带动其他老师积极投入羽毛球课程建设中。

（三）教学资源保障

羽毛球特色课程管理与教学资源密不可分，科学有效的教学资源、学生学情等把控也至关重要。第一，学校制定明确的羽毛球课程目标和重点，在羽毛球教学中的技能、体能、战术、心理、运动智能等方面设置不同的目标，确保目标具体、可衡量，并与学校整体体育教育目标相一致。第二，设计合理的课程结构。根据学生的年龄、能力和兴趣特点，合理安排羽毛球课程的内容和进度，同时按照新课标的要求设计大单元教学计划，加强课程内容的整体设计。第三，选择适宜的教材和教具。选择与学生年龄和能力相适应的教材和教具，如羽毛球教学视频、教学手册、训练器材等，确保教材内容科学、系统，教具质量良好，能够满足学生的学习需求。第四，更多地组织比赛和交流活动。学校更多地为学生提供展示和交流的机会，这样可以激发学生的竞技意识和兴趣，促进中小学羽毛球水平的提高。第五，对课程的持续评估和改进。定期对羽毛球课程进行评估，收集学生和教师的反馈意见，根据评估结果进行课程的改进和调整，以提高教学质量和学生的学习效果。

（四）课程改革转变

为了能使羽毛球特色课程有更好的教学质量与效果，最大化地实现其宝贵的育人价值，学校不断尝试创新引领新时代羽毛球特色课程的发展，这是学校孜孜不倦所要追求的更高维度的教育目标。在羽毛球特色课程中，学校教师根据学生不同特点和能力，采用个性化的教学方法，通过小组合作、对抗性训练和游戏化学习等方式，增加学生之间的互动和竞争，激发学生的学习兴趣和积极性。例如，组织羽毛球对抗赛、技术比拼等活动，让学生在实践中学习和提高；利用科技手段，如羽毛球教学视频、虚拟现实技术等，丰富羽毛球教学的形式和内容，通过图像、声音和互动等方式，增强学生的学习效果和体验；将羽毛球与健康教育相结合，教授学生正确的运动姿势、防护知识和饮食健康等相关内容。通过羽毛球运动的教学，培养学生健康生活的意识和习惯，鼓励学生在羽毛球运动中发挥创新和创造力。例如，鼓励学生设计新的训练方法、战术策略，以及进行羽毛球器材的改进和创新。同时，教师不断学习和更新羽毛球运动的专业知识，了解最新的教学方法和技术，以提高教学质量和效果。

总之，学校羽毛球特色课程争取实现学生快乐、教师幸福、家长满意、社会认可的目标，为国家和社会培养更多优秀的羽毛球及各类人才。

（撰稿者：深圳市坪山区实验学校　赵仁桉　尹笑营）

第二节　乒乓激情，共筑运动辉煌

深圳市坪山区锦龙小学创办于2019年，于2022年8月成为坪山实验教育集团的成员校，现有42个教学班，学生1 890人。学校坚持以体育人，认真贯彻落实“每天一节体育课、每天运动一小时”的政策要求，为充分利用现有教学资源，突出师本和生本理念，开设乒乓球校本课程。乒乓球校本课程是学校体育学科多年实践的成果体现，是学校文化特色与体育传统相融合的产物。

乒乓球课程的构建，坚持趣味性、有效性原则，课程内容包括基本动作练习，战术训练、比赛技巧以及体能训练等方面，旨在通过系统化的训练，培养学生的运动技能和团队合作精神；通过团体比赛和合作训练，增强学生的团队凝聚力和协作能力。课程致力于向学生传递乒乓球知识、训练学生的乒乓球技能，以及充分挖掘这一运动背后的人文内涵，给学生传递一种优秀的态度、精神和品质！

一　背景和理念

互联网时代生活方式的改变导致人们体力活动减少和心理压力增大，对青少年体质健康造成显著的负面影响，如学生近视率攀升、体质健康水平持续下降。乒乓球是一项集健身、竞技和娱乐特性为一体的隔网对抗类运动。乒乓球速度快、变化多，要求参加者集中注意力盯球，能有效预防近视；旋转变化多，趣味性强，能吸引学生参与运动；乒乓球运动还能够提升手眼协调性以及大脑决策能力。乒乓球比赛能够培养参与者英勇顽强的精神和果断机智的应变能力。

综合考虑社会因素、政策要求，在国家体育课程要求的基础上，学校推出以“人人参与国球”为理念的学校特色体育校本课程——乒乓球，旨在培养学生乒乓球运动技能，提升学生体育核心素养，发展学生的兴趣和专长。

二 课程目标

乒乓球课程包括常规课、大课间活动和训练课三种实施路径。其中，大课间活动内容——乒乓球韵律操普及性最广，深受学生喜爱，能够让学生初步认识乒乓球器材，掌握基本的挥拍动作和步法，感受韵律操的多样性。常规课安排在二、三年级进行，旨在逐步培养学生掌握乒乓球基本动作和简单组合动作，使他们能够在游戏和比赛中运用所学技能，同时体验乒乓球游戏的乐趣，并在团队合作中培养团队精神。训练课则面向有乒乓球基础及水平较高的学生，挑选部分精英进行技术、战术和专项体能强化训练。此外，训练课旨在培养学生挑战身体极限、坚持完成学习任务、克服困难以及勇敢、坚韧的品质。

常规课阶段目标如下。

（一）第一阶段（二年级上学期）

1. 运动能力：学生能够完成原地颠球、挥拍、平击发球等基本动作和简单组合动作，并在游戏和比赛中运用；身体柔韧性和协调性有所提高。

2. 健康行为：体验乒乓球游戏的乐趣，能与同学一起参与学练；掌握与乒乓球运动相关的动作术语。

3. 体育品德：能够按照乒乓球游戏规则参与游戏和比赛，有遵守规则、维护公平的意识与行为。

（二）第二阶段（二年级下学期）

1. 运动能力：学生能完成多球练习正手、反手、平击发球等乒乓球运动的基本动作和简单组合动作，并在游戏和比赛中运用；有氧运动能力、速度力量、手眼协调性有所提高。

2. 健康行为：知道乒乓球运动基本动作的学练方法，与同伴互助学练，发扬团队精神，并乐于参与乒乓球游戏；掌握与乒乓球运动相关的动作术语。

3. 体育品德：能够按照乒乓球游戏规则参与游戏和比赛，在挑战自身身体极限且保证安全的情况下能坚持完成学练任务，表现出克服困难、勇敢和坚毅的品质。

(三) 第三阶段(三年级上学期)

1. 运动能力：学生掌握乒乓球正手两点、左推右攻等基本动作技术和组合动作技术，并运用所学参与班级内的教学比赛；有氧运动能力、速度力量、身体协调性进一步提高。

2. 健康行为：学生积极参与乒乓球运动锻炼，在学练和比赛中与同伴交流合作，能调控自身负面情绪；掌握乒乓球左推右攻基本动作技术要领；一学期观看不少于 2 次乒乓球比赛，结合年龄特点可观看动漫《乒乓旋风》《白色闪电》，并能进行简要评价。

3. 体育品德：在乒乓球运动的学练和比赛中自尊自信，能正确看待运动中的正常碰撞与摔倒，关注同伴，遵守规则。

(四) 第四阶段(三年级下学期)

1. 运动能力：初步体验乒乓球发下旋球、反手搓球等基本动作技术，并运用所学的技战术参与班级内的教学比赛；有氧耐力、爆发力和身体协调性进一步提高。

2. 健康行为：运用乒乓球积极地参与体育锻炼，在学练和比赛中与同伴交流合作，能较为冷静进行比赛；掌握乒乓球发下旋球、反手搓球等基本动作技术要领；一学期观看不少于 2 次乒乓球比赛，并能进行简要分析和评价。

3. 体育品德：在乒乓球学练和比赛中自尊自信，能冷静面对运动中的正常碰撞与摔倒，关注同伴，遵守规则，尊重对手，正确看待比赛的输赢。

三　课程内容与实施

基于新课标要求以及乒乓球课程目标，乒乓球课程实施以常规课为核心，大课间活动做补充，乒乓球校训练队为代表，以点带面促进课程目标的达成。根据不同授课对象，将课程划分为乒乓球常规课、乒乓球大课间、训练队课程。见表 5-2-1。

表 5-2-1　乒乓球课程开设详情

	一年级	二年级	三年级	四年级	五年级	六年级
乒乓球常规课		√	√			
乒乓球大课间	√	√	√	√	√	√
乒乓球训练课	√	√	√	√	√	√

(一) 乒乓球常规课

学校在二年级、三年级每周开设一节乒乓球常规课，旨在帮助学生从零基础逐步入门。通过大单元教学，集中教授乒乓球专项技能，并通过相应形式的考核评估学习效果。

二年级上学期课程内容包括原地颠球和抓球等球性练习，以培养球性为目标，通过乒乓球游戏激发学生的运动兴趣，着重培养学生对乒乓球项目的兴趣；二年级下学期教学内容包括多球练习正手、反手、平击发球、接发球，着重提升学生的手眼协调能力及反应能力。见表 5-2-2。

表 5-2-2　二年级乒乓球常规课程内容

课时	上学期课程内容	辅助教材/体能	下学期课程内容	辅助教材/体能
1	乒乓球项目介绍	无	本学期乒乓球课程目标与计划	无
2	参观球馆	寻宝游戏	球性练习	原地颠球比赛
3	握拍、停球	手足行走	复习平击发球	击落地球
4	准备姿势、托球	托球接力比赛	反手自抛自打	转体练习
5	托球绕桌跑考核	爬行比赛	反手自抛自打(小球拍)	腰部力量练习
6	抛接球	你抛我接游戏	反手攻球多球练习(发球机)	开合跳
7	颠球(初步)	发展踝关节柔韧性	反手接发球练习(上旋)	徒手移动练习
8	连续对空颠球	踮脚颠球	平击发球+反手接发球合作练习	十字交换快速跳
9	高低颠球	发展肩关节柔韧性	反手推直线练习	套圈游戏
10	一分钟对空颠球考核	压肩考试	反手推斜线练习	扔球进框游戏
11	颠落地球	发展腿部柔韧性	反手推/拨(上旋)考核	立卧撑

续　表

课时	上学期课程内容	辅助教材/体能	下学期课程内容	辅助教材/体能
12	对墙颠球	发展腰髋柔韧性	正手自抛自打	拍球、抓球
13	对墙颠球考核	一字马接力	正手挡球多球练习（发球机）	发展腿部力量练习
14	原地正手自抛自打	拍球、抓球	正手接发球练习（上旋）	徒手移动练习
15	发球规则	发展手指、手腕的柔韧性	平击发球＋正手接发球合作练习	转体练习
16	平击发球动作练习（无抛球动作）	发球击目标	正手攻直线练习	发展手腕柔韧性练习
17	平击发球多球练习	无	正手攻斜线练习	发展上肢力量练习
18	平击发球考核	四米距离摸球桌角	正手攻球考核	一分钟跳绳

三年级上学期课程以正手半台、左推右攻等行进间球性练习、移动挥拍、移动击球等技术为主要内容，着重培养连续击球的节奏感及脚步移动；三年级下学期主要内容包括发下旋球、反手搓球以及行进间球性练习、移动挥拍、移动击球等技术，着重培养连续击球的节奏感及脚步移动，见表 5-2-3。

表 5-2-3　三年级乒乓球常规课程内容

课时	上学期课程内容	辅助教材/体能	下学期课程内容	辅助教材/体能
1	球性练习及乒乓球操复习	无	乒乓球旋转介绍	无
2	滑步学习及四米距离摸球台考核	摸球台	反手搓球（搓落地反弹球）	多向跳跃
3	正手两点移动抓球	原地快频率跑	反手搓球（直线、斜线）	搓球接力
4	正手两点挡球练习（发球机初步）	绳梯训练	反手搓球（长球、短球）	躲避球游戏

续　表

课时	上学期课程内容	辅助教材/体能	下学期课程内容	辅助教材/体能
5	正手两点(巩固)	绳梯训练	反手搓球多球练习	托球接力比赛
6	正手半台不定点抓球	弓箭步跳	反手搓球单球练习	你抛我接游戏
7	正手半台不定点攻球	不规则球抛接练习	反手搓球考核	无
8	正手两点攻球考核	躲闪游戏	正手搓球拓展练习	移动抛接球
9	左推右攻技术(初步)	跳转加快移	发下旋球多球练习	快速踢腿
10	左推右攻技术(进一步)	左右小跳	发下旋球(直线、斜线)	快速反应跳跃
11	左推右攻技术(巩固)	前后小跳	发下旋球(长球、短球)	快速反应抓球
12	左推右攻技术(提高)	蛇行穿梭跑	发下旋单球练习	快速变向跑
13	左推右攻考核	变向滑步	发下旋＋搓球组合练习	快速脚步侧移
14	侧推动作练习(上旋)	花样跳绳	发下旋球考核	快速脚步交替
15	反手半台接发球练习(上旋)	追逐游戏	比赛规则讲解(发球、接发球、得分)	多媒体观看比赛
16	全台不定点接发球练习	“8”字接力跑	现场裁判	跑楼梯
17	平击发球考试(直线、斜线)	无	班级分组比赛	无
18	接发球考试	无	队内比赛与学年总结	无

在进行乒乓球常规课时，教师应注重创设多种形式的游戏情境，激发学生学习兴趣，让学生在游戏中学练，既产生愉悦的体验，又习得运动技能；同时，引导学生在游戏情境中逐步了解乒乓球项目的规则，培养学生的规则意识。其次，教学内容设计应体

现乒乓球运动的特征。此外，注重精讲多练的原则，教学中不要过度强调动作细节，不要强调单一动作的练习，让学生体验完整的乒乓球运动。最后，引导学生主动思考学练中遇到的问题，并通过小组合作等方式分析、解决问题。

（二）乒乓球大课间

乒乓球大课间活动在一到六年级开展，通过音乐串联乒乓球准备姿势、正手攻球、反手攻球、正手两点、左推右攻的技术动作，形成乒乓球特色操，培养韵律感和手脚协调性。

一年级的大课间为乒乓球技术动作教学时间，提前录制动作视频在大屏播放，结合教师现场示范等方式进行动作学习。选取当季网络流行歌曲作为背景音乐，音乐节奏由慢到快，动作速度逐渐增加，音乐时长为 2～3 分钟。每学期更换一次背景音乐，技术动作内容基本不变，保持新鲜感，增加趣味性。

（三）乒乓球训练课

乒乓球训练课是以培养比赛队员为目标设置的体育课程，尽可能每班都有 1～2 个学生参与，以点带面促进常规课学习，选拔一到六年级有基础的学生建设一支完整梯队，代表学校外出参赛。通过聘请专业乒乓球教练，以社团训练的形式展开，每周安排四次课。乒乓球训练课以乒乓球技术、战术应用及比赛心理训练为主要内容，见表 5-2-4，一到六年级学生按照三个水平分配不同的课时数，见表 5-2-5，每周五为固定专项体能课，逐渐加强对学生竞技能力的培养。

表 5-2-4　乒乓球训练课主要教学内容

周次	启蒙段 （水平一）	入门段 （水平二）	提高段 （水平三）
1	1. 破冰 2. 乒乓球项目介绍 3. 参观球馆，认识器材 4. 体能：（并脚跳）跳绳	1. 迎新 2. 乒乓球运动概述，常用术语简介 3. 乒乓球运动特点和锻炼价值 4. 体能：（单脚交换跳）跳绳	1. 理论：本学期学习目标、考核方法 2. 初步掌握反手推挡球和正手近台攻球（一攻一推） 3. 学习搓球（搓短球、劈长球、搓转与不转球） 4. 分组擂台赛（检查自身技术，找出不足） 5. 身体素质

续 表

周次	启蒙段 （水平一）	入门段 （水平二）	提高段 （水平三）
2	1. 握拍方法、原地停球 2. 准备姿势、托球绕桌 3. 抛接球	1. 复习反手推挡球 2. 学习正手近台攻球 3. 身体素质	1. 基本掌握反手推挡球和正手近台攻球（对推、对攻） 2. 复习左推右攻和并步（两点对一点） 3. 学习发球、接发球（发短球、正手发奔球） 4. 教学比赛 5. 身体素质
3	1. 左抛右颠 2. 连续对空颠球 3. 对空高低颠球	1. 初步掌握反手推挡球 2. 复习正手近台攻球 3. 学习左推右攻及并步移动 4. 身体素质	1. 熟悉球性练习（对推、对攻） 2. 学习交叉步，复习左推右攻（两点对两点） 3. 复习正手前冲弧圈球 4. 学习侧身步 5. 学习发球（发转与不转球、发急下旋球），接发球抢攻/拉 6. 身体素质
4	1. 颠落地球 2. 对墙颠球 3. 抓球、拍球	1. 复习反手推挡球 2. 学习正手近台攻球 3. 身体素质	1. 介绍直拍左推右攻和横拍快攻结合弧圈球打法的战术运用 2. 熟悉球性练习（对推、对攻） 3. 基本掌握正手前冲弧圈球 4. 战术练习（发不转球后侧身攻斜线长球、发下旋球后侧身抢攻/拉斜线长球） 5. 身体素质
5	1. 正手挥拍动作学习 2. 重心交换 3. 原地正手自抛自打	1. 基本掌握反手推挡球 2. 初步掌握正手近台攻球 3. 复习左推右攻 4. 教学比赛	1. 熟悉球性练习（对推、对攻、对拉正手前冲弧圈球） 2. 介绍反手攻球（直拍）、反手拉弧圈球（横拍） 3. 介绍杀高球、放短球
6	多球训练正手攻球	1. 基本掌握反手推挡球和正手近台攻球 2. 初步掌握左推右攻，介绍交叉步 3. 学习发、接下旋球及正、反手搓球 4. 教学比赛 5. 身体素质	1. 理论：乒乓球竞赛规则与裁判法以及双打的战术 2. 熟悉球性练习 3. 双打教学比赛及临场裁判操作 4. 身体素质

续 表

周次	启蒙段 （水平一）	入门段 （水平二）	提高段 （水平三）
7	发球机巩固正手攻球动作	1. 基本掌握反手推挡和正手近台攻球 2. 初步掌握发、接下旋球及正、反手搓球 3. 学习发、接侧上、下旋球 4. 教学比赛	1. 熟悉球性练习 2. 比赛： (1) 采用单淘汰制，设种子、抽签进位 (2) 胜负双走向，决出1～32名 (3) 第一轮抢号负者执行临场裁判操作 3. 身体素质
8	正手攻斜线	1. 基本掌握推、攻、发、搓球及简单步法移动 2. 学习正手弧圈球 3. 教学比赛 4. 身体素质	1. 熟悉球性练习（推、攻、拉、发、搓） 2. 复习反手攻球（直拍）、反手拉弧圈球（横拍） 3. 综合练习（推侧扑打定点） 4. 身体素质
9	正手攻直线	1. 基本掌握推、攻、发、搓球及简单步法移动 2. 复习正手弧圈球 3. 教学比赛 4. 身体素质	1. 熟悉球性练习（推、攻、拉、发、搓） 2. 学习正手拉加转弧圈球 3. 综合练习（推侧扑打定点） 4. 身体素质
10	（单球）正手攻练习	1. 基本掌握推、攻、发、搓球及一般步法移动 2. 初步掌握正手弧圈球 3. 学习发球抢攻战术和搓攻战术及实战练习 4. 身体素质	1. 熟悉球性练习（推、攻、拉、发、搓） 2. 初步掌握反手攻球（直拍）、反手拉弧圈球（横拍） 3. 复习正手拉加转弧圈球 4. 综合练习（搓侧扑接左右对攻） 5. 身体素质
11	（单球）正手攻练习	1. 基本掌握正手弧圈球及一般步法移动 2. 初步掌握发球抢攻战术和搓攻战术 3. 身体素质	1. 熟悉球性练习（推、攻、拉、发、搓） 2. 初步掌握正手拉加转弧圈球 3. 战术练习（压反手变正手伺机抢攻） 4. 教学比赛 5. 身体素质
12	正手攻球考核	1. 基本掌握推、攻、正手弧圈、发、搓球及一般步法移动 2. 初步掌握发球抢攻战术和搓中突击战术 3. 身体素质	1. 熟悉球性练习（推、攻、拉、发、搓） 2. 介绍正手台内突击、正手滑板 3. 战术练习（压两角变中路伺机抢攻） 4. 教学比赛 5. 身体素质

续　表

周次	启蒙段 （水平一）	入门段 （水平二）	提高段 （水平三）
13	多球训练反手攻球	1. 理论：介绍乒乓球竞赛规则 2. 单淘汰赛抽签 3. 比赛及临场裁判操作（胜负双走向） 4. 身体素质	1. 熟悉球性练习 2. 比赛： (1) 采用单淘汰制，设种子、抽签进位 (2) 胜负双走向，决出1～32名 (3) 第一轮抢号负者执行临场裁判操作 (4) 比赛名次计入总成绩 3. 身体素质
14	发球机巩固反手攻球动作	比赛及临场裁判操作（胜负双走向，决出1～32名）	1. 熟练掌握左推右攻 2. 介绍削球打法 3. 身体素质
15	反手攻斜线	1. 熟练掌握推挡、攻球 2. 身体素质	1. 熟练掌握推侧扑 2. 身体素质
16	反手攻直线	1. 熟练掌握左推右攻 2. 身体素质	1. 熟练掌握左推右攻 2. 熟练掌握推侧扑 3. 乒乓球考试 4. 身体素质
17	（单球）反手攻练习	1. 乒乓球考试或补考 2. 段位赛 3. 身体素质	1. 乒乓球考试或补考 2. 段位赛 3. 身体素质
18	反手攻球考核	机动（段位赛）	机动

表5－2－5　乒乓球训练课教学框架与课时分配

类　别	教 学 内 容	水平一	水平二	水平三
理论部分	乒乓球运动发展史、特点及锻炼价值	1	1	1
	乒乓球规则与裁判法	2	2	1
实践部分	球性练习	10	0	0
	乒乓球基本技术及其运用	36	36	27

续 表

类别	教学内容	水平一	水平二	水平三
实践部分	乒乓球单打战术	0	4	10
	乒乓球双打战术			4
	教学比赛与裁判实践	2	8	8
	身体素质	15	15	15
其他	考核	4	4	4
	机动	2	2	2
合计		72	72	72

四 课程评价

课程评价能够使教师准确了解每个学生的实际表现和进步情况，有助于教师提供个性化指导，贯彻因材施教。为激发学生持续学习乒乓球的动力，乒乓球课程针对不同实施路径制定了相应的评价标准，包括乒乓球常规课、训练课和大课间活动评价表。

（一）学生核心素养评价内容及评价办法

根据《义务教育体育与健康课程标准（2022 年版）》的建议，本评价标准以乒乓球核心素养为框架，对学生在乒乓球常规课和乒乓球训练课学习过程中、大单元教学结束时的综合能力进行考核。该评价标准对运动能力、健康行为、体育品德评价内容设立具体范围。

1. 运动能力评估：包括参与者在各阶段所具备的体能、技能、战术能力及比赛智慧。技战术考核包括球性、正/反手技术、技术在游戏中的应用或在比赛中的临场应变表现，技术考核细则详见段位制考核标准。体能考核包括柔韧、速度、身体协调性、耐力等方面。

2. 健康行为评估：主要包括课堂参与度、回答问题、主动示范的次数、课后参与运动的次数以及体育锻炼的安全意识。课后锻炼以纸质课后打卡签名记录。

3. 体育品德评估：通过观察每位成员在队内训练、比赛中的表现，评估其合作能力、沟通技巧和协作精神。以器材破损程度评价学生爱护器材方面的表现。

根据以上范围制定能够量化的各阶段评价指标，确保评价结果的信度与效度，见表5-2-6、5-2-7。由于乒乓球训练课更加注重运动能力的培养，因此该指标在乒乓球训练课的评价标准中占比较高，为50%。

表5-2-6　学生核心素养评价表(常规课)

<table>
<tr><th colspan="11">学生核心素养评价表(常规课)</th></tr>
<tr><th rowspan="3">姓名</th><th colspan="3">运动能力(30)</th><th colspan="3">健康行为(40)</th><th colspan="3">体育品德(30)</th><th rowspan="3">评价等级</th></tr>
<tr><th>体能</th><th>技战术运用</th><th>比赛</th><th>课后锻炼</th><th>课堂参与</th><th>安全意识</th><th>小组合作</th><th>爱护器材</th><th>学习态度</th></tr>
<tr><th>10</th><th>10</th><th>10</th><th>15</th><th>10</th><th>15</th><th>10</th><th>10</th><th>10</th></tr>
<tr><td></td><td></td><td></td><td></td><td></td><td></td><td></td><td></td><td></td><td></td><td></td></tr>
<tr><td></td><td></td><td></td><td></td><td></td><td></td><td></td><td></td><td></td><td></td><td></td></tr>
<tr><td></td><td></td><td></td><td></td><td></td><td></td><td></td><td></td><td></td><td></td><td></td></tr>
<tr><td colspan="11">注：等级分为优秀(100～86)、良好(85～71)、合格(70～60)、不合格(60以下)四个等级。</td></tr>
</table>

表5-2-7　学生核心素养评价表(训练课)

<table>
<tr><th colspan="11">学生核心素养评价表(训练课)</th></tr>
<tr><th rowspan="3">姓名</th><th colspan="3">运动能力(50)</th><th colspan="3">健康行为(20)</th><th colspan="3">体育品德(30)</th><th rowspan="3">评价等级</th></tr>
<tr><th>体能</th><th>技战术运用</th><th>比赛</th><th>课后锻炼</th><th>课堂参与</th><th>安全意识</th><th>小组合作</th><th>爱护器材</th><th>学习态度</th></tr>
<tr><th>10</th><th>20</th><th>20</th><th>10</th><th>5</th><th>5</th><th>10</th><th>10</th><th>10</th></tr>
<tr><td></td><td></td><td></td><td></td><td></td><td></td><td></td><td></td><td></td><td></td><td></td></tr>
<tr><td></td><td></td><td></td><td></td><td></td><td></td><td></td><td></td><td></td><td></td><td></td></tr>
<tr><td></td><td></td><td></td><td></td><td></td><td></td><td></td><td></td><td></td><td></td><td></td></tr>
<tr><td></td><td></td><td></td><td></td><td></td><td></td><td></td><td></td><td></td><td></td><td></td></tr>
<tr><td colspan="11">注：等级分为优秀(100～86)、良好(85～71)、合格(70～60)、不合格(60以下)四个等级。</td></tr>
</table>

（二）段位考核制评价内容及评价办法

本课程针对乒乓球常规课和乒乓球训练课学生，为其设置乒乓球段位考核内容（见表 5－2－8）及初级段位考核办法（见表 5－2－9），考核办法参考《青少年乒乓球运动技能等级标准》。段位分为初级 1～3 段、中级 4～6 段、高级 7～9 段。每个科目为 25 分，总分 100 分，60 分达标，每一个等级“合格”即为 1 段，“良好”即为 2 段，“优秀”即为 3 段，达到相应的成绩可晋升为对应段位，通过考级便可获得对应的等级证书。

乒乓球课任教师为考官，于每学期末组织所教授学生进行乒乓球段位考核。

表 5－2－8　乒乓球段位考核内容

等级	科目一	科 目 二	科 目 三	科 目 四
初级	对空颠球	对墙颠球	托球绕桌跑	双手接球（上旋）
中级	平击发球	反手推/拨（上旋）	正手攻球（上旋）	四米距离摸球台
高级	发下旋球	反手搓球（下旋）	正手拉弧圈球（上旋）	左推右攻（上旋）

表 5－2－9　乒乓球初级段位考核办法

乒乓球初级段位考核办法
一分钟对空（对墙）颠球： 在平坦、整洁的场地上进行。教师作为裁判以秒表计时，并提前准备乒乓球拍和球（学生也可自备）。当听到计时开始信号时，受试者抛球开始颠球，累计个数（掉球可继续数），直至完成测试。对墙颠球于离墙 70 厘米处站立，测试方法与对空颠球一致。

等 级		优 秀	良 好	合 格	不合格
一分钟对空颠球	男	91～150 次	61～90 次	31～60 次	30 以下
	女	81～150 次	51～80 次	31～50 次	30 以下
一分钟对墙颠球	男	51 次以上	21～50 次	11～20 次	10 以下
	女	41 次以上	21～40 次	11～20 次	10 以下

双手接球：
被试者呈准备姿势原地站立于球台一端，发球机在另一端连续不定点地供球，要求被试者在脚步移动中用双手接住球，发球机在一分钟内连续供球 40 个上旋球，记录被测试者接住来球的次数。

续 表

等 级	优 秀	良 好	合 格	不合格
双手接球	31～40 次	26～30 次	21～25 次	20 以下

托球绕桌：
被测试者持球拍于胸前，将球置于拍面。听到发令信号后开始绕球桌跑 3 圈。跑动中球体落地，则捡球返回球落地原点方可继续跑，否则作为违例，不给予测试。

分值（分）	成绩（秒）		分值（分）	成绩（秒）	
	男	女		男	女
25	≤14.99	≤16.99	12	27.00～27.99	29.00～29.99
24	15.00～15.99	17.00～17.99	11	28.00～28.99	30.00～30.99
23	16.00～16.99	18.00～18.99	10	29.00～29.99	31.00～31.99
22	17.00～17.99	19.00～19.99	9	30.00～30.99	32.00～32.99
21	18.00～18.99	20.00～20.99	8	31.00～31.99	33.00～33.99
20	19.00～19.99	21.00～21.99	7	32.00～32.99	34.00～34.99
19	20.00～20.99	22.00～22.99	6	33.00～33.99	35.00～35.99
18	21.00～21.99	23.00～23.99	5	34.00～34.99	36.00～36.99
17	22.00～22.99	24.00～24.99	4	35.00～35.99	37.00～37.99
16	23.00～23.99	25.00～25.99	3	36.00～36.99	38.00～38.99
15	24.00～24.99	26.00～26.99	2	37.00～37.99	39.00～39.99
14	25.00～25.99	27.00～27.99	1	38.00～38.99	40.00～40.99
13	26.00～26.99	28.00～28.99	0	≥39.00	≥41.00

注：托球绕桌考核标准引自《青少年乒乓球运动技能等级标准与测试方法》。

（三）乒乓球大课间评价内容及评价办法

乒乓球大课间以班级为单位进行考核，参照大课间考核办法制定乒乓球韵律操评价内容，主要评价内容包括队列、着装和动作规范性等（见表 5-2-10）。

表 5-2-10　大课间乒乓球韵律操评分表

班 级	队列不整齐（2分）	着装不整洁（2分）	挥拍动作及移动步法不整齐（2分）	两人以上未做动作（2分）	做球操期间有学生讲话（2分）	扣分总和
一(1)班						
一(2)班						
一(3)班						
一(4)班						
……班						

五　课程管理

为保障乒乓球特色课程顺利推进，我校成立了学校体育校本课程管理委员会。遵循校本课程开发与管理相结合的原则，委员会负责校本课程的指导、审议、监督、评估等工作，落实组织管理、人员保障以及经费支持等各项管理措施，确保课程的高品质建设。

（一）构建专门组织管理机构

为有效管理、推进乒乓球课程，成立乒乓球特色课程领导机构，实行分工责任制。其中，统筹规划小组负责整体规划校本课程，包括课程培养目标、学生的课程需求和学校资源开发等，并及时管理和调控实施过程；课程开发和实施小组负责组织开发乒乓球课程主要内容，形成乒乓球课程体系；管理小组根据国家、省、市课程指导意见和计划，规划乒乓球课程的课时安排、设置乒乓球课程课表、统计乒乓球社团学生名单、协调安排参加比赛并做好荣誉宣传，实施全程监管。

（二）构建“专业＋”教师队伍

优质的教师团队是高水平学生团队的前提条件。学校广纳区内外乒乓球专家、教练，构建“专业＋”教师队伍。

1. 专业培训，打造优质乒乓球教师队伍

每周定期组织体育教师参与体育教研活动，由乒乓球专业的老师对全校体育老师进行培训，教授乒乓球操以及日常段位制考核的注意事项，打造优质乒乓球教师队伍。

2. 引进乒乓球专业团队

与乒乓球协会合作，制定乒乓球进校园活动的规划与实施方案，并落实培训、授课、赛事组织等事项。可长期聘用乒乓球专职教练员，负责乒乓球校队的选材、梯队建设、日常训练与比赛等事宜。

3. 聘请专家，针对点拨

聘请区乒乓球协会、区教科院专家到校对学校各阶段存在问题进行诊断，及时提出修正方案，并反馈成果。

（三）全力保障课程资源

1. 开发乒乓球品质课程教学资源，建立移动网络体育教学系统

体育教师录制微课，引进优质云资源，利用“翻转课堂”教学模式实现线上线下混合教学的高效课堂；利用体智云平台、钉钉打卡等信息化工具实现课后辅导。

2. 打造特色场馆，以丰富乒乓精神

打造乒乓球训练场，提供具备常规训练以及专业化训练的物质基础和活动空间，以保证乒乓球课程实施与校园乒乓球活动顺利开展。此外，学校设立专项基金为乒乓球课程实施提供必要的经费保障，且随着课程深入实施，持续加大经费投入。

（四）家校合力共促发展

家长的支持和参与对于乒乓球课程发展至关重要。因此，学校需要与家长形成紧密的合作机制。与家长保持沟通，及时反馈学生的学习进展和表现，鼓励家长参与学校的乒乓球活动，加强家校合作，促进学生的全面成长。

（撰稿者：深圳市坪山区锦龙小学　肖畅宇　苗雨）

第六章

世界上最好的运动和仪式

游泳被世卫组织认定为最好的运动，啦啦操被人们称为最好的仪式。在这个充满激情与活力的世界里，它们是人们生活中不可或缺的一部分。

第一节 奋“泳”争先，“游”往直前

深圳市坪山实验学校是坪山区第一所现代化优质九年一贯制公办学校，校园占地40 254.41平方米，学校现有156个班，近7 600名师生。学校功能设施齐全，具有多样的运动场所，其中游泳馆恒温泳池，水质卫生符合国家标准。学校在稳定发展的基础上提出了“各美其美，美美与共”的发展方针，开设了以麟文化为主线的普及发展类课程和社团特长类课程，其中通过“悦动体育泳课程”的开展，我校学生游泳竞技水平大幅提升，荣获多项省级奖项，我校成为深圳市高水平运动项目学校，为推动全市体育教学工作和体育运动的发展贡献了一份力量。

如今，国家高度注重德智体美劳全面发展，对教育的重视不仅体现在学生的升学和学校的教学质量上，还有学生在体育活动方面的表现。因此，坪山实验学校积极开发有利于青少年儿童全面发展的游泳特色课程，以适应青少年儿童终身发展和社会发展的需要。本文将从游泳特色课程的理念、目标和内容等方面出发，探究游泳特色课程实施的具体策略。

一 课程背景

游泳课程是一项不受年龄限制、广受欢迎的大众性运动，它在调节人体协调性和灵活度、改善心肺功能方面有着天然的优势。相较于其他新兴的运动项目，游泳的形式虽较为固定，但是随着时代的发展却热度不减，如今已成为大众最喜爱的运动项目之一。学生通过参与游泳课程，可以锻炼身体、提高技能、增强信心，同时也可以享受到运动和社交活动带来的乐趣。

二 课程理念

将游泳作为特色体育项目，引入年级体育课程，旨在通过游泳培养学生的基本运动技能。以面向全体学生为方向，进一步强化“健康第一”的理念，推进“教会、勤练、常赛”的目标，构建科学、有效、让学生“动起来”的体育与健康课堂教学新模式。

三 课程目标

《义务教育体育与健康课程标准(2022 年版)》要求学生通过体育与健康课程学习而逐步形成正确价值观、必备品格和关键能力，包括运动能力、健康行为和体育品德等方面；要求以“掌握与运用体能和运动技能，提高运动能力”“学会运用健康与安全的知识和技能，形成健康的生活方式”“积极参与体育活动，养成良好的体育品德”为总目标。

游泳课程目标为以下方面：

1. 掌握基本游泳技能：通过系统的学习和实践，学生应能够正确运用所学游泳技术和方法，提高游泳速度和耐力；

2. 提高身体素质和心理素质：通过游泳锻炼，学生提升身体的力量、速度和柔韧性，增强心肺功能，提高身体协调性和耐力，增强自我认知，培养积极心态。

3. 培养优秀运动员：发现和培养具有潜力的学生，通过选拔和重点培养，为学生提供更好的训练资源和比赛机会。

基于上述要求，结合学校师生特点，努力实践推进学校游泳运动推广工作，引导全校师生参与游泳运动，积极组织活动，加强学校文化建设，形成运动特色。

四 课程内容

依据《义务教育体育与健康课程标准(2022 年版)》的要求，按照课程需求的不同，将课程分为常规课程和训练课程，并根据游泳课程的目标制定相应的课程标准。游泳课程主要以常规课为核心，以训练队为代表，打造游泳示范学校。

(一) 常规课

以由入门至精通为目标设置的体育课程，通过聘请专业游泳教练，以每周两节特色课的形式，以蛙泳为主要内容，帮助学生由基础入门向精通过渡。

(二) 训练课

训练课以水平段为划分，通过大单元教学，集中学习游泳专项技能，并通过对应形式的考核评价学习效果。主要以蛙泳为主，自由泳为辅，通过常规课与训练进行双向提升。

五 课程实施

围绕“有趣、有料、有效”的教育原则，确定配套于游泳课程的细化标准，实施游泳课程顶层设计、课程建设、实施策略与评价体系相融合的“四轮驱动”教学模式，从学习目标与学生实际获取出发，跑出课程实施的加速度，形成课程架构源源不断的课堂动态体系。

(一) 丰富课程资源，完善品质课程体系

1. 开发品质课程教学资源

在全校范围内开展“品质课程”建设，凸显关注学生发展、重视梯度成长的课程理念，丰富课程设计和实施，合理配置学校场地与器材资源，在不断的探索中优化完善课程结构，旨在为学生提供优质课程资源。

2. 课程与训练有效结合

学校为了进一步提高游泳的影响力，在群众普及、聘请高水平教练、进一步提高竞争力的基础上，对游泳队的发展也给予了高度重视，并制定了目标。

(二) 多方合力，激发学生的学习兴趣

1. 专业的游泳教练为学生进行辅导和培训

考虑到游泳课程所具有的特性，有些学生对水有畏惧心理，因而学习积极性不高。面对这个问题，学校利用周边游泳馆的社会资源，聘请专业的游泳教练为学生进行辅导和培训，通过专业的游泳知识讲解以及规范的游泳动作示范，帮助学生建立完整的动作概念和技术定型。训练时教练会采用带背漂和夹浮板等方法缓解学生的紧张情绪。

2. 家校联合鼓励学生积极参加游泳课程

以“致家长的公开信”的形式，让家长了解学校开发游泳特色课程的意义，获得家长的信任和支持，家校联合一同鼓励、引导学生积极参加游泳课程。此外，有条件的家庭也可以带孩子在课余时间进行游泳练习，使其更快更好地掌握游泳动作技能。

(三) 形式多样,促进学生全面发展

1. 生存教育和挫折教育

游泳不但是一项单纯的体育运动,它还是一项生存技能。通过在学校开设游泳课程普及游泳技能,让更多的学生掌握水中自救和救人的生存技能,避免人身伤害的发生。在学习的过程中,学生的自信心得以逐步培养,耐挫能力在逐步提升。在游泳中培养的坚韧不拔能帮助学生克服学习、生活中遇到的挑战和困难,成为更加完美的自己。

2. 多样的游戏活动和比赛

在课程实施过程中,安排形成多样的游戏活动和比赛,如"看谁反应快""反口令""观察者寻找目标"等岸上游戏活动,"憋气比拼""打腿接力""踩水比赛""救生圈接力""躲避球"等水下活动。通过比赛的形式,加强学生彼此间的交流和合作,增强团队意识与集体荣誉感,同时把已学的游泳竞赛规则在比赛实践中加以运用,使学生体会顽强拼搏的体育精神。

3. 律动游泳操

针对小学阶段学生的特点,结合游泳的基本姿势和动作,同时融入节奏感和音乐元素,创造出既锻炼身体又富有乐趣的律动游泳操。

(四) 合理评价,促进学生快速进步

游泳特色课程的学习评价类同于其他课程评价,是课程开发中重要的环节之一,起着导向性作用。本校采用"自我学习评价表",让学生对游泳学习中的表现进行自我评价。测评内容主要包括学生对游泳课学习兴趣、学生参与积极性和主动性的学习态度、运动参与、专项技术技能四个方面,一改以往只采用体能和运动技能测试的测评方式,由单一内容向多元内容转变。

(五) 稳步推进,打造游泳品质课程示范学校

规划校园体育节、游泳月、游泳节等;组织各类活动,如游泳知识大比拼、自救小知识分享、各类泳姿展示等活动,激发学生参与热情,形成全校游泳热潮,提高活动水平与质量,形成具有学校特色的校园游泳活动。

(六) 学习研讨,形成游泳品质课程成果

1. 定期组织游泳教学研讨,提高教学能力

在教学中完善课程体系,制定科研目标,积极参与小课题研究,将教学过程转化为

课题成果。

2. 进行学科课程渗透

根据学生的年龄特点和生活经验，围绕学科的不同特点，研究和探索特色课程的结构模式，设计符合本校学生的系列主题及活动方案，并在活动实践中不断完善，使游泳特色课程的建设过程体现出综合性、生活性、自由性的特点。

六 课程评价

本评价方案旨在为提高教学质量、提高学生学习效果提供参考，对游泳特色课程效果从过程性评价、课内课外评价等多个方面进行全面客观的评价。

(一) 评价内容

1. 过程性评价

在游泳特色课程实施过程中，需要对教学进度、教学质量等方面进行监控，并注重对学生学习情况进行跟踪记录。具体包括：

(1) 教学进度：保证教师按既定教案、进度表授课，教学内容安排合理；

(2) 教学质量：通过观察学生技能掌握程度、课堂表现等，对教师教学效果进行考核；

(3) 学习情况：针对学生对课程的满意程度、学习进度、遇到的困难等情况，定期对学生进行面谈和问卷调查。

2. 课内评价

在课堂内，建立学生档案，记录学生课上表现，并定时进行考核。具体包括：

(1) 课堂表现：观察学生在课堂上的参与度、注意力的集中程度、技巧的掌握程度等；

(2) 完成作业：安排与游泳技能相关的作业，并根据学生完成情况进行评价；

(3) 阶段性考核：定期进行技能考核，了解各阶段学生的学习成果。

3. 课外评价

对于游泳特色课程的教学评价，还需结合学生课外的表现。具体包括：

(1) 课外练习：鼓励学生在课外自主练习，并记录下学生在课外的练习情况；

(2) 参加活动和比赛：组织学生参加各种游泳活动和比赛，并根据学生在活动和比赛中的表现进行评价；

（3）团队合作：观察学生在课外活动中是否具备团队协作精神，能否与同学互相帮助、共同进步。

（二）评价方法

1. 定量考核与定性考核相结合

通过定量考核了解学生的学习成果，如技能考核的结果，作业的完成情况等；通过定性评价，了解学生的学习态度、参与度等情况。

2. 形成性评价与终结性评价相结合

形成性评价以学生的学习过程为重点，如课堂表现、课外练习等；终结性评价集中在学生的学习成果上，如阶段性考核、活动竞赛表现等。

3. 教师评价与学生自评相结合

教师根据学生的日常表现进行综合性评价；同时，引导学生进行自我评价，填写"自我学习评价表"，对自己的学习情况、进步程度等有所了解，做到心中有数。

（三）总体评价

对上述评价进行综合处理，得到总体评价。具体包括：

1. 各测评分值加权平均

赋予各分值不同的权重，根据各测评的重要程度计算加权平均分值。

2. 等级评定

对优秀、良好、合格等不同等级的学生，按学生加权平均的成绩进行评定。

3. 反馈与建议

将评议结果及时反馈给教师和学生，使教师和学生了解学习效果，了解教学质量，从而为进一步提高教学工作水平提供参考。同时，针对测评结果，对学员和教师提出策略调整的建议。

4. 持续改进

根据总体评价结果，对游泳特色课程进行持续改进，优化教学内容和方法，提高教学质量和学习效果。同时，定期更新评价方案，以适应教育发展的需求和学生个体差异的变化。

七 课程管理

为保障游泳品质课程建设工作的实施与顺利推进，学校通过成立游泳品质课程建设工作领导小组，制订游泳品质课程示范学校发展方案，落实场地、器材、经费等各项保障措施，以确保课程建设、推进与管理。

（一）组织保障

高度重视游泳品质课程推进工作，在校长的领导下成立了校级游泳品质课程领导机构，实行分工责任制。游泳品质课程统筹小组：负责规划、组织、协调、保障游泳品质课程的发展；游泳品质课程开发小组：负责组织开发游泳品质课程内容，形成游泳品质课程体系；游泳品质课程实施小组：负责跟进游泳课程教学实施、活动组织、评比、表彰与宣传等具体工作事项。

（二）人员保障

游泳品质课程建设参与人员以青年体育教师为主，教师队伍中来自师范四大院校、体育八大院校的比率超90%，均具备大学本科或研究生学历，体育素养高、科研能力强。大部分教师具有较丰富的体育教学经验，并积极参与游泳教研活动。

（三）经费保障

学校高度重视游泳品质课程建设工作，每年都会划拨游泳专项经费以确保各项游泳活动顺利开展。

（四）硬件保障

游泳馆采用恒温泳池，同时为了保证学生的身体健康，泳池采用由专业泳池循环水泵、过滤砂缸、紫外线杀菌器组成的过滤消毒系统，常年稳定运行，高效净化，全面保证学校泳池水PH值、浊度、尿素、游离性余氯、菌落总数、大肠菌群等指标符合卫生标准，以保证游泳课程的实施和游泳进校园活动的顺利进行。

（撰稿者：深圳市坪山实验学校　卢奇　董佳婧）

第二节　活力啦啦，铸造童梦

坪山区马峦小学创建于2019年。学校重视五育并举，以啦啦操为跳板，创办体育特色学校，促进学生全面发展。学校贯彻落实中共中央关于深化教育改革、推进素质教育等有关文件精神，以“生态育人，成就梦想”为办学理念，以“梦想从这里起航”为校训。尤其在体育教育方面，学校严格执行《关于全面加强和改进新时代学校体育工作的意见》《学校体育工作条例》的有关精神，树立“健康第一”和“以人为本”的指导思想，努力提高学生的身体素质。

一　课程背景

啦啦操课程能够很好地提升学生的综合素质，促进学生的身心健康发展，在体育课程中开设啦啦操课程具有关键性意义。多元化的表演让人目不暇接，身体的律动伴随音乐的韵律，让学生在快乐中学练赛。啦啦操还汇聚了团队协作、奋发向上、自信热情等特点，对体育品德的形成具有重要作用。国民身体素质调查报告中反映出人们上肢力量下降严重，在此时代背景下，啦啦操项目弥补了这一短板，在身体素质提升方面具有针对性，正是学生所急需提升的能力，顺应了时代的潮流。自教育部提出体教融合之后，我校积极努力投身实践，争取走出一条马峦特色的体育道路，希望通过各项措施的落实，为校园啦啦操项目提供腾飞的跳板。

学校将啦啦操引入课堂，以学生的身心发育特点为基础开展身体练习。通过音乐激发学生的学习兴趣，通过姿态练习培养学生正确的身体形态，通过等级套路学习发展学生的基本运动能力，提出“活力啦啦，铸造童梦”的课程理念。

“活力啦啦”旨在强调学生的心理状态，让每一个孩子都能感受到啦啦操带来的乐趣。

“铸造童梦”旨在强调学生的身体素质，要求学生掌握一定水平的啦啦操项目运动能力。

二 课程目标

为践行社会主义核心价值观，培育对社会、人民、家庭有用的、合格的、健康的复合型人才，学校全面贯彻党的教育方针和《学校体育工作条例》，落实《关于切实保证中小学每天一小时校园体育活动规定》的精神，以“建构体育文化，培育体育特长，增强学生体质，打造体育品牌”为指导精神，深入实施素质教育，全面推进教育教学改革，进一步优化学校管理，丰富学校内涵，提升学校品位，形成鲜明的办学特色。同时学校注重学生身心发展规律，调动学生参与体育运动的积极性，让学生体验体育锻炼的快乐。

秉承上述原则学校提出“三全”的啦啦操课程目标。“三全”即全员参与啦啦操、全员会啦啦操、全员校内啦啦操比赛。

（一）目标一：全员参与

针对不同的学生因材施教，让每个学生都参与进来。

每个学生都是独立的个体，发展潜力是无限的。针对部分学生对啦啦操项目不感兴趣的问题，学校结合体育教师资源以及社团课资源，将爵士、街舞等小元素融入啦啦操课程，提升课程的新颖性和吸引力，尽量争取让每一个学生都在啦啦操课程中找到自己的快乐。

（二）目标二：全员会啦啦操

将课程融入常规体育课，对全校学生教授啦啦操专业知识。

依托学校常规体育课，对全校学生全员教学，每周设置一节啦啦操专业课，保障课时量，以达到学生全员会跳啦啦操的教学目标。全员会啦啦操项目要求不是掌握一些简单操化类啦啦操动作，而是首先要懂得欣赏，其次要求会模仿，最后对一些简单的操化能自主创编。课程充分发挥学生的主观能动性和主体地位，致力于让学生掌握一门独立的运动技能。

（三）目标三：全员校内比赛

按照年级分组别，以赛代练。

针对小学阶段各个水平，开展量身定制的啦啦操课程大单元教学。各个阶段紧密联系，螺旋式上升，让学生在不同阶段学习到不同的啦啦操专项内容，使学生随着年级的上升，啦啦操水平也不断上升。高年级有高年级的参赛标准，低年级有低年级的比赛方法，以达到学校全员能比赛的课程目标。在每次比赛活动中，学校都秉持“安全第一，预防为主”的原则，加强体育活动安全教育，配备应急人员、必备器械和药物，给学生购买意外伤害险，以保障学生的安全。

三　课程管理

我校高度重视学校体育教育和学生体质健康，按照体育与健康课程标准及有关规定积极开展体育教学和校园啦啦操工作。学校专门成立了以校长、分管副校长、体育组长、体育教师、啦啦操教练组成的体育工作领导小组，同时配齐体育教师和啦啦操专项教练员，充分保障课时，提供财力支持，为啦啦操课程发展打下坚实的基础。

（一）领导小组

为保障啦啦操课程建设顺利开展，成立马峦小学体育特色学校重点项目建设领导小组，名单如下：

组长：钟映霞

副组长：吴海波

成员：徐研峰、陈涌锦、何锦宏、高屹峰、郑子厨、赖嘉豪、张瑜

1. 校长室

指导小组成员创建啦啦操特色学校重点项目的工作开展，督查各处室在创建啦啦操体育特色学校工作开展中的落实情况，并协调各处室工作安排。

2. 办公室

提供对创建啦啦操体育特色学校工作开展的后勤保障及统筹物资、资金的支持，负责创建体育特色学校重点项目人员的安排及领导小组的会议安排、召开。

3. 德育处

负责创建体育特色学校重点项目建设过程中活动的协调、沟通策划等工作。

4. 教学处

负责针对创建体育特色学校重点项目中的工作开展表彰、督查、整改，以及对教学工作进行安排与协调。

5. 安全保卫处

针对马峦小学啦啦操特色学校创建项目工作的安全保障、应急情况进行处理。

6. 体育组

做好全校的啦啦操普及工作，并在各类啦啦操赛事上用心用力，同时在平时的教学、教研中不断提升自身素质，建设一支“来之能战，战之能胜”的队伍。

（二）啦啦操课程的教师保障

体育科组共有体育专任教师 6 名，其中包含 1 名啦啦操教练，此外学校还外请一位专职啦啦操教练。其中，高屹峰老师作为教练员，代表深圳市代表队参加 2022 年广东省第十三届运动会啦啦操比赛，获得花球啦啦操第一名的好成绩。教师团队带领马峦小学获得全国啦啦操分站赛冠军等多个重量级奖项，全员具有良好的啦啦操专项素养及丰富的教研经验，能带动体育科组积极参与、投入啦啦操品质课程建设中，有效推动啦啦操品质课程的开展。

啦啦操品质课程建设参与人员以青年体育教师为主，都具备大学本科学历，体育素养高，科研能力强。大部分教师具有较丰富的体育教学经验，积极参与啦啦操教研。

（三）经费与时间保障

学校从财力方面大力支持啦啦操运动项目的开展，购买了一系列硬件设备，并且通过开展早晚训练来保障课时量，促进学生专业发展。

学校为支持啦啦操精英训练和比赛，购买了全国一流的专属啦啦操训练比赛操垫。学校拥有专属啦啦操训练的一百平方米左右的操类训练房，按照专业操类训练房配备啦啦操专用训练器械。保证硬件设施逐步完善后，学校还大量购买花球、服装等表演器械。同时，学校还通过开展早晚训来提升学生啦啦操专业素养。

四 课程内容

主要结合学校体育常规课，以水平段来划分，通过大单元教学，集中学习啦啦操舞蹈及技巧专项技能。

水平一的学生以柔韧和啦啦操 36 个基本手位为基础，将柔韧难度作为提升，着重培养学生柔韧素质基础，为接下来的水平二阶段做准备。

水平二的学生以基础翻腾和啦啦操基本跳跃动作为核心训练内容，以全面提升学生个人身体素质为训练内容，着重发展学生个人的啦啦操基本技能，为接下来的水平三阶段做准备。

水平三的学生以技巧配合训练为基础，学习简单的托举动作以及翻腾动作，加强学生配合意识以及团队协作的意识，将之前所学的内容融会贯通，进一步加强学生竞技能力。

五 课程实施

学校通过将啦啦操课程与传统体育课相结合，大力践行体教融合。通过经常举办校内赛事、全校性的大课间，来创设良好的氛围，激发学生学习动机。依托社团课，以及早晚训发展精英教育，打造一支高水平校队，并参与各级赛事。

（一）常规体育课专项化：常规体育课穿插啦啦操专项课程

学校增加对全校学生啦啦操的训练活动和课程，实施普及与提高相结合的策略，做到每班每周一节啦啦操课，每人一套啦啦操训练服，人手一对啦啦操高规格花球，使啦啦操运动成为丰富学生素质教育的重要内容，成为校园文化建设的中坚力量。学校营造学生乐于参与的校园啦啦操气氛，开展啦啦操文化活动、竞赛活动，学生参与度100%。

（二）设置班级联赛：创设良好的啦啦操学习氛围，为课程实施服务

将各个年级段分为甲乙丙丁组，确定不同的比赛方式。一年级单独分为丁组，以班级为单位报名参赛，全员参与，选取单一的操化类动作为评判标准，采用打分制，最后按照平均分角逐出名次。二年级单独分为丙组，以班级为单位报名，选取38个基本手位为比赛内容，全员参与，采用打分制，按照平均分排出名次。三、四年级为乙组，以班级为单位报名，每个班按照要求选出参赛人员，出两支队伍，选取简单成套为比赛内容，采用评分制排出名次。五、六年级为甲组，以班级为单位报名，每个班出两支队伍，选取自编成套为比赛内容，实行评分制排出名次。

（三）开展全校性大课间：全员参与，激发学生学习动机

积极组织开展大课间，与啦啦操紧密结合。学校自主创编的大课间《绳彩飞扬，活

力啦啦》获得全国活力校园最佳课外体育教学案例奖。

(四) 特色社团课：开展形式多样的操化类项目，有针对性地培养，让学生百花齐放

采用本校体育老师和外聘专业教练相结合的模式，优化啦啦操项目的普及面。学校开设啦啦操社团，在社团课中把街舞、武术、体操、爵士等元素融入啦啦操，让学生见识到不一样的啦啦操，提升啦啦操项目的吸引力，突出学校"让每一个梦想都精彩"的办学理念。学期初，由学生自己报名，学校调配和审批，保证每一个学生都能参加一个运动项目。学期末，由学校组织社团考核小组对各社团进行考核验收，以达到参加社团的学生学有所成的目标。

(五) 开展学校早晚训：运动选材，精英培养，打造一支有一定竞技水平的队伍

一分耕耘一分收获，取得好的成绩离不开勤学苦练。为发展啦啦操项目的精英力量，形成较高的竞技能力，学校基于学生的在校时间安排，制订了校队成员早晚训的计划，见表 6-2-1。

表 6-2-1 早晚训计划表

时间/日期	周一	周二	周三	周四	周五
早训 7:20—8:20		体能练习	基本功练习	体能练习	基本功练习
午训 12:30—13:30					优秀比赛视频观看讲解
晚训 17:15—18:30	技巧啦啦操训练	舞蹈啦啦操训练	技巧啦啦操训练	舞蹈啦啦操训练	

六 评价体系

学校啦啦操课程考核评价主要采用段位考核。

段位考核评价以各班体育老师为主考官，在学期末统一对学生进行相应段位的考核，在学期中学生也可以向老师提出考核要求。完成相应考核内容则通过考试并达到相应等级，获得荣誉证书。具体开展如下。

啦啦操段位考核评价，主要采用自主创编的“马峦段位”考核内容，内容为个人单个动作考核。其中考核内容为达标制，达到相应的成绩即可晋升为对应段位，段位考核分为1～6段，通过考核便可以获得相对应的段位等级证书。各段位考核内容如下：

第一段：柔韧（三面叉，在平地要求下地）和36个基本手位（跟随音乐的情况下独立完成并且没有错误）。

第二段：柔韧（加两张垫子的情况下三面叉，要求下地）和36个基本手位（跟随音乐的情况下独立完成36个基本手位并且加上移动步伐）。

第三段：基础翻腾（完成30秒靠墙倒立以及前滚翻、后滚翻、侧手翻）和跳跃动作（30秒完成10次分腿跳，以及30秒完成18次团身跳）。

第四段：基础翻腾（完成60秒靠墙倒立以及单手侧手翻、前软翻、后软翻），跳跃动作（30秒完成12次分腿跳，以及30秒完成20次团身跳）及身体素质（120秒完成400米跑，以及30秒完成13次两头起和13次俯卧撑）。

第五段：基础翻腾（完成侧空翻以及后手翻），托举动作（4人一组完成双腿肩位动作），及身体素质（110秒完成400米跑，以及30秒完成16次两头起和16次俯卧撑）。

第六段：1分钟成套展示（包含舞蹈、跳跃、翻腾、托举等内容）。

七 啦啦操课程实施成效

自学校开展特色啦啦操课程以来，校园学习氛围不断增强。学生对啦啦操项目有了全新的认识，每个同学都能在操化类项目中找到自己的闪光点，学生学习内在动机得到了激发，身体素质有所提升。学生会在练习当中查漏补缺，有针对性地进行锻炼，有时为完成一个动作，会自发地练习以弥补身体条件造成的动作缺失。其中，学校童梦精灵啦啦操队积极参加各级赛事，获得的最高奖项为全国冠军。以啦啦操绳操为主的大课间创编也获得了全国优秀案例称号。

在此基础上我校将继续扩大各类参赛规模，争取取得更多优异成绩。学校将积极参与啦啦操赛事，提升自身的竞技啦啦操质量，吸收先进的理念与风格，把我们的队伍建设为一支高水平、高规格、高效率、高强度、高名气的“五高”队伍。同时，以科学引导啦啦操课程的教研建设，以课程研究为导向，持续探索学校的啦啦操教学方式。以教学促进科研，以科研引导教学，逐步把学校建设成为具有品牌效应和辐射引领作用的啦啦操特色学校。

（撰稿者：深圳市坪山区马峦小学　张瑜　徐研峰）

第七章

角逐体力与较量智力的运动

跆拳道被誉为“世界第一搏击运动”，定向越野是一种新式的野外活动方式。角逐体力，较量智力，锻炼耐力，提升毅力，这便是二者的共点。

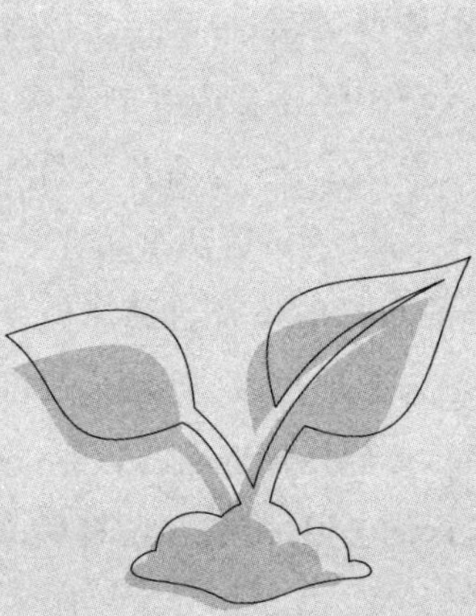

第一节　“跆”出梦想，“拳”力出击

深圳市坪山区景园外国语学校建立于2018年，建校以来，学校高度重视体育与健康课程发展。2020年开展的跆拳道课程深受学生们喜爱，从而得到快速发展，成为本校最受欢迎、体系最为完善的体育课程之一。跆拳道课程高度重视学生运动技能的发展需要，从课程设计到学习评价，都以促进学生的身心发展为核心。把跆拳道项目融入体育课堂，使学生在掌握跆拳道基本技能的同时，也具备高尚的品德和道德修养。

一　背景和理念

跆拳道运动是以竞技竞赛为核心，以礼仁为行为根本，以提高意志品质和自我运动技能为目标的现代体育活动。经过多年的发展，跆拳道运动已经拥有了该项目独立的国际体育组织，包括世界跆拳道联盟和国际跆拳道联盟。近年来，在奥运积分榜上中国的多名跆拳道运动员处于领先地位，并在奥运会跆拳道项目上获得了多枚金牌。通过社会各界努力不断地推动国内中小学跆拳道运动的发展，目前在社会上已经形成了一股“跆拳风”。

学校体育不仅要优化体育发展机制，更应该具有开放性和多元性，这样学生才能拥有更多选择。引进新兴类体育运动，传承传统体育运动，有选择性地将世界体育的成果和传统体育项目纳入中小学体育内容的范畴是学校体育多元化发展的需要。跆拳道项目在学校的开展形式多样，包括普及跆拳道校本课程、社团和校队等形式。跆拳道课程不仅包括技术的学习，还注重培养学生的礼仪、纪律、毅力和自信心等方面的素养，帮助学生养成良好的体育道德风尚，培养团队协作精神和个人自我修养。跆拳道教师将德育融入跆拳道教学当中，践行立德树人，致力于让学生在轻松愉快的氛围中学习跆拳道，体验体育运动的乐趣。通过系统的课程设计和科学的教学方法，让学生在小学阶段的学习中，初步掌握跆拳道的运动技能，并且在未来的生活中都能以积极的心态和坚定的信念面对各种挑战，展现出他们的个人魅力和社会价值。

二 课程目标

《义务教育体育与健康课程标准（2022年版）》已将跆拳道项目纳入新兴类体育运动范畴，跆拳道课程旨在全面培育学生的道德品质和身心健康，深入领悟跆拳道项目所蕴含的礼仪、廉耻、忍耐、克己、百折不挠的核心精神。学生将系统掌握跆拳道竞技的基本技术，深入了解跆拳道竞技比赛的基本规则，从而既能够胜任参赛选手的角色，也能够担任小裁判的任务。通过这一学习过程，学生将不断修炼心性，塑造面对挫折时绝不退缩的坚定意志，以及品节刚毅的优良品质。

1. 运动能力目标：发展力量、速度、心肺耐力、爆发、柔韧等基本身体素质；学习跆拳道的基本运动技能以及比赛规则，初步具备参加跆拳道竞技比赛的能力。

2. 健康行为目标：在主动参与锻炼身体的同时学会如何自我防卫。

3. 体育品德目标：跆拳道项目注重礼仪教育，其宗旨是“以礼始、以礼终”，从而培养坚韧、忍耐、自立、自信的意志品质，养成礼让、谦逊、宽容的高尚品德。

三 课程内容

我们将跆拳道课程分为三个水平阶段进行教学：水平一（一、二年级）以简单的手部动作、实战站架、基本腿法为基础，以游戏比赛等方式提高学生的基本素质，以培养学生对跆拳道运动的兴趣以及良好的品德为重点；水平二（三、四年级）以步伐移动、常用腿法、实战的进攻与防守、组合腿法为重点，进一步掌握跆拳道的技术动作，同时了解相应的比赛规则；水平三（五、六年级）以实战为主，将学习到的技术动作融会贯通，做到在遵守比赛规则的情况下进行竞技比赛，同时学习旋转技术等高难度动作，使学生熟练掌握跆拳道的腿法技术和竞赛战术。课程计划及内容示例如下。

表 7-1-1　一年级跆拳道课程计划

<table>
<tr><th rowspan="2">学习目标</th><th colspan="2">学 习 内 容</th><th rowspan="2">课时(%)</th><th rowspan="2">教学要点</th></tr>
<tr><th>类 别</th><th>内　　容</th></tr>
<tr><td rowspan="6">1. 参与跆拳道基本技术学习，培养礼仪礼貌。
2. 体验跆拳道运动的乐趣。</td><td>礼仪</td><td>国旗礼、问候礼、交换礼</td><td>4(10)</td><td rowspan="6">1. 以情境教学法为主要教学方法。
2. 以游戏比赛培养学生对跆拳道的兴趣。</td></tr>
<tr><td>手部动作</td><td>马步冲拳、上中下格挡</td><td>8(20)</td></tr>
<tr><td rowspan="2">腿法及步伐</td><td>前脚前踢、前脚横踢、前脚下劈、前脚侧踢</td><td>16(40)</td></tr>
<tr><td>实战式站架、跳换步</td><td>8(20)</td></tr>
<tr><td>知识</td><td>跆拳道精神</td><td>4(10)</td></tr>
<tr><td>身体素质</td><td>柔韧性、爆发性、协调性、反应能力</td><td>——</td></tr>
</table>

表 7-1-2　一年级跆拳道教学课次内容示例

一年级上学期		一年级下学期	
课　次	主 要 内 容	课　次	主 要 内 容
第 1～2 课	礼仪课：国旗礼、问候礼、交换礼	第 1～2 课	礼仪课：国旗礼、问候礼、交换礼
第 3～4 课	知识课：跆拳道精神	第 3～4 课	知识课：如何正确使用器材
第 5～6 课	马步冲拳、下格挡	第 5～6 课	冲拳打靶、腿部防守
第 7～8 课	中格挡、上格挡	第 7～8 课	躯干防守、头部防守
第 9～10 课	实战站架、跳换步	第 9～10 课	双人实战式对跳
第 11～12 课	实战式、前脚前踢	第 11～12 课	实战式前脚前踢踢靶
第 13～14 课	跳换步、前脚横踢	第 13～14 课	实战式前脚横踢踢靶
第 15～16 课	前脚下劈、前脚侧踢	第 15～16 课	实战式前脚下劈踢靶
第 17～18 课	踢脚靶：前脚前踢、前脚横踢	第 17～18 课	实战式前脚侧踢踢靶
第 19～20 课	踢脚靶：前脚下劈踢、前脚侧踢	第 19～20 课	冲拳、腿法功力击破

表 7-1-3　二年级跆拳道课程计划

<table>
<tr><th rowspan="2">学习目标</th><th colspan="2">学　习　内　容</th><th rowspan="2">课时(%)</th><th rowspan="2">教学要点</th></tr>
<tr><th>类　别</th><th>内　　容</th></tr>
<tr><td rowspan="6">1. 学习步伐移动、基本腿法技术动作，培养距离感。
2. 体验跆拳道活动的乐趣。</td><td>礼仪</td><td>整理道服、系腰带</td><td>2(5)</td><td rowspan="6">1. 以运动竞赛法为主要教学方法。
2. 以游戏比赛培养学生对跆拳道的兴趣。</td></tr>
<tr><td>手部动作</td><td>弓步正拳、前行步中格挡</td><td>6(15)</td></tr>
<tr><td rowspan="2">腿法及步伐</td><td>后脚前踢、后脚横踢、后脚下劈</td><td>16(40)</td></tr>
<tr><td>上步、撤步、前滑步、后滑步</td><td>6(15)</td></tr>
<tr><td>品势</td><td>太极一章</td><td>10(25)</td></tr>
<tr><td>身体素质</td><td>柔韧性、爆发性、协调性、反应能力</td><td>——</td></tr>
</table>

表 7-1-4　二年级跆拳道教学课次内容示例

二年级上学期		二年级下学期	
课　次	主 要 内 容	课　次	主 要 内 容
第 1～2 课	整理道服、系腰带，原地弓步正拳	第 1～2 课	整理道服、系腰带，复习原地弓步正拳
第 3～4 课	行进间弓步正拳、前行步中格挡	第 3～4 课	复习行进间弓步正拳，前行步中格挡
第 5～6 课	行进间前、后滑步	第 5～6 课	行进间连续前、后滑步
第 7～8 课	行进间上步、撤步，后脚前踢	第 7～8 课	上步后脚横踢，前滑步后脚横踢
第 9～10 课	后脚横踢、后脚下劈	第 9～10 课	撤步后脚横踢，后滑步后脚横踢
第 11～12 课	行进间前脚横踢接后脚横踢	第 11～12 课	上步后脚下劈，前滑步后脚下劈
第 13～14 课	行进间前脚下劈接后脚下劈	第 13～14 课	撤步后脚下劈，后滑步后脚下劈
第 15～16 课	太极一章 1～10 个动作	第 15～16 课	复习太极一章 1～10 个动作

续　表

二年级上学期		二年级下学期	
课　次	主 要 内 容	课　次	主 要 内 容
第17～18课	太极一章11～18个动作	第17～18课	复习太极一章11～18个动作
第19～20课	太极一章完整练习，后脚腿法踢靶	第19～20课	太极一章完整练习，后脚腿法功力击破

表7-1-5　三年级跆拳道课程计划

学习目标	学　习　内　容		课时(%)	教学要点
	类　别	内　　容		
1. 品德表现优异，乐于进行跆拳道训练。 2. 初步掌握简单的腿法组合技术。 3. 培养主动进攻以及防守意识。	知识	竞技比赛规则、正确使用器材	2(5)	1. 情境教学法与比赛法相结合。 2. 注重学生实战意识的培养。 3. 注重学生技术运用的合理性。
	手部动作	正面防守、侧面防守、单手刀	6(15)	
	腿法及步伐	前脚高位横踢、后脚高位横踢、前脚接后脚组合动作、后脚接前脚组合动作、前脚连续动作、后脚连续动作	20(50)	
		二次前滑步、二次后滑步	2(5)	
	竞技	条件实战、实战	6(15)	
	品势	太极二、三章	4(10)	
	身体素质	柔韧性、灵敏性、协调性、平衡能力	——	

表7-1-6　三年级跆拳道课次内容示例

三年级上学期		三年级下学期	
课　次	主 要 内 容	课　次	主 要 内 容
第1～2课	竞技比赛规则、步伐练习	第1～2课	正确使用器材、步伐练习
第3～4课	前脚高位横踢、后脚高位横踢	第3～4课	前脚多次高位横踢、后脚多次高位横踢

续 表

三年级上学期		三年级下学期	
课 次	主要内容	课 次	主要内容
第5～6课	前脚下劈击头、后脚下劈击头	第5～6课	前脚多次横踢接后脚多次横踢
第7～8课	前脚横踢接后脚下劈、前脚横踢接后脚横踢	第7～8课	左右连续中位横踢、左右连续高位横踢
第9～10课	前脚横踢接后脚高位横踢、后脚横踢接前脚横踢	第9～10课	行进间前脚接后脚组合踢靶
第11～12课	后脚横踢接前脚高位横踢、后脚横踢接前脚下劈	第11～12课	行进间后脚接前脚组合踢靶
第13～14课	手部防守动作练习(正面、侧面)	第13～14课	手部防守动作练习(高位)
第15～16课	条件实战(一人进攻,一人防守)	第15～16课	条件实战(一个人中位,一人高位)
第17～18课	实战	第17～18课	实战
第19～20课	太极二章	第19～20课	单手刀、太极三章

表7-1-7 四年级跆拳道课程计划

学习目标	学习内容		课时(%)	教学要点
	类别	内容		
1. 品德表现优异,乐于进行跆拳道训练。 2. 初步掌握控腿技术,加强腿法组合技术。 3. 培养主动进攻以及防守意识。	德育与知识	日常行为习惯与赛场礼仪、竞技比赛规则	4(10)	1. 情境教学法与比赛法相结合。 2. 注重学生实战空间意识的培养。 3. 注重学生技术运用的合理性。
	手部动作	实战防守、双手刀	4(10)	
	腿法	控腿	8(20)	
		组合动作、近身动作	6(15)	
		进攻动作、反击动作	6(15)	
	竞技	条件实战、实战	8(20)	
	品势	太极四章	4(10)	
	身体素质	柔韧性、灵敏性、协调性、平衡能力		

表 7－1－8　四年级跆拳道课次内容示例

四年级上学期		四年级下学期	
课　次	主 要 内 容	课　次	主 要 内 容
第 1～2 课	日常行为习惯与赛场礼仪	第 1～2 课	竞技比赛规则、双手刀
第 3～4 课	原地推踢控腿、原地横踢控腿	第 3～4 课	前脚控腿接后脚横踢
第 5～6 课	原地下劈控腿、行进间两次控腿横踢	第 5～6 课	前脚控腿接后脚下劈
第 7～8 课	行进间两次控腿推踢	第 7～8 课	近身推接下劈、近身推接横踢
第 9～10 课	行进间控腿动作踢靶	第 9～10 课	防守、躲避后反击横踢
第 11～12 课	单脚组合动作踢靶	第 11～12 课	防守、躲避后反击推踢
第 13～14 课	双脚组合动作踢靶	第 13～14 课	条件实战（一方进攻，一方反击）
第 15～16 课	条件实战（一方进攻，一方防守）	第 15～16 课	太极四章
第 17～18 课	实战	第 17～18 课	竞技水平考核
第 19～20 课	竞技比赛（打分，判胜负）	第 19～20 课	品势水平考核

表 7－1－9　五年级跆拳道课程计划

学习目标	学 习 内 容		课时（%）	教学要点
	类　别	内　　容		
1. 品德表现优异，积极进行跆拳道训练。 2. 熟练掌握控腿技术，学习旋转动作，加强组合腿法技术的衔接。	德育与知识	集体荣誉、运动损伤处理、伤害预防	4(10)	1. 情境教学法与比赛法相结合。 2. 注重学生实战空间意识的培养。
	手部动作	弓步背拳接中格挡、弓步下格挡接中格挡	4(10)	
	腿法	后踢	2(5)	
		后旋	2(5)	

续 表

学习目标	学习内容		课时(%)	教学要点
	类别	内容		
3. 培养主动进攻以及防守意识。	腿法	破坏、迎击技术	4(10)	3. 注重学生技术运用的合理性。
		组合技术运用	10(25)	
	竞技	条件实战、实战	12(30)	
	品势	太极五章	2(5)	
	身体素质	柔韧性、灵敏性、协调性、平衡能力	——	

表 7-1-10　五年级跆拳道课次内容示例

五年级上学期		五年级下学期	
课次	主要内容	课次	主要内容
第 1～2 课	运动损伤处理、伤害预防	第 1～2 课	集体荣誉感、比赛录像分析
第 3～4 课	弓步背拳接中格挡	第 3～4 课	行进间组合腿法对抗
第 5～6 课	弓步下格挡接中格挡	第 5～6 课	行进间前脚组合腿法
第 7～8 课	后踢	第 7～8 课	行进间后脚组合腿法
第 9～10 课	后旋	第 9～10 课	前脚迎击技术
第 11～12 课	双护具前脚中位进攻接后脚中位进攻	第 11～12 课	前脚破坏技术
第 13～14 课	双护具前脚中位进攻接后脚高位进攻	第 13～14 课	条件实战(一人前脚进攻，一人破坏)
第 15～16 课	条件实战 (一人前脚进攻，一人转身动作)	第 15～16 课	条件实战 (一人进攻，一人迎击)
第 17～18 课	实战	第 17～18 课	实战
第 19～20 课	实战	第 19～20 课	太极五章

表 7-1-11　六年级跆拳道课程计划

<table>
<tr><th rowspan="2">学习目标</th><th colspan="2">学　习　内　容</th><th rowspan="2">课时(%)</th><th rowspan="2">教学要点</th></tr>
<tr><th>类　别</th><th>内　　容</th></tr>
<tr><td rowspan="10">1. 热爱跆拳道运动，积极主动进行跆拳道训练。
2. 熟练掌握各类腿法，学习战术，将技术与战术结合运用在实战里。
3. 培养敢于拼搏、坚持不懈的体育精神。</td><td>知识</td><td>竞技比赛裁判法</td><td>4(10)</td><td rowspan="10">1. 注重学生对不同技术动作的反应。
2. 注重学生对时机的把握，对空间距离的控制。
3. 注重学生对手法、身法、步伐的协调统一。</td></tr>
<tr><td>手部动作</td><td>实战拳法</td><td>4(10)</td></tr>
<tr><td rowspan="3">技术</td><td>旋风踢、双飞</td><td>4(10)</td></tr>
<tr><td>迎击技术</td><td>4(10)</td></tr>
<tr><td>控腿变换技术</td><td>4(10)</td></tr>
<tr><td>战术</td><td>边角战术、体力战术、抢分战术、规则战术</td><td>6(15)</td></tr>
<tr><td>竞技</td><td>条件实战、实战</td><td>12(30)</td></tr>
<tr><td>品势</td><td>太极六章</td><td>2(5)</td></tr>
<tr><td>身体素质</td><td>灵敏性、协调性、平衡能力、速度素质</td><td>——</td></tr>
</table>

表 7-1-12　六年级跆拳道课次内容示例

六年级上学期		六年级下学期	
课　次	主 要 内 容	课　次	主 要 内 容
第 1～2 课	竞技比赛裁判法(教学)	第 1～2 课	专项腿法练习
第 3～4 课	控腿推踢变横踢	第 3～4 课	迎击中位技术
第 5～6 课	控腿推踢变下劈	第 5～6 课	迎击高位技术
第 7～8 课	控腿横踢变下劈	第 7～8 课	体力战术
第 9～10 课	旋风踢	第 9～10 课	抢分战术
第 11～12 课	双飞	第 11～12 课	规则战术
第 13～14 课	前、后手拳技术	第 13～14 课	条件实战 (一人进攻，一人迎击)

续 表

六年级上学期		六年级下学期	
课 次	主 要 内 容	课 次	主 要 内 容
第 15～16 课	边角战术	第 15～16 课	实战
第 17～18 课	条件实战（一人边角，一人进攻）	第 17～18 课	竞技比赛裁判法（考核）
第 19～20 课	实战（裁判实操）	第 19～20 课	太极六章

四 课程实施

在当今社会，体育教育不仅仅是为了传授技能和锻炼身体，更重要的是培养学生的综合素养，如团队合作能力、自信心、竞争意识等。跆拳道作为一项注重礼仪和品德的运动，充分体现了体教融合，满足了当代体育发展的需求。

我们以“学—练—赛”的学习形式为基础，强调学生的主动参与和实践探究，让学生在亲身体验中掌握技能，提升素养。

1. 情境教学：在教学过程中，设计从简单到复杂的情境，让学生在模拟实战的环境中学习跆拳道技术；情境教学的方式增强了学生的学习兴趣，也促使学生在实践中更好地理解和掌握技能。

2. 因材施教：根据学生的自身特质和能力水平，实施分层、有针对性的教学模式；建立跆拳道梯队，着重发展学生的个性化需求；通过甄别学生的素质和兴趣倾向，将他们分为不同的教学组别，进行分层教学；给予针对性指导使每个学生都能在适合自己的教学环境中取得最佳进步，同时激发他们的学习动力和求胜欲望。

3. 以赛促练：在跆拳道的练习中，首要注重实战技术的应用。通过组织各种比赛和活动，让学生在竞技比赛中检验自己的学习成果，提升实战能力。教师在竞赛中及时给予指导与反馈，帮助学生发现自己的不足并改进。以赛促练不仅提升了学生的技能水平，也让他们在实践中培养了自信心和竞争意识。

同时，为了进一步激发学生的学习积极性和提升他们的核心素养，我们会组织以下各种类别的跆拳道比赛和活动。

1. 自编跆拳道操：鼓励学生发挥创造力，自行编排跆拳道操。这不仅锻炼了学生的身体协调能力，还培养了他们的创新思维和团队合作精神。学生在编排操的过程中，需要充分发挥想象力和创造力，同时也需要与团队成员密切合作，共同完成任务。

2. 班级品势比赛：组织班级间的品势竞赛，让学生在比赛中展示自己的技能和风采，有助于培养学生的竞争意识和集体荣誉感。在比赛中，学生需要充分发挥自己的技能水平，同时也需要与队友密切配合，共同为班级的荣誉而努力。

3. 个人腿法竞速比赛：为了提升学生的专项技术能力，我们组织了个人腿法竞速比赛，充分检验学生的技术水平和反应能力，同时也激发了他们的斗志和自信心。在比赛中，学生需要充分展示自己的技术实力，同时也要保持冷静和自信，应对各种突发情况。

通过以上比赛和活动的开展，落实课堂教会技能、课后勤练技能和平时常赛运用技能的三位一体的育人模式。学生在参与比赛和活动的过程中，不仅提升了自己的技能水平，还培养了自信心、竞争意识和团队协作能力等核心素养。同时，这些比赛和活动也为学生提供了一个展示自我、实现自我价值的舞台，让他们在实践中不断成长和进步。

五　课程评价

为了提高学生学习跆拳道的积极性，并帮助其了解自身水平，我们按年级制定了一系列的跆拳道课程考核评价标准，每学年进行检测，甄别出不同阶段、不同水平的学生，便于实施分层教学。考核评价标准及测试方法如下。

（一）一年级跆拳道考核项目与方法

表 7－1－13　一年级考核评价标准

等级	单项得分	身体素质		20 秒前脚横踢		手部动作	
		横、竖叉	立定跳远	男生（个）	女生（个）	马步冲拳	格　挡
A	100	0 厘米～1.9 厘米	1.6 米以上	25 以上	20 以上	技术正确、熟练、协调和规范，速度快	
	95	2 厘米～3.9 厘米	1.5 米～1.59 米	23～25	19～20		
	90	4 厘米～5.9 厘米	1.4 米～1.49 米	20～22	17～18		

续 表

等级	单项得分	身体素质		20 秒前脚横踢		手部动作	
		横、竖叉	立定跳远	男生(个)	女生(个)	马步冲拳	格 挡
B	85	6 厘米～7.9 厘米	1.3 米～1.39 米	18～19	15～16	技术较正确、熟练、协调和规范,速度较快	
	80	8 厘米～9.9 厘米	1.2 米～1.29 米	16～17	13～14		
C	75	10 厘米～11.9 厘米	1.0 米～1.09 米	13～15	11～12	技术基本正确和协调,动作完成质量基本较好	
	70	12 厘米以上	1 米以下	13 以下	11 以下		

1. 身体素质:横、竖叉,立定跳远

横、竖叉和立定跳远测试目的是测试学生柔韧、下肢爆发力。测试方法是考生在跆拳道垫子上,身体正直,髋正,腿直,膝关节不弯曲。双腿左右分叉,呈“一”字形,自力下压至最低限度。竖叉则左脚在前右脚在后。各项内容各测一次。立定跳远设立起跳点,考生在起跳点进行测试,每人三次,取最好成绩。

2. 技术考核:手部动作

马步冲拳及上、中、下格挡的测试目的是测试学生对技术动作的掌握程度以及上肢力量。测试方法是受测学生分四人一组,裁判喊口令,同时做出相应动作。

3. 技术考核:20 秒前脚横踢

20 秒前脚横踢的测试目的是测试学生对技术动作的掌握程度以及身体协调性。测试方法是受测学生分两人一组一脚靶,裁判发令时开始计时。一人测试一人拿靶数,每人测两次,取最好成绩。

(二) 二年级跆拳道考核项目与方法

1. 专项素质:20 秒原地左右抬膝

20 秒原地左右抬膝的测试目的是测试队员快速启动、身体协调的能力。测试方法是受测运动员分两人一组,裁判发令时开始计时,一人测试、一人数数,每人测两次,取最好成绩。

表 7-1-14　二年级考核评价标准

<table>
<tr><th rowspan="2">等级</th><th rowspan="2">单项得分</th><th colspan="2">20 秒原地左右抬膝</th><th colspan="2">腿法动作</th><th>品　势</th></tr>
<tr><th>男生(个)</th><th>女生(个)</th><th>后脚腿法</th><th>组合腿法</th><th>太极一章</th></tr>
<tr><td rowspan="3">A</td><td>100</td><td>35 以上</td><td>30 以上</td><td colspan="2" rowspan="3">技术正确、熟练、协调和规范,速度快</td><td rowspan="3">准确度高,动作熟练,表现力好</td></tr>
<tr><td>95</td><td>32～34</td><td>27～29</td></tr>
<tr><td>90</td><td>29～31</td><td>24～26</td></tr>
<tr><td rowspan="2">B</td><td>85</td><td>26～28</td><td>22～23</td><td colspan="2" rowspan="2">技术较正确、熟练、协调和规范,速度较快</td><td rowspan="2">准确度较高,动作较熟练,表现力较好</td></tr>
<tr><td>80</td><td>23～25</td><td>20～21</td></tr>
<tr><td rowspan="2">C</td><td>75</td><td>20～22</td><td>18～19</td><td colspan="2" rowspan="2">技术基本正确和协调,动作完成质量基本较好</td><td rowspan="2">动作基本正确,能完成全部动作</td></tr>
<tr><td>70</td><td>20 以下</td><td>18 以下</td></tr>
</table>

2. 技术考核:腿法动作

腿法动作的测试目的是测试学生是否能掌握腿法动作。测试方法是受测学生分四人一组,裁判喊口令,依次做:① 后脚前踢,② 后腿横踢,③ 后脚下劈,三个后脚动作;再依次做:① 前脚横踢—后脚横踢,② 前脚下劈—后脚下劈,完成以上两个组合动作。要求考生技术动作正确规范,身体协调,具备节奏感,每组动作完成后再进行下一组的动作。

3. 品势考核:太极一章

太极一章测试目的是测试学生是否掌握品势动作。测试方法是受测学生站立在场地中心,裁判喊口令,完成整套太极一章动作,要求受测学生姿势动作正确规范、熟练,有节奏感、有气势。

(三) 三年级跆拳道考核项目与方法

1. 专项素质考核:20 秒原地左右中位横踢

20 秒原地左右中位横踢的测试目的是测试队员脚踝力量、速度、耐力、身体协调的能力。测试方法是受测学生分两人一组,裁判发令时开始计时,一人测试、一人拿脚靶数数,每人测两次,取最好成绩。

表 7-1-15　三年级考核评价标准

<table>
<tr><th rowspan="2">等级</th><th rowspan="2">单项得分</th><th colspan="2">20 秒左右中位横踢</th><th colspan="2">腿法动作</th><th>品　势</th></tr>
<tr><th>男生(个)</th><th>女生(个)</th><th>高位腿法</th><th>组合腿法</th><th>太极二、三章</th></tr>
<tr><td rowspan="3">A</td><td>100</td><td>35 以上</td><td>30 以上</td><td colspan="2" rowspan="3">技术正确、熟练、协调和规范,速度快</td><td rowspan="3">准确度高,动作熟练,表现力好</td></tr>
<tr><td>95</td><td>32～34</td><td>27～29</td></tr>
<tr><td>90</td><td>29～31</td><td>24～26</td></tr>
<tr><td rowspan="2">B</td><td>85</td><td>26～28</td><td>22～23</td><td colspan="2" rowspan="2">技术较正确、熟练、协调和规范,速度较快</td><td rowspan="2">准确度较高,动作较熟练,表现力较好</td></tr>
<tr><td>80</td><td>23～25</td><td>20～21</td></tr>
<tr><td rowspan="2">C</td><td>75</td><td>20～22</td><td>18～19</td><td colspan="2" rowspan="2">技术基本正确和协调,动作完成质量基本较好</td><td rowspan="2">动作基本正确,能完成全部动作</td></tr>
<tr><td>70</td><td>20 以下</td><td>18 以下</td></tr>
</table>

2. 技术考核：腿法动作

腿法动作的测试目的是测试学生是否掌握所学的技术动作。测试方法是受测学生分四人一组,裁判喊口令,依次做：① 前脚高位横踢,② 后腿高位横踢;完成两个高位动作后,再依次做：① 前脚横踢—后脚高位横踢,② 后脚横踢—前脚高位横踢,③ 前脚高位横踢—后脚横踢,④ 前脚高位横踢—后脚高位横踢,完成以上四个组合动作。要求考生技术动作正确规范、身体协调,具有节奏感,每组动作完成后再进行下一组的动作。

3. 品势考核：太极二、三章

太极二、三章的测试目的是测试学生是否掌握品势动作。测试方法是受测学生站立在场地中心,裁判喊口令,依次完成整套太极二、三章动作,要求受测学生姿势动作正确规范、熟练,有节奏感、有气势。

(四) 四年级跆拳道考核项目与方法

1. 专项素质考核：20 秒中位连续横踢控腿

20 秒中位连续横踢控腿的测试目的是测试队员脚踝力量、速度、耐力、身体协调的能力。测试方法是受测学生分两人一组,裁判发令时开始计时,一人测试、一人拿脚靶数数,每人左右脚各测两次,取最好成绩。

表 7-1-16　四年级考核评价标准

等级	单项得分	20 秒中位连续横踢控腿		竞　技	品　势
		男生(个)	女生(个)	实　战	太极四章
A	100	30 以上	27 以上	礼仪规范,精神状态好,勇猛顽强;进攻积极主动,防守动作到位,反击快速、及时,击打目标准确、有力度,技术正确、熟练、协调和规范;临场应变能力强,进攻、防守、反击意识明确	准确度高,动作熟练,表现力好
	95	27～29	24～26		
	90	24～26	21～23		
B	85	22～23	19～20	礼仪较规范,精神状态良好;进攻较积极主动,防守动作较到位,击打目标较准确且有一定力度,技术较正确、熟练、协调和规范;临场应变能力较强;进攻、防守、反击意识较明确	准确度较高、动作较熟练、表现力较好
	80	20～21	17～18		
C	75	18～19	15～16	礼仪基本规范;有主动进攻,防守或反击动作基本到位,击打目标基本准确但力度小,技术基本正确和协调;临场应变能力一般	动作基本正确,能完成全部动作
	70	18 以下	15 以下		

2. 竞技考核:实战

实战的测试目的是测试学生是否能把所学技术运用在实战中。测试方法是按测试学生的体重随机配对进行实战竞赛,配对测试的学生体重一般相差不超过 2 千克(特殊情况除外)。在跆拳道垫上进行实战,时间为 1 分钟一局,共两局,同时对两人进行评分。若双方实力悬殊,为保护受测学生,裁判可提前终止实战。

3. 品势考核:太极四章

太极四章的测试目的是测试学生是否掌握品势动作。测试方法是受测学生站立在场地中心,裁判喊口令,完成整套太极四章动作,要求受测学生姿势动作正确规范、熟练,有节奏感、有气势。

（五）五年级跆拳道考核项目与方法

表 7-1-17　五年级考核评价标准

<table>
<tr><th rowspan="2">等级</th><th rowspan="2">单项得分</th><th colspan="2">20 秒高位左右横踢</th><th>竞　技</th><th>品　势</th></tr>
<tr><th>男生(个)</th><th>女生(个)</th><th>实　战</th><th>太极五章</th></tr>
<tr><td rowspan="3">A</td><td>100</td><td>35 以上</td><td>30 以上</td><td rowspan="3">礼仪规范，精神状态好，勇猛顽强；进攻积极主动，防守动作到位，反击快速、及时，击打目标准确、有力度，技术正确、熟练、协调和规范；临场应变能力强，进攻、防守、反击意识明确</td><td rowspan="3">准确度高，动作熟练，表现力好</td></tr>
<tr><td>95</td><td>32～34</td><td>27～29</td></tr>
<tr><td>90</td><td>29～31</td><td>24～26</td></tr>
<tr><td rowspan="2">B</td><td>85</td><td>26～28</td><td>22～23</td><td rowspan="2">礼仪较规范，精神状态良好；进攻较积极主动，防守动作较到位，击打目标较准确且有一定力度，技术较正确、熟练、协调和规范；临场应变能力较强；进攻、防守、反击意识较明确</td><td rowspan="2">准确度较高，动作较熟练，表现力较好</td></tr>
<tr><td>80</td><td>23～25</td><td>20～21</td></tr>
<tr><td rowspan="2">C</td><td>75</td><td>20～22</td><td>18～19</td><td rowspan="2">礼仪基本规范；有主动进攻，防守或反击动作基本到位，击打目标基本准确但力度小，技术基本正确和协调；临场应变能力一般</td><td rowspan="2">动作基本正确，能完成全部动作</td></tr>
<tr><td>70</td><td>20 以下</td><td>18 以下</td></tr>
</table>

1. 专项素质考核：20 秒高位连续左右横踢

20 秒高位连续左右横踢的测试目的是测试队员脚踝力量、速度、耐力、柔韧、身体协调的能力。测试方法是受测学生分两人一组，在 20 秒规定时间内使用高横踢技术连续击打脚靶(左右腿交替进行)。裁判发令时开始计时，一人测试、一人拿脚靶数数，每人测两次，取最好成绩。每个技术动作须动作路线正确、步法灵活、动作连贯、速度快、力量足、有气势、击打准确及效果明显，方被视为有效击打。

2. 竞技考核：实战

实战的测试目的是测试学生是否能把所学技术运用在实战中。测试方法是按测试学生体重随机配对进行实战，配对的测试运动员体重一般相差不超过 2 千克(特殊情况除外)。在跆拳道垫子上进行实战，时间为 1 分钟一局，采取三局两胜制，每局中间休息 30 秒，同时对两人进行打分。若双方实力悬殊，为保护受测学生，裁判可提前终止实战。

3. 品势考核：太极五章

太极五章的测试目的是测试学生是否掌握品势动作。测试方法是受测学生站立在场地中心，裁判喊口令，完成整套太极五章动作，要求受测学生姿势动作正确规范、熟练，有节奏感、有气势。

(六) 六年级跆拳道考核项目与方法

表 7-1-18　六年级考核评价标准

<table>
<tr><th rowspan="2">等级</th><th rowspan="2">单项得分</th><th colspan="2">20 秒双飞踢</th><th>竞　技</th><th>品　势</th></tr>
<tr><th>男生(个)</th><th>女生(个)</th><th>实　战</th><th>太极六章</th></tr>
<tr><td rowspan="3">A</td><td>100</td><td>45 以上</td><td>42 以上</td><td rowspan="3">礼仪规范，精神状态好，勇猛顽强；进攻积极主动，防守动作到位，反击快速、及时，击打目标准确、有力度，技术正确、熟练、协调和规范；临场应变能力强，进攻、防守、反击意识明确</td><td rowspan="3">准确度高，动作熟练，表现力好</td></tr>
<tr><td>95</td><td>40～44</td><td>38～41</td></tr>
<tr><td>90</td><td>37～39</td><td>34～37</td></tr>
<tr><td rowspan="2">B</td><td>85</td><td>33～36</td><td>30～33</td><td rowspan="2">礼仪较规范，精神状态良好；进攻较积极主动，防守动作较到位，击打目标较准确且有一定力度，技术较正确、熟练、协调和规范；临场应变能力较强；进攻、防守、反击意识较明确</td><td rowspan="2">准确度较高，动作较熟练，表现力较好</td></tr>
<tr><td>80</td><td>29～32</td><td>26～29</td></tr>
<tr><td rowspan="2">C</td><td>75</td><td>25～28</td><td>22～25</td><td rowspan="2">礼仪基本规范；有主动进攻，防守或反击动作基本到位，击打目标基本准确但力度小，技术基本正确和协调；临场应变能力一般</td><td rowspan="2">动作基本正确，能完成全部动作</td></tr>
<tr><td>70</td><td>25 以下</td><td>22 以下</td></tr>
</table>

1. 专项素质考核：20 秒双飞踢

20 秒双飞踢的测试目的是测试队员脚踝力量、速度、耐力、柔韧、身体协调的能力。测试方法是受测学生分两人一组，一人测试、一人扶沙包，在 20 秒规定时间内使用双飞踢技术连续击打沙包，两脚不可同时着地，准确、有力且符合双飞踢技术标准的击打，方被视为有效击打，击打高度为受测学生腰部高度。

2. 竞技考核：实战

实战的测试目的是测试学生是否能把所学技术运用在实战中。测试方法是按测试学生的体重随机配对进行实战竞赛，配对测试的学生体重一般相差不超过 2 千克（特殊情况除外）。在跆拳道垫子上进行实战，时间为 1 分 30 秒一局，采取三局两胜制，每局中间休息 30 秒，同时对两人进行打分。若双方实力悬殊，为保护受测学生，裁判可提前终止实战。

3. 品势考核：太极六章

太极六章的测试目的是测试学生是否掌握品势动作。测试方法是受测学生站立在场地中心，裁判喊口令，完成整套太极六章动作，要求受测学生姿势动作正确规范、熟练，有节奏感、有气势。

（撰稿者：深圳市坪山区景园外国语学校　白奕程）

第二节　定向人生，越野不停

光祖中学始建于1906年，学校前身为光祖学堂，系由南洋爱国华侨捐资，仿上海南洋公学（今上海交通大学）中院兴建的一所当时全国首屈一指的新型学堂，开南粤近代教育的先河。目前学校为一所中等规模的省一级初级中学。校园占地近6万平方米，建筑面积2万平方米，绿化面积约占40%。学校教育教学设施设备按照省一级标准配置，配有足球场、篮球运动场、网球场、羽毛球场、乒乓球场等运动设施设备，学校紧跟《中小学健康教育指导纲要》相关要求，积极开展贴近自然、参与户外、具有挑战性的体育运动，为学生今后的“生存、生命、生活”保驾护航。在坪山区“悦”动体育品质课程的引领下，坪山区光祖中学将定向越野项目积极引入校园，打造定向越野高品质课程。定向越野作为一项新兴体育运动，其独有的运动形式不仅为学生提供了多样化的学习环境，同时也激发了学生创新的思维能力和实践能力，因此定向越野特色课程教学在培养学生创新能力方面具有独特的优势。

一　背景和理念

目前，比较落后的体育教学观念和“广、浅、旧”的教学内容制约着体育教学的发展。从教学观念来看，一直以来教师是体育教学的中心，而学生的主体地位却遭到忽视，长此以往，中学体育课堂长久被上述观念制约，严重影响其教学质量发展。随着时间的推移，体育课失去了其原本轻松、和谐、快乐的游戏属性，学生也产生了一种怕体育、讨厌体育活动的心理，学生参与体育活动的人数也在下降。从教学内容角度看，第一个问题是“广”，大量的运动技能的学习，造成了学习“广”而不“精”，导致很多学生一项运动技能也没能掌握。其次是“浅”，广泛的灌输式教授运动技能，导致学生学习技能只停留在技术动作的表层，不能够对技术技能进行深入学习，且学习时动作技术难度相对较低，缺乏对动作技术的认识和在实践中运用技术的能力，造成了实用性不强。最后是“旧”，中小学运动项目过于传统和简单，很多教学内容重复使用了多年，有些已不符合当今社会的发展趋势，更不符合现代学生的情感取向，这就使学生对体育课产生了厌倦心理，从而对体育课堂、体育活动失去了兴趣。

2022 年 3 月 25 日教育部发布了《关于印发义务教育课程方案和课程标准(2022 年版)的通知》(以下简称《通知》)，该通知进一步明确了义务教育阶段各个课程在中小学教学活动中的规范和要求。在核心素养培养理念的背景下，每个学段的教学内容也在紧跟步伐，不断地创造新内容、新方法。在《通知》中，除体育外，还有多门学科提到定向越野，从中可以看出定向越野课程不仅仅只有运动竞赛这一个属性，还具有多学科融合的特色，这对于中学生综合素质能力的全面提升具有积极的促进作用。

二　课程目标

(一) 总体目标

为了全面贯彻党的教育方针，促进学生身心健康发展，以《中共中央国务院关于深化教育改革全面推进素质教育的决定》和《中小学健康教育指导纲要》的精神为指导思想，根据社会发展的需要，为了更加有效地增进学生健康和增强学生体质，定向越野课程以提高学生的心理健康与心理素质水平，促进学生的身心素质全面发展为目标。课程致力于为学生的终身体育锻炼打下一个良好的体育基础，培养学生终身体育意识、终身体育兴趣、终身体育习惯及终身体育能力。

(二) 具体目标(支撑课程目标)

表 7-2-1　课程具体目标

序号	课程具体目标	所支撑的毕业要求指标点	贡献度
1	素质知识目标	贯彻党和国家的各项方针政策，具有正确的人生观、价值观和世界观，具有良好的道德修养、职业素养、法制意识和社会责任感，具有良好的心理素质和健康的体魄。	H
2	基本知识目标	拥有健康的体魄，掌握并运用保持身体健康的体育锻炼方法；具有较强的自我控制、良好的心理素质和自我调节能力。	M

续　表

序号	课程具体目标	所支撑的毕业要求指标点	贡献度
3	体育项目技能学习目标	具备高尚的道德文化素养，具备良好的社会责任感，具备国际化视野及创新精神。	H
		具有良好的表达能力，掌握沟通和自我展示的技巧；具有适应挫折和压力的心理素质；具有自主学习和终身学习的意识。	H
4	体育优良作风培养目标	能够担任多种角色，在不同场合和人群中可以担任起重担。	M
		具备广博的知识，具备职业行为规范和职业道德，具备良好的沟通、维持人际关系的团队合作能力与创新能力，具有吃苦耐劳与敬业精神，具备人文关怀精神。	M
5	体育锻炼习惯培养目标	具有创新性学习和终身学习的意识，有自主学习和适应发展的能力。	M

备注："H"表示高贡献度，"M"表示中等贡献度，"L"表示低贡献度。

(三) 本课程教学目标

1. 通过定向越野课程学习，使学生了解定向越野的基本知识、基本技能，进一步丰富体育教学内容和形式；学生有能力参与多样化的定向比赛，并且能够体验比赛的全过程，并获得成就感，养成终身体育意识。

2. 提高学生对体育活动的学习兴趣和参与积极性；提高学生的心理素质、身体素质、团队配合能力；通过多样化的定向越野比赛，提升学生面对困难和挑战困难的信心，使学生变得更乐于挑战自我。

3. 通过定向越野课程的学习，提高学生的体力水平，提高学生在高压环境中冷静思考的能力，充分发挥学生的主观能动性，为学生个性化、多元化发展创造良好条件，为学生的健康成长奠定良好基础。

三 课程内容

(一) 理论教学内容及学时分配

表 7-2-2 理论教学内容与学时分配

知识单元	知识点	教学要求	学时	支撑课程目标
体质健康测试	1. 《体质健康测试》的重要性和必要性； 2. 测试项目介绍； 3. 测试项目成绩标准解读。	1. 《体质健康测试》相关政策和文件精神知识解读； 2. 掌握测试项目及各测试项目提高的方法和技巧； 3. 了解和掌握各测试项目成绩标准，对照自身情况加以锻炼和提高。	1	1、5
定向越野基本理论知识与课堂常规	1. 定向越野的起源与发展； 2. 定向越野的定义、分类、锻炼价值； 3. 定向越野安全教育； 4. 定向越野运动损伤与预防； 5. 教学目标、要求与考核方式。	1. 了解定向越野的基本知识； 2. 了解本课程学习目的、任务、要求及考核方法，通过互动交流激发学生学习的兴趣。	2	2、3
	定向越野课程课堂常规及课程基本要求	1. 体育课着装要求； 2. 定向越野电子器材使用说明和使用要求； 3. 考勤管理办法讲解； 4. 期末考试及相关要求讲解。		2、4
定向越野路线设计	1. 制图技术规范； 2. 制图软件 OCAD 基本操作； 3. 路线设计的原则； 4. 路线的基本形式。	1. 掌握制图软件 OCAD 的基本操作； 2. 明确定向路线设计原则。	4	2、3

（二）实践教学内容及学时分配

表 7-2-3　实践教学内容及学时分配

序号	实践项目名称	学时	类型	实践内容及要求	支撑课程目标
1	定向越野设备与器材使用	2	综合性	内容：1. 定向越野地图、地貌、地物、图例、检查点说明符号；2. 定向电子器材使用与注意事项；3. 指北针使用方法。 要求：1. 了解定向越野基本器材包括指卡、点签器、地图中的图例等信息；2. 学会使用定向越野打点器材，掌握定向越野地图中的图例说明与检查点说明对照实地实物技术，以及增强身体素质练习技能。	2、3
2	小区域定向体验（定向迷宫或接力）	2	综合性	内容：选择校园的某一区域开展定向，锻炼学生识图与跑图能力。 要求：1. 体验定向电子器材的使用，为定向跑图设备使用做好准备；2. 从完整地图中选择区域地图，进行小区域练习，初步掌握识图用图；3. 增强对定向越野的兴趣，能够完成地图中规定的路线。	2、3、4、5
3	定向与定位技术	2	综合性	内容：1. 标定地图、确定站立点、标定方向；2. 定向"人转图不转"技巧。 要求：1. 了解标定地图、确定站立点、标定方向的意义及做法，了解定向变向中"人转图不转"技巧；2. 增强自信心，培养定向越野兴趣爱好。	2、3、4、5
4	依地图行进技能	4	综合性	内容：1. "折图"技术；2. "拇指辅行"技术；3. "提前读图"技术；4. 沿地貌行进。 要求：1. 了解定向变向中"折图"技术、"拇指辅行"技术、"提前读图"与沿地貌行进的方法；2. 在定向练习中增强"折图"技术、"拇指辅行"技术、"提前读图"与沿地貌行进等技术的实践运用；3. 增强跑图信心，培养定向越野兴趣爱好，提升与同学参与快乐体育的认识。	2、3、4、5

续　表

序号	实践项目名称	学时	类型	实践内容及要求	支撑课程目标
5	定向行进技巧	2	综合性	内容：1. 借线法行进；2. 借点法行进；3. 水平位移行进；4. 提前绕行法行进。 要求：1. 了解定向越野快速行进的方法；2. 在定向练习中增强快速行进技术的实践运用；3. 在学习的过程中，通过自己努力最终打卡成功，获得成功的体验和对项目的成就感，进而提高对运动的兴趣。	2、3、4、5
6	定向路线选择	3	综合性	内容：1. “有路不越野”原则；2. “选近不选远”原则；3. “统观全局，提前绕”原则；4. “依线又依点”原则。 要求：1. 明确定向越野路线选择的标准与原则；2. 通过跑图练习，在跑图中运用路线选择的原则；3. 通过学习增强信心，提高对跑图路线选择的整体认识，提高参与快乐体育的运动兴趣。	2、3、4、5
7	定向检查点捕捉	2	综合性	内容：1. 定点攻击法；2. 提前偏差法；3. 距离定点法；4. 地貌分析法。 要求：1. 明确定向越野捕捉检查点要求与方法；2. 通过跑图练习，了解在跑图中捕捉检查点方法；3. 通过学习增强信心，提高对跑图中捕捉检查点方法实践运用，提高参与快乐体育的运动兴趣。	2、3、4、5
8	校园定向赛	10	综合性	内容：1. 短距离定向赛；2. 中距离定向赛；3. 积分定向赛；4. 百米定向赛。 要求：1. 通过不同的赛制，熟练各赛制的比赛操作流程；2. 在各种不同类型的定向赛事中，巩固定向基本技能；3. 通过不同形式的定向比赛，激发参与定向运动的兴趣，培养自身面对不同线路克服困难、顽强拼搏的优良作风。	3、4、5
9	期末考试	2	综合性	内容：1. 校园定向赛考核学生对定向越野基本技术的运用能力及定向路线完成情况；要求在最短的时间内，按照点的顺序依次到达检查点，完成路线，确保打点准确，电子系统显示成绩有效；2. 男生 1 000 米，女生 800 米测试。	2、3、4

四 课程实施

(一) 课堂教学类型

根据定向课程教学的实际情况和课堂教学类型,把定向课的教学类型分为了理论课、讨论课、演示课、练习课、比赛课、评价课、考核课等几种形式。

理论课程是定向越野理论知识教育的主要教学形式。与多媒体技术相结合是理论课程教学的一大特色,这样会使定向教学内容更加直观和具有可观赏性。讨论课是指小组成员之间就定向越野技术方面进行交流和讨论,通过总结、讨论,解决小组成员反映的各种问题,加深学生对定向越野技术技能的理解。演示课通过观看定向越野基本技术的录像和演示,借助多媒体技术,通过直观地观看技术动作,促进学生学习,且使其对于技术的理解也更加深刻。比赛课程指学生通过定向越野比赛来检验自身的学习效果,学生运用自己已学习到的定向越野知识和技术,以及在比赛压力驱动下来进行比赛,同时在比赛中体验、感悟定向越野这项运动。评价课是教师通过评价学生解答情况或理论测试等形式,获取对课程的各种反馈信息。考核课是策划定向越野相关的测试,来考查学生的水平。

(二) 课堂教学方法

在教学方法的选择上,一是考虑到学校和学生的情况,采用了传统教学中所用的讲解法、直观教学法等方法;二是根据定向越野教学的实际需求,还采用了领会教学法、任务导向教学法、表象教学法等多种教学方法相结合的方式进行授课。领会教学法是学生通过自己的认知,领会运动技能的方法。日常教学中,在技术动作学习初期,为了使学生更好地接纳新的技术动作常用此方法,可以帮助学生建立完整的技术动作认知结构。先让学生自己完成简单的任务,在头脑中形成简单的定向认识,激发学习兴趣;在完成较低难度的学习任务后,教师进一步进行说明,更加深入地指出应该注意的内容,逐步加深学生的理解,学生在这种层层递进的学习中提高对此项运动的认知。

任务导向教学法以教学目标为参照,根据学生的个体差异来制定任务和完成任务,以完成任务为最终目标,引导学生自己思考问题、自己解决问题的方式;完成老师设置的每个任务,在任务完成的同时教学内容也就完成了。

表象教学法使用简洁的语言、图画、多媒体和动作演示来实现表象训练，学生在运动练习的初期阶段，首先要构建正确的运动表象。学生通过观看图画、动作展示视频，可以在视觉上形成完整的技术动作表象，并可以模仿观看到的表象进行表象训练。在训练中，讲解完技术动作之后，鼓励学生在自己的头脑中构建所观察过的技术动作，并要求学生用自己的语言表达出所构建的技术动作的结构要点和注意事项。教师要提醒学生正确的技术动作，杜绝错误技术动作。最后让学生根据自己所看到的技术，在脑海中形成技术动作的基本概况，通过老师的提醒与帮助，经过多次技术动作的实践练习，最终形成肌肉运动的表象。

（三）课程实施

本课程以构建学生正确的技术动作为导向，从整体动作技术入手，并结合初中生自身的身心特点，在七年级以特色校本课程进行普及化教学，力求学生掌握定向越野基本技术，可以准确做到辨别方向，并准确识图打卡；八年级以社团课进行专门化教学，力求学生用更多的识图越野技巧参与到比赛中；九年级则以发展基本素质为主，结合中考内容，在学生熟练掌握定向越野技术后，以趣味、有难度的路线设计来提高他们的耐力水平。

五　课程评价

表 7-2-4　课程评价表

考核项目	考　核　要　求	总比例	支撑课程目标
期末考试（50%）	校园定向赛考核学生对定向越野基本技术的运用能力及定向路线完成情况。要求在最短的时间内，按照点的顺序依次到达检查点，完成路线，确保打点准确，电子系统显示成绩有效。	50%	3、4
平时成绩（30%）	考勤	10%	4
	成绩进步幅度	10%	2
	课堂表现	10%	3

续 表

考核项目	考 核 要 求	总比例	支撑课程目标
身体素质（20%）	七年级：国家体质健康测试成绩	20%	1
	八年级：国家体质健康测试成绩	10%	1、5
	九年级：国家体质健康测试成绩	10%	1、5

注：其中八、九年级身体素质部分以国家体质测试和专项测试（男：1 000 米；女：800 米）为考核要求，分别按10%占比计算成绩。

六 课程特点

（一）运动项目的新颖性提高了学生体育学习的兴趣

兴趣作为一种积极的心理倾向，是非智力结构中最现实、最活跃的组成部分，它影响着学生的学习情绪和学习效果。定向越野的活动空间具有开放性，场地制约的影响较小，更加贴近自然和生活。因此定向越野有别于大多数竞技体育项目，其更具有趣味性和新颖性，能满足学生对自然知识的好奇、向往和渴望，这也是能够培养学生体育学习兴趣的原因之一。

（二）多元化的学习形式拓展了学生参与体育活动的空间

传统的体育课程以课堂教学为主，然而在课外学生很难获得系统的、有计划的指导。定向越野课内外结合的教学模式为学生提供了丰富的学习形式。定向越野可以在校园、公园等多地域开展，为学生拓展了学习形式和空间。定向越野组织方便快捷，参与人数受限较小，为学生参与体育活动提供了保障。

（三）定向越野项目的特性有效促进了学生身体素质的提高

随着学校体育课程改革的实施，学生对体育课程学习的兴趣也与日俱增，进而不同程度地提高了学生的身体素质。定向越野的运动属性在培养学生耐力素质方面具有独特的作用。定向越野区别于跑步类项目简单、重复的运动形式，将枯燥的跑步转变为自然、有趣的跑步活动，学生在一种轻松自然的环境中奔跑，承担一定的运动负荷，促进运动功能发展，特别是有氧耐力得到大幅度提高。

（撰稿者：光祖中学　常梦云）

第八章

新兴运动项目

射箭、跑酷、匹克球、棒垒球、轮滑运动等新兴运动项目逐渐受到广大青少年的青睐，并逐步在校园内开展，具有特别的育人功能。

第一节　敢挽桑弓射玉衡

锦龙小学于2019年9月正式开办，是坪山区高标准、高起点建设的一所区属公办小学。现有40个教学班，教职工119人。学校坚持“健康第一”教育理念和“以体载德”“以体育美”“以体促劳”“以体筑智”育人理念，为每一棵小树撑起梦想的天空。

射箭作为我国民族传统体育项目，是我国优秀传统文化的重要载体之一，射箭运动不仅可以对学生进行德育教育，还可以促进学生身心健康发展。射箭项目的开展是对传统射箭进行保护的一种重要手段，也是对传统文化的传承和发扬。坪山区锦龙小学依据学校实际情况建造射箭运动场地，引进优秀的专业射箭团队教练，从小学一年级开始开设射箭课程，让射箭项目普及化，做到学生在小学阶段可以完成射箭项目的大众水平考核，做到人人会射箭，人人懂射箭。

一　背景和理念

传统射箭是我国具有深厚历史内涵的传统体育项目，拥有极深的文化意蕴，其本身在文化属性、健身性、娱乐性、教育性等方面都有着良好的表现。随着我国经济发展，国家强大，传统文化复兴的浪潮兴起，传统射箭作为我国优秀的传统文化，在宣传、管理、推广等方面应当得到重视。射箭一直是中华民族传统体育的领头项目，也是中华优秀传统文化不可或缺的重要组成部分。因此推动传统射箭项目的传承与发展是政策所指、大势所趋。新课标明确指出中华传统体育不仅有育人价值，更在培养学生的中华民族认同感、文化自信等方面有着重要的教育作用，传统体育的学习有利于帮助学生形成对中华优秀传统文化的认同，有利于增强民族自信和民族自豪感。

二　课程目标

射箭项目的课程总目标是学生学会射箭基本技术动作，提高运动能力，懂得射箭比赛规则和训练方式，理解体育锻炼对健康的重要性，形成良好的生活方式，可以参加基本的比赛，主动积极参加体育活动，养成良好的运动习惯。

1. 运动能力目标：发展力量、耐力、平衡等运动能力；培养拉弓准确射远的运动技能，初步掌握射箭的技术动作；可以参加简单的比赛。

2. 健康行为目标：树立正确运动的意识，科学地进行体育锻炼。

3. 体育品德目标：培养顽强拼搏、永不言弃的体育精神；自信自强，认真对待比赛的体育品格；遵守比赛规则、尊重对手，认真对待比赛的体育道德品质。

三 课程内容

射箭课程1～6年级的安排基于学生的身心发展特点。一、二年级的学生注意力集中时间不长，喜欢有趣的体育游戏，所以一、二年级阶段以学生兴趣引导为主，学习掌握基本的射箭知识、站立的方法和基本要求；三、四年级学生处于生长发育的旺盛阶段，是全面提高身体素质和掌握基本技术的良好时期，这个阶段的学习以搭箭、推弓、勾弦、转头为主要学习内容；五、六年级已进入小学高年级阶段，学生正处在提高身体素质、提高运动能力的敏感期，同时也是学习掌握基本动作技术的最好时期，这个阶段的学习内容是举弓、开弓、靠位、瞄准、持续用力、撒放、动作暂定、收势。

(一) 一、二年级射箭课程计划及内容安排

表8-1-1 一、二年级射箭课程计划

学习目标	学习内容		课时(%)	教学要点
	类别	内容		
1. 参与射箭游戏和比赛，培养兴趣。 2. 学习射箭的基本站姿。	游戏比赛	射箭游戏	4(50)	1. 以游戏法为主要教学方法。 2. 以游戏比赛培养学生对射箭的兴趣。
	技术	射箭的基本站立要求	2(25)	
	知识	射箭的起源	2(25)	
	身体素质	柔韧性、灵敏性、协调性、反应能力	——	

表 8-1-2　一、二年级射箭教学课次内容示例

一年级		二年级	
课　次	主 要 内 容	课　次	主 要 内 容
第 1～2 课	认识射箭和射箭的作用	第 1～2 课	射箭的构成
第 3～4 课	射箭游戏	第 3～4 课	体验古代射箭
第 5～6 课	射箭游戏	第 5～6 课	射箭游戏
第 7～8 课	射箭基础：站立	第 7～8 课	射箭站立方法与要求

（二）三年级射箭课程计划及内容安排

表 8-1-3　三年级射箭课程计划

<table>
<tr><th rowspan="2">学习目标</th><th colspan="2">学　习　内　容</th><th rowspan="2">课时(%)</th><th rowspan="2">教学要点</th></tr>
<tr><th>类　别</th><th>内　　容</th></tr>
<tr><td rowspan="5">1. 学习掌握搭箭、推弓技术动作。
2. 培养传统文化意识，增强民族自信。</td><td>游戏比赛</td><td>射箭游戏</td><td>2(12.5)</td><td rowspan="5">1. 游戏法与比赛法相结合。
2. 注重学生传统文化意识培养。
3. 注重学生技术运用的合理性。</td></tr>
<tr><td rowspan="2">技术</td><td>搭箭</td><td>6(37.5)</td></tr>
<tr><td>推弓</td><td>6(37.5)</td></tr>
<tr><td>知识</td><td>射箭的发展与现状</td><td>2(12.5)</td></tr>
<tr><td>身体素质</td><td>柔韧性、灵敏性、协调性、平衡能力</td><td>——</td></tr>
</table>

表 8-1-4　三年级射箭课次内容示例

三年级上学期		三年级下学期	
课　次	主 要 内 容	课　次	主 要 内 容
第 1～2 课	射箭游戏	第 1～2 课	射箭游戏
第 3～4 课	搭箭方法的学习	第 3～4 课	推弓技术学习
第 5～6 课	搭箭方法的运用	第 5～6 课	推弓技术运用
第 7～8 课	射箭的现状	第 7～8 课	射箭的发展

(三) 四年级射箭课程计划及内容安排

表 8-1-5　四年级射箭课程计划

学习目标	学习内容		课时(%)	教学要点
	类别	内容		
1. 学习掌握勾弦、转头技术动作。 2. 培养射箭比赛规则意识。	游戏比赛	射箭游戏	2(12.5)	1. 游戏法与比赛法相结合。 2. 注重学生传统文化意识培养。 3. 注重学生技术运用的合理性。
	技术	勾弦	6(37.5)	
		转头	6(37.5)	
	知识	射箭的比赛类别和比赛规则	2(12.5)	
	身体素质	柔韧性、灵敏性、协调性、平衡能力	——	

表 8-1-6　四年级射箭课次内容示例

四年级上学期		四年级下学期	
课　次	主要内容	课　次	主要内容
第 1～2 课	射箭游戏	第 1～2 课	射箭游戏
第 3～4 课	勾弦方法的学习	第 3～4 课	转头动作学习
第 5～6 课	勾弦方法的运用	第 5～6 课	技术组合学习
第 7～8 课	射箭的比赛介绍	第 7～8 课	射箭比赛规则

(四) 五年级射箭课程计划及内容安排

表 8-1-7　五年级射箭课程计划

学习目标	学习内容		课时(%)	教学要点
	类别	内容		
	专项体能	力量耐力、平衡能力	2(12.5)	
	技术	举弓	2(12.5)	
		开弓	3(18.75)	

续 表

学习目标	学习内容		课时(%)	教学要点
	类别	内容		
1. 学习掌握举弓、开弓、靠位、瞄准、收势技术动作。 2. 培养自信自强的体育精神。	技术	靠位	2(12.5)	1. 游戏法与比赛法相结合。 2. 注重学生传统文化意识培养。 3. 注重学生技术运用的合理性。
		瞄准	3(18.75)	
		收势	2(12.5)	
	比赛	射箭比赛规则	2(12.5)	
	身体素质	柔韧性、灵敏性、协调性、平衡能力	——	

表 8-1-8　五年级射箭课次内容示例

五年级上学期		五年级下学期	
课　次	主要内容	课　次	主要内容
第 1 课	专项体能	第 1 课	专项体能
第 2 课	举弓技术的学习	第 2 课	瞄准技术的学习
第 3 课	举弓技术的运用	第 3 课	瞄准技术的运用
第 4 课	开弓技术的学习	第 4 课	收势技术的学习
第 5 课	开弓技术的运用	第 5 课	收势技术的运用
第 6 课	靠位技术的学习	第 6 课	射箭完整技术动作练习
第 7 课	靠位技术的运用	第 7 课	辅助弓箭使用
第 8 课	组合技术的运用	第 8 课	射箭比赛规则

(五) 六年级射箭课程计划及内容安排

表 8-1-9　六年级射箭课程计划

学习目标	学习内容		课时(%)	教学要点
	类别	内容		
	专项体能	力量耐力、平衡能力	2(12.5)	
	比赛	比赛设备的装配	2(12.5)	

续 表

<table>
<tr><th rowspan="2">学习目标</th><th colspan="2">学 习 内 容</th><th rowspan="2">课时(%)</th><th rowspan="2">教学要点</th></tr>
<tr><th>类 别</th><th>内 容</th></tr>
<tr><td rowspan="6">1. 学习比赛的装备、设备的调试和比赛心理的调节。
2. 培养比赛意识和规则意识。</td><td rowspan="5">比赛</td><td>比赛设备的调试</td><td>2(12.5)</td><td rowspan="6">1. 游戏法与比赛法相结合。
2. 注重学生传统文化意识培养。
3. 注重学生技术运用的合理性。</td></tr>
<tr><td>短距离与长距离比赛</td><td>4(25)</td></tr>
<tr><td>室内比赛</td><td>2(12.5)</td></tr>
<tr><td>室外比赛</td><td>2(12.5)</td></tr>
<tr><td>比赛心理建设</td><td>2(12.5)</td></tr>
<tr><td>身体素质</td><td>柔韧性、灵敏性、协调性、平衡能力</td><td>——</td></tr>
</table>

表 8-1-10 六年级射箭课次内容示例

六年级上学期		六年级下学期	
课 次	主要内容	课 次	主要内容
第 1～2 课	专项体能与心理	第 1～2 课	专项体能与心理
第 3～4 课	比赛设备的装配与调试	第 3～4 课	长距离室外射箭
第 5～6 课	室内短距离(15 米)比赛	第 5～6 课	了解丰富多彩的射箭形式
第 7～8 课	室内短距离(28 米)比赛	第 7～8 课	观赛礼仪

四 课程实施

学校射箭项目的开展是传统文化与现代项目的结合，采用了引进来和走出去的模式。学校聘请优秀的专业射箭教练，从小学一年级起将课程普及到每位学生，使每位学生都知道什么是射箭、射箭项目的种类、如何进行射箭比赛，并了解中国传统体育射箭在中国的发展和世界的发展等。学校在普及课的基础上选拔优秀的学生进行专业训练，并鼓励其积极参加各级赛事。

同时，课程还培养学生民族自信心，将中国传统文化在体育课堂完成接力。体育的育人功能不应停留在身体素质的提高上，应更多注重意识形态的培养。以传统射箭为载体所体现的射艺通过“礼学”塑造精神文明，具有一定的德育价值。射箭运动有助于射艺教学的开展，通过传统射箭开展德育工作，让中小学生在射箭运动中深刻体会优秀传统文化内涵，增加青少年学生的民族自信心、民族自豪感，对实现国家伟大复兴有重要时代意义。

五 课程评价

课程评价紧紧围绕学生对射箭项目的了解和掌握情况展开，针对不同水平学生的课堂目标分别进行评价，使学生在学练赛的课堂中实现运动能力的提升，并获取健康的体育知识，养成良好的健康习惯，培养坚持不懈、积极进取、永不言弃的体育品格。

(一) 一、二年级课堂评价

1. 过程性评价

过程性评价是根据学生的课堂表现进行自评和师评的综合评价，主要通过对学生整个学期或学年阶段进行对比分析，了解学生课堂表现的进步情况。

表 8-1-11　学生课堂过程性评价指标

记录内容	评价标准	等级打分
学生基本情况	姓名：	
掌握的运动技能	射箭(　　)	
思维状态	课堂上积极思考并回答问题	5　4　3　2　1
师生关系	较好地与老师交流，师生关系和谐	5　4　3　2　1
课堂表现	积极参与学习、锻炼	5　4　3　2　1
表扬与批评	经常被老师表扬，很少被老师批评	5　4　3　2　1

续 表

记录内容	评 价 标 准	等级打分
合作学习	合作学习积极,帮助同学	5 4 3 2 1
参与评价	积极评价,包括同学间的相互评价	5 4 3 2 1
身体锻炼效果	身体得到较好锻炼	5 4 3 2 1
兴趣评价	喜欢体育课的程度	5 4 3 2 1
困难的克服	具有克服困难的勇气,吃苦耐劳	5 4 3 2 1
课堂闪光点	个人结合教师评价填写(　　)	5 4 3 2 1
努力方向	个人认为需要提高的地方(　　)	5 4 3 2 1

2. 总结性评价

一、二年级学生采用体育游园的方式进行课堂总结性评价,游园内容包括体育知识问答、体育能力展示、运动之星挑战。

(1) 体育知识

老师提出问题,学生通过相应的卡片来回答老师的提问,采用一问一答一通关的方式检查学生对射箭知识的掌握情况,鼓励学生回答问题,巩固知识。

(2) 体育能力展示

根据本学期学习的运动技能知识,进行能力的展示,如“射箭站立姿势有几种”“它们分别是怎么样”。通过能力展示检测学生掌握程度,也帮助学生再次学习。

(3) 运动之星

通过障碍跑检测学生的运动能力。设计力量、速度、耐力、平衡、柔韧等障碍小关卡,学生需要一次性通过所有关卡,才可以获得胜利。

(二) 三、四、五、六年级课堂评价

评价的组成包括以下部分:过程性评价 20 分(20%)、理论知识 20 分(20%)、专项能力测试 30 分(30%)及专项技能测试 30 分(30%)。

1. 过程性评价

表 8-1-12 学生课堂过程性评价指标

记录内容	评 价 标 准	等级打分
学生基本情况	姓名：	
掌握的运动技能	射箭（ ）	
思维状态	课堂上积极思考并回答问题	5 4 3 2 1
师生关系	较好地与老师交流，师生关系和谐	5 4 3 2 1
课堂表现	积极参与学习、锻炼	5 4 3 2 1
表扬与批评	经常被老师表扬，很少被老师批评	5 4 3 2 1
合作学习	合作学习积极，帮助同学	5 4 3 2 1
参与评价	积极评价，包括同学间的相互评价	5 4 3 2 1
身体锻炼效果	身体得到较好锻炼	5 4 3 2 1
兴趣评价	喜欢体育课的程度	5 4 3 2 1
困难的克服	具有克服困难的勇气，吃苦耐劳	5 4 3 2 1
课堂闪光点	个人结合教师评价填写（ ）	5 4 3 2 1
努力方向	个人认为需要提高的地方（ ）	5 4 3 2 1

2. 总结性评价

(1) 射箭知识规则考核

通过问答的方式回答射箭的起源、种类、箭的类型、弓的类型、不同赛事、比赛准备、比赛规则等相关知识。理论部分的考核占总分值的20%。

(2) 专项运动能力考核

表 8-1-13 专项运动能力考核内容

序 号	专 项 能 力	测 试 内 容	分 值	得 分
1	力量耐力	手臂力量耐力	30分	
2	平衡能力	站立平衡	30分	

续 表

序　号	专项能力	测试内容	分　值	得　分
3	有氧耐力	15 米折返跑	20 分	
4	柔韧性	肩关节的柔韧度	20 分	

① 手臂力量耐力的测试：通过手持物体持续时间的长短和不同手势下持物体时间的长短进行考核。

② 站立平衡测试：通过行走独木桥时身体保持平衡的程度进行考核。

③ 有氧耐力测试：15 米折返跑测试，需连续完成 10 次、20 次、30 次的计时跑。

④ 柔韧测试：主要以肩关节的柔韧程度进行测试，具体为肩关节的伸展活动度。

(3) 射箭技术考核

表 8-1-14　射箭技术考核内容

序号	专项技术	考核内容	评价标准
1	站立	正确完成三种站立姿态	以正确完成动作视为考核通过
2	搭箭	完成正确的搭箭姿势	
3	推弓	完成正确的推弓姿态	
4	勾弦	正确发力做出勾弦动作	
5	转头	说明正确转头的重要性和技术要求	
6	举弓	举弓姿势和动作要求	
7	开弓	开弓方法的技术要点	
8	靠位	靠位的位置展示和持续用力	
9	瞄准	正确使用瞄准方式	
10	收势	完成结束动作后的收势	
11	比赛	进行射远、射准考核	射远：不同的距离射中靶为合格(15 米射远、28 米射远)；射准：以固定距离通过圆形环为准，射中环内为考核合格

(撰稿者：深圳市坪山区锦龙小学　杨佳梅)

第二节　“跑”“酷”未来

锦龙小学创办于2019年，目前拥有40个班级，学生1 613人，是坪山区高标准、高起点建设的一所区属公办小学。学校以“各美其美、美人之美”为校训，坚持“以体育德、以体益智、以体强心、以体健美”，助力学生成长为德智体美劳全面发展的社会主义建设者和接班人。

跑酷作为一项全身性的运动，要求参与者通过跳跃、翻越、爬升、滚动等方式快速通过障碍物。该项目在发展学生速度、力量、灵敏、反应、协调等身体素质的同时，也培养了学生敢于挑战、勇于创新、无畏困难等品质，对身心发展起到了一定的积极作用。坪山区锦龙小学在坪山区“悦”动体育课程的引领下，充分发挥本校跑酷场地的作用，通过跑酷的学练与比赛，有效地提升了学生参与体育锻炼的兴趣，落实了学科的核心素养，并进一步达到了综合育人的目标。

一　背景和理念

2020年，国务院办公厅发布的《关于全面加强和改进新时代学校体育工作的意见》中提出“不断深化改革，开齐开足上好体育课。严格落实学校体育课程开设刚性要求，不断拓宽课程领域，逐步增加课时，丰富课程内容”。可见，从政策上不仅对体育课程的课时量提出了要求，在课程内容上也提出了更高的要求。在上够上好国家课程的同时，还应因地制宜，充分考虑学校、学生各因素影响，开展适合自身发展的体育课程，从而满足学生的不同需求，开展丰富多样的体育项目。

随着国际社会的体育文化交流越来越深入，跑酷运动作为一项全球时尚运动项目，在我国逐渐发展开来。跑酷以日常的生活环境为运动场所，通过运动员自身的运动能力，表现出极具特色的运动艺术，在充满挑战的同时，也体现出了哲学与思考意义，对青少年产生的教育意义深远且重大。将跑酷作为校本课程具有较大的现实意义。

二　课程目标

1. 运动能力：通过学习，掌握跑酷运动的技术动作，提升爬、跑、跳、翻、跨等能力，明确跑酷对提升身体素质的重要性。学习比赛的相关规则，能够通过规则学习，正确运用所学的知识观看比赛，并能进行简单的分析评价。

2. 健康行为：通过学习，提升对体育锻炼的兴趣程度，养成规律锻炼的良好习惯。同时，能够学习一定的卫生保健、运动伤病预防以及损伤处理知识。遇到困难时，有积极、正确处理问题的能力，提升环境适应的能力。

3. 体育品德：在跑酷学习中，养成勇敢面对挑战、克服障碍、超越自我的体育精神，养成遵守规则、尊重裁判、尊重对手的良好品德，形成"胜不骄、败不馁"的良好品格。

三　课程内容

依据新课程标准，参照跑酷运动特点、小学生身心发展特点，结合体育与健康课程总目标，围绕运动能力、健康行为、体育品德三个方面，对水平一、水平二和水平三的目标进行具体阐述，为课程实施提供相应参考，详见表 8-2-1。

表 8-2-1　水平目标

水　平　一	水　平　二	水　平　三
学习跑酷的简易技术动作，做出简易的动作组合；能正确说出所做跑酷运动的术语；认识跑酷的作用；乐于参与体能游戏；在跑酷游戏中敢于展示所学的运动技能，并参与小型跑酷比赛，懂得跑酷比赛中的基本礼仪；掌握基本的跑酷游戏，能正确表达出跑酷比赛中明显违反规则的行为；每学期通过现场、网络等观看不少于 8 次儿童跑酷比赛。	学习跑酷的基本技术动作和简单动作组合；能正确说出跑酷运动的基本术语；了解跑酷的起源与发展；掌握提升跑酷体能简单的学练方法，乐于参与体能游戏；在跑酷游戏中敢于展示所学的运动技能，并参与小型跑酷比赛，懂得跑酷比赛中的基本礼仪；掌握跑酷游戏和比赛的基本规则和要求，能正确表达出跑酷比赛中违反规则的行为；每学期通过现场、网络等观看不少于 8 次儿童跑酷比赛。	学习跑酷基本的动作要领和练习方法，以及跑酷过程中常见运动损伤的处理方法；提升多人配合技术和多种方法通过障碍的能力；参与跑酷运动项目的展示或比赛，并能做出正确的跑酷技术动作；掌握比赛的基本规则和方法，能承担小型比赛的裁判工作；学会观赏、评价跑酷比赛，每学期通过现场、网络等观看不少于 8 次儿童跑酷比赛。

为了保障跑酷课程的科学实施，根据各水平段学生的身心发展特点，学校制定出合理的跑酷校本课程大单元教学案例。本案例参考新课标中提出的课程要求，按照大单元中的“基础知识与基本技能、技战术运用、体能、展示或比赛、规则与裁判方法、观赏与评价”六个板块设计内容，将“学、练、赛、评”贯穿整个教学过程，加强学生对跑酷运动的认识，提高学生运动能力，培养学生观看比赛、评价比赛的能力。结合以上要求，跑酷校本课程的水平教学计划案例设计如下，详见表 8-2-2。

表 8-2-2　跑酷运动校本课程水平一、水平二和水平三教学计划

年级	内容分类	内容要点	建议课时	
			小计	总计
一年级（上）	基础知识与基本技能	1. 认识跑酷运动 2. 明确跑酷中的安全隐患 3. 移动：走栏杆、钻栏杆 4. 跳跃：连续跨越、定点跳跃 5. 攀爬动作：抓栏杆	11	18
	技战术运用	技术动作组合训练	1	
	一般体能与专项体能	一般体能：速度练习、力量练习、灵敏练习、柔韧练习、协调练习 专项体能：抓握力练习、力量耐力练习、速度反应练习、平衡协调练习	1	
	展示或比赛	自行选择 2～4 个动作技术进行展示	2	
	规则与裁判方法	了解规则：自行组合动作通过 2～4 个障碍物。参赛时应做好运动防护，防止运动损伤	2	
	观赏与评价	每学期课程实施的最后，组织学生通过自行组织比赛或通过多媒体进行观赛	1	
一年级（下）	基础知识与基本技能	1. 认识跑酷运动的作用 2. 跑酷运动项目的安全注意事项 3. 正确说出跑酷运动的动作术语 4. 跳跃：定点跳(立定/助跑)、左右连续跑斜墙、蹬壁跳远	11	18
	技战术运用	技术动作组合训练	1	
	一般体能与专项体能	一般体能：速度练习、力量练习、灵敏练习、柔韧练习、协调练习 专项体能：抓握力练习、力量耐力练习、速度反应练习、平衡协调练习	1	

续 表

年级	内容分类	内 容 要 点	建议课时	
			小计	总计
一年级（下）	展示或比赛	自行选择 2～4 个动作技术进行展示	2	18
	规则与裁判方法	了解规则：自行组合动作通过 2～4 个障碍物。参赛时应做好运动防护，防止运动损伤	2	
	观赏与评价	每学期课程实施的最后，组织学生通过自行组织比赛或通过多媒体进行观赛，同时对比赛作出简单正确评价	1	
二年级（上）	基础知识与基本技能	1. 跑酷场地的正确使用 2. 正确说出跑酷的动作术语 3. 一般跳跃：懒人跳 4. 支撑跳跃：原地猩猩跳 5. 攀爬动作：夹墙	11	18
	技战术运用	技术动作组合训练	1	
	一般体能与专项体能	一般体能：速度练习、力量练习、灵敏练习、柔韧练习、协调练习 专项体能：抓握力练习、力量耐力练习、速度反应练习、平衡协调练习	1	
	展示或比赛	自行选择 2～4 个动作技术进行展示	2	
	规则与裁判方法	了解规则：自行组合动作通过 2～4 个障碍物。参赛时应做好运动防护，防止运动损伤	2	
	观赏与评价	每学期课程实施的最后，组织学生通过自行组织比赛或通过多媒体进行观赛，同时对比赛作出简单正确评价	1	
二年级（下）	基础知识与基本技能	1. 跑酷运动的场地与器材相关理论知识 2. 跑酷运动各技术的安全注意事项 3. 跳跃：移动定点跳、助跑定点跳、反弹墙、蹬壁跳远、夹墙	11	18
	技战术运用	技术动作组合训练	1	
	一般体能与专项体能	一般体能：速度练习、力量练习、灵敏练习、柔韧练习、协调练习 专项体能：抓握力练习、力量耐力练习、速度反应练习、平衡协调练习	1	
	展示或比赛	自行选择 2～4 个动作技术进行展示	2	

续　表

年级	内容分类	内　容　要　点	建议课时	
			小计	总计
二年级（下）	规则与裁判方法	了解规则：自行组合动作通过 2～4 个障碍物。参赛时应做好运动防护，防止运动损伤	2	18
	观赏与评价	每学期课程实施的最后，组织学生通过自行组织比赛或通过多媒体进行观赛，同时对比赛作出简单正确评价	1	
三年级（上）	基础知识与基本技能	1. 跑酷运动的起源与发展 2. 跑酷运动的场地与器材相关理论知识 3. 跑酷运动项目的安全注意事项 4. 跑酷运动及技术动作的动作术语 5. 一般跳跃：左右跑斜墙、定点跳（立定/助跑） 6. 支撑跳跃：猩猩跳（原地/移动） 7. 攀爬动作：静态猫扑	11	18
	技战术运用	技术动作组合训练	1	
	一般体能与专项体能	一般体能：速度练习、力量练习、灵敏练习、柔韧练习、协调练习 专项体能：抓握力练习、力量耐力练习、速度反应练习、平衡协调练习	1	
	展示或比赛	自行选择 3～5 个动作技术进行展示	2	
	规则与裁判方法	了解规则：自行组合动作通过 3～5 个障碍物。参赛时应做好运动防护，防止运动损伤	2	
	观赏与评价	每学期课程实施的最后，组织学生通过自行组织比赛或通过多媒体进行观赛，同时对比赛作出简单正确评价	1	
三年级（下）	基础知识与基本技能	1. 跑酷运动技术动作术语以及动作要求 2. 一般跳跃：精确跳、跪姿起跳 3. 攀爬动作：猫挂（原地/移动） 4. 悬垂动作：悬垂（直臂/曲臂） 5. 技巧动作：走平衡木、穿杆（原地/移动）	11	18
	技战术运用	技术动作组合训练	1	
	一般体能与专项体能	一般体能：速度练习、力量练习、灵敏练习、柔韧练习、协调练习 专项体能：抓握力练习、力量耐力练习、速度反应练习、平衡协调练习	1	

续　表

年级	内容分类	内　容　要　点	建议课时	
			小计	总计
三年级（下）	展示或比赛	自行选择3～5个动作技术进行展示	2	18
	规则与裁判方法	了解规则：自行组合动作通过3～5个障碍物。参赛时应做好运动防护，防止运动损伤	2	
	观赏与评价	每学期课程实施的最后，组织学生通过自行组织比赛或通过多媒体进行观赛，同时对比赛作出简单正确评价	1	
四年级（上）	基础知识与基本技能	1. 认识跑酷运动的价值与意义 2. 了解跑酷时应注意事项，具有安全意识 3. 一般跳跃：蹬墙跳（跳远/定点） 4. 支撑跳跃：速过上台 5. 翻转动作：侧手翻、转台（90°） 6. 攀爬动作：上墙（助跑）、蹬壁猫挂 7. 悬垂动作：荡杆（定点前/后摆）	10	18
	技战术运用	技术动作组合训练	1	
	一般体能与专项体能	一般体能：速度练习、力量练习、灵敏练习、柔韧练习、协调练习 专项体能：抓握力练习、力量耐力练习、速度反应练习、平衡协调练习	1	
	展示或比赛	自行选择3～5个动作技术进行展示	3	
	规则与裁判方法	制定评分量表，对每个动作的完成度或流畅度进行打分。参赛时应做好运动防护，防止运动损伤	2	
	观赏与评价	每学期课程实施的最后，组织学生通过自行组织比赛或通过多媒体进行观赛，同时对比赛作出简单正确评价	1	
四年级（下）	基础知识与基本技能	1. 能说出所学跑酷运动技术动作的术语 2. 能够说出跑酷运动项目的安全注意事项，具有安全意识 3. 翻转动作：转台（180°） 4. 攀爬动作：上墙（猫挂）、猫挂反身定点 5. 技巧动作：侧手反抓（原地/助跑）、倒立	10	18
	技战术运用	技术动作组合训练	1	

续 表

年级	内容 分类	内 容 要 点	建议课时	
			小计	总计
四年级 （下）	一般体能与 专项体能	一般体能：速度练习、力量练习、灵敏练习、柔韧练习、协调练习 专项体能：抓握力练习、力量耐力练习、速度反应练习、平衡协调练习	1	18
	展示或比赛	自行选择3～5个动作技术进行展示	3	
	规则与裁判 方法	制定评分量表，对每个动作的完成度或流畅度进行打分。参赛时应做好运动防护，防止运动损伤	2	
	观赏与评价	每学期课程实施的最后，组织学生通过自行组织比赛或通过多媒体进行观赛，同时对比赛作出简单正确评价	1	
五年级 （上）	基础知识与 基本技能	1. 能够描述跑酷运动项目学练和比赛中的安全注意事项，做出自我保护的动作 2. 能说出所学跑酷运动技术动作的术语 3. 支撑跳跃：门跳（过台/下墙） 4. 翻转动作：滚翻（前向/后向） 5. 攀爬动作：猫挂（转身落地/反猫挂） 6. 技巧动作：夹墙跳（短距/长距）	10	18
	技战术运用	技术动作组合训练	1	
	一般体能与 专项体能	一般体能：速度练习、力量练习、灵敏练习、柔韧练习、协调练习 专项体能：抓握力练习、力量耐力练习、速度反应练习、平衡协调练习	1	
	展示或比赛	进行简单的障碍性比赛	4	
	规则与裁判 方法	制定评分量表，对每个动作的完成度或流畅度进行打分。参赛时应做好运动防护，防止运动损伤	1	
	观赏与评价	每学期课程实施的最后，组织学生通过自行组织比赛或通过多媒体进行观赛，同时对比赛作出简单正确评价	1	
五年级 （下）	基础知识与 基本技能	1. 能说出所学跑酷运动技术动作的术语 2. 支撑跳跃：懒人跳（上台/过台）、反身跳 3. 翻转动作：鱼跃（近距/远距） 4. 悬垂动作：荡杆转体落地（定点前/后摆） 5. 技巧动作：跑墙（左侧/右侧）	10	18

续　表

<table>
<tr><th rowspan="2">年级</th><th rowspan="2">内容
分类</th><th rowspan="2">内　容　要　点</th><th colspan="2">建议课时</th></tr>
<tr><th>小计</th><th>总计</th></tr>
<tr><td rowspan="5">五年级
（下）</td><td>技战术运用</td><td>技术动作组合训练</td><td>1</td><td rowspan="5">18</td></tr>
<tr><td>一般体能与专项体能</td><td>一般体能：速度练习、力量练习、灵敏练习、柔韧练习、协调练习
专项体能：抓握力练习、力量耐力练习、速度反应练习、平衡协调练习</td><td>1</td></tr>
<tr><td>展示或比赛</td><td>进行条件组合设置的障碍性比赛</td><td>4</td></tr>
<tr><td>规则与裁判方法</td><td>制定评分量表，对每个动作的完成度或流畅度进行打分。参赛时应做好运动防护，防止运动损伤、安全问题的发生</td><td>1</td></tr>
<tr><td>观赏与评价</td><td>每学期课程实施的最后，组织学生通过自行组织比赛或通过多媒体进行观赛，同时对比赛作出简单正确评价</td><td>1</td></tr>
<tr><td rowspan="6">六年级
（上）</td><td>基础知识与基本技能</td><td>1. 能说出所学跑酷运动技术动作的术语
2. 支撑跳跃：腹部绕杆甩起、猩猩跳（上台/过台）
3. 翻转动作：转墙
4. 攀爬动作：上墙、二级翻越
5. 技巧动作：速降</td><td>10</td><td rowspan="6">18</td></tr>
<tr><td>技战术运用</td><td>技术动作组合训练</td><td>0.5</td></tr>
<tr><td>一般体能与专项体能</td><td>一般体能：速度练习、力量练习、灵敏练习、柔韧练习、协调练习
专项体能：抓握力练习、力量耐力练习、速度反应练习、平衡协调练习</td><td>1</td></tr>
<tr><td>展示或比赛</td><td>进行条件组合设置的障碍性比赛</td><td>5</td></tr>
<tr><td>规则与裁判方法</td><td>制定评分量表，对每个动作的完成度或流畅度进行打分。参赛时应做好运动防护，防止运动损伤、安全问题的发生</td><td>0.5</td></tr>
<tr><td>观赏与评价</td><td>每学期课程实施的最后，组织学生通过自行组织比赛或通过多媒体进行观赛，同时对比赛作出简单正确评价，培养欣赏运动美的能力</td><td>1</td></tr>
</table>

续　表

年级	内容分类	内　容　要　点	建议课时	
			小计	总计
六年级（下）	基础知识与基本技能	1. 能说出所学跑酷运动技术动作的术语 2. 能解释跑酷运动项目的安全知识，能及时处理跑、跳、落地及学练和比赛中易发生的安全问题 3. 支撑跳跃：大猩猩跳、二级翻越（上台/过台） 4. 攀爬动作：反挂下墙 5. 悬垂动作：单杠卷身（正反卷身/卷身上杠）	10	18
	技战术运用	技术动作组合训练	0.5	
	一般体能与专项体能	一般体能：速度练习、力量练习、灵敏练习、柔韧练习、协调练习 专项体能：抓握力练习、力量耐力练习、速度反应练习、平衡协调练习	1	
	展示或比赛	进行条件组合设置的障碍性比赛	5	
	规则与裁判方法	制定评分量表，对每个动作的完成度或流畅度进行打分。参赛时应做好运动防护，防止运动损伤、安全问题的发生	0.5	
	观赏与评价	每学期课程实施的最后，组织学生通过自行组织比赛或通过多媒体进行观赛，同时对比赛作出简单正确评价，培养欣赏运动美的能力	1	

四　课程实施

从角色角度出发，跑酷校本课程离不开学校层面的支持、教师层面的主导及学生主体。保障跑酷课程的科学实施，需要安全、专业、趣味的运动场地，需要教师专业、科学、有趣的指导，需要学生自主、自发、自信的参与。

跑酷校本课程的实施，通过“学、练、赛、评”一体化的学习模式，将传统教学过程中“重技术”导向转变为着重培养学生的核心素养。通过在小学各水平阶段每周开设一节跑酷课程，通过大单元的设计，串联各个板块，构建起一体化、科学的课程体系。

以学生为主体，充分发挥学生主观能动性，打造创新性课堂，围绕学生创造“三主”课堂，领会跑酷运动的精神，培养出综合素质强，具有敢挑战、乐挑战、善挑战精神的学生。

五 课程评价

课程评价围绕跑酷的三维核心素养提出，结合过程性与终结性评价、质性评价与量性评价，旨在通过以评促教，促进良好的教育循环。

(一) 过程性评价内容

过程性评价采用课堂表现以及考核的方式进行评价，参照评价参考标准进行语言表达或行为激励。每次课程小结，先由学生自主完成自评，再通过生生互评的方式进行评价，最后由教师通过量表结果与生生评语进行总体评价总结。结束后，根据学生评语及教学感受进行总体评价和评分，评价标准分为优、良、一般、不合格，同时进行赋分，分别为：≥8.0 分，7.0～7.9 分，6.0～6.9 分，<6 分，两种评价方式最终通过平均分赋值。评价量表如表 8-2-3 所示。

表 8-2-3　过程性评价参考量表

维　度	参　考　标　准	评价方式	评　语
体能状况	参考《国家学生体质健康标准》的要求	师评	
运动认知与技战术运用	掌握跑酷的基本动作技术和组合动作技术，并能正确说出跑酷技术动作的术语及动作要领和学习方法	自评+师评	
展示或比赛	掌握基础的比赛规则，参与班级内或年级组织的跑酷比赛；每学期通过校内比赛或多媒体观看比赛次数累计不少于 8 次	自评+互评+师评	
锻炼意识与习惯	每周运用所学的跑酷运动技能参与至少 1 次(每次不少于 20 分钟)的课外体育锻炼	自评	
健康知识与技能的掌握和运用	进行所学跑酷技术动作的正确练习，并能做出专项热身以及简单运动损伤的处理	自评+互评+师评	
情绪调控	面对障碍做出正确判断，并能冷静处理遇到的困难	自评+互评+师评	
环境适应	能够从容应对跑酷障碍的变化	自评+互评+师评	

续　表

维　度	参　考　标　准	评价方式	评　语
体育精神	敢于面对挑战，团结友爱，拼搏奋进，积极进取	自评＋互评＋师评	
体育道德	遵守规则，尊重对手队友，养成公平竞争意识等	自评＋互评＋师评	
体育品格	自强自信、角色意识、正确的胜负欲、正确的体育观等	自评＋互评＋师评	
整体评价	教师评语：	教师评分：	

(二) 终结性评价内容

终结性评价采用知识竞赛与技能展示的方式进行。

1. 知识竞赛

教师根据学期教学内容的相关知识设计知识竞赛答题，按照小组进行积分，以最终平均积分进行排名。第一名小组计 10 分，第二名小组为 8 分，第三名小组为 6 分，其余小组为 5 分。

2. 技能展示

教师根据学期教学内容的动作库设计一套跑酷组合动作，以此为技能展示内容，记录学生跑酷总时长以及动作标准流畅度情况，并对学生的综合表现进行赋分，分别为：优为≥8 分，良为 7.0～7.9 分，一般为 6.0～6.9 分，不合格为＜6 分。

(三) 小结

过程性评价和终结性评价按照 6∶4 占比进行总分计算。

计算公式为：过程性评价总分×60%＋(知识竞赛×50%＋技能展示×50%)×40%，小数点保留后一位。总分≥8 分为优秀，7.0～7.9 分为良好，6.0～6.9 分为一般，6.0 分以下为不及格。

(撰稿者：深圳市坪山区锦龙小学　晏思怡)

第三节　奇妙匹克

锦龙小学创建于2019年，是深圳市坪山区高标准、高起点建设的一所区属公办小学。学校坚持立德树人，以“和美”核心理念引领内涵发展，通过多样化的课程和活动，促进学生的全面发展，并通过丰富的体育活动增强学生的体质和心智，为每一棵小树撑起梦想的天空。

坪山区锦龙小学在坪山区“悦”动体育品质课程的指导下，致力于构建一体化的匹克球教学。匹克球是一种结合了羽毛球、网球和乒乓球特色的球拍型运动，经过全球数百万人的体验尝试而立下良好口碑，被视为一种有趣、容易上手且适合各个年龄层的新潮运动。学校大力发展匹克球运动，并将其作为学校的体育特色，旨在培养学生的体育兴趣、提升体育技能的同时，也帮助他们建立健康的生活方式和积极的人生态度。

匹克球教学在着重传授技能的同时，也注重团队合作、沟通协调能力的培养。学校鼓励学生在比赛中体验成功的喜悦，也让他们在失败中学会坚持和勇敢。这种教学理念使得匹克球课程成为一种生活教育、一种人格塑造的重要途径。匹克球运动的推广不仅丰富了学生的课余生活，还提升了他们的身体素质。更重要的是，匹克球运动所蕴含的积极、健康的生活态度，正在潜移默化地影响着每一个学生。学校相信，通过这样的体育教学，学生能够更好地迎接未来的挑战，创造属于自己的幸福人生。

一　背景和理念

学校的匹克球教学发展背景源于对当前学校体育教育的深度思考。在坪山区“悦”动体育品质课程的引领下，我们认识到，体育不仅仅是技能的传授和身体的锻炼，更是培养学生全面发展的重要手段。匹克球教学在学校的实施，始终坚持“以人为本”的教学理念。我们注重学生的个体差异，尊重他们的兴趣和需求，通过匹克球运动，让学生在享受运动乐趣的同时，提升身体素质，培养团队合作精神和沟通协调能力。我们希望通过这样的教学方式，让学生建立起积极、健康的生活态度，为他们未来的人生发展奠定坚实的基础。

二　课程目标

课程目标即学生初步掌握匹克球运动的关键技能和必备品格，教师通过系统的课程设计和丰富的教学实践，使学生掌握匹克球的基本技能和规则，培养他们的运动兴趣和爱好，使其能够参与比赛，尊重规则、对手和裁判，具备基本的运动品格和健康行为能力。

同时，我们注重培养学生的团队合作和沟通协调能力，让他们在比赛中学会相互配合、互相支持，从而培养他们的集体荣誉感和团队精神。此外，我们还注重培养学生坚韧不拔和积极向上的精神，让他们在面对困难和挑战时能够保持冷静和自信，不断超越自我，实现自我价值。《义务教育体育与健康课程标准(2022 年版)》表示课程设计是为了培养学生的体育核心素养，因此本课程也围绕运动能力、健康行为、体育品德三大体育核心进行设计。

(一) 运动能力

通过匹克球课程的学习和实践，使学生能够熟练掌握匹克球的基本技能和规则，包括发球、接发球、击球、移动等基本动作和比赛规则。同时，提高学生的身体素质和运动能力，增强他们的反应速度、协调性和灵活性。

(二) 健康行为

匹克球运动需要学生具备良好的身体素质和健康的生活习惯。因此，我们的课程目标之一是培养学生的健康行为能力，让他们了解运动对身体的好处，掌握科学的运动方法和技巧，从而建立起积极、健康的生活方式。

(三) 体育品德

匹克球运动不仅需要学生具备高超的运动技能，更需要他们具备高尚的体育精神。因此，我们的课程目标之一是培养学生的体育精神，让他们尊重规则、对手和裁判，发扬团队精神，勇于面对挑战和失败，从而建立起积极向上的人生态度。

三 课程内容

学校的匹克球课程内容丰富多样，旨在满足不同年龄段和水平的学生需求。我们按照学生的年龄和技能水平，设计了不同层次的课程，包括基础技能课程、提高课程、竞技课程等。每个课程都有明确的教学目标和内容，确保学生在课程学习中能够逐步提升自己的匹克球技能。

基础技能课程主要面向初学者和新手，重点教授匹克球的基本技能和规则。通过系统的训练和实践，使学生能够掌握基本的发球、接发球、击球和移动技巧，了解比赛的规则和要求。同时，我们还注重培养学生的兴趣和自信心，让他们在享受运动乐趣的同时，逐渐适应匹克球运动的节奏和强度。

提高课程则主要面向已经掌握基础技能的学生，通过更加深入和系统的训练，提升他们的匹克球技能水平。在该课程中，将重点教授更高级的技巧和战术，如快速反击、网前截击、底线进攻等。同时，我们还将加强学生的体能训练和心理训练，提高他们的比赛适应能力和抗压能力。

竞技课程则主要面向有一定基础和天赋的学生，通过更加专业和系统的训练，培养他们的竞技能力和比赛经验。在该课程中，将重点提高学生的技术水平、战术素养和心理素质，让他们能够在比赛中充分发挥自己的实力，取得优异的成绩。

除了以上三个层次的课程外，我们还将根据学生的需求和兴趣，开设一些特色课程和活动，如匹克球俱乐部、匹克球比赛、匹克球文化交流等。这些课程和活动旨在为学生提供更加丰富多彩的匹克球体验，增强他们的运动兴趣和参与度，同时也能够拓宽他们的视野和社交圈。

在课程内容的设计和实施过程中，我们始终坚持以学生为中心的教学理念，注重学生的个性差异和兴趣爱好。我们鼓励学生在课程中积极参与、主动探索、勇于创新，让他们在匹克球运动中能够锻炼身体、提高技能，更能够培养自己的团队合作精神、沟通协调能力和积极健康的生活态度。

四 课程目标与课程安排

表 8-3-1 各年级总体课程目标

年级	总体课程目标
一年级	基础技能：学习基本的发球、接发球技巧，以及简单的击球动作。 游戏与活动：通过趣味性的游戏和活动，激发学生对匹克球的兴趣。
二年级	技能提升：巩固基础技能，学习简单的击球和移动组合。 团队游戏：引入简单的团队游戏，培养学生的团队合作意识。
三年级	技能深化：学习更复杂的击球技巧和移动策略。 小型比赛：组织小型比赛，让学生学习团队合作和比赛规则。
四年级	战术引入：初步学习简单的战术和配合，如双打中的位置调整。 规则学习：深入了解匹克球的比赛规则，增强学生的比赛意识。
五年级	战术引入：初步学习简单的战术和配合，如双打中的位置调整。 规则学习：深入了解匹克球的比赛规则，增强学生的比赛意识。
六年级	高级技巧：学习更高级的技巧和战术，为未来的比赛做好准备。 正式比赛：参与校级或更高级别的比赛，检验学生的学习成果。

（一）一年级匹克球课程计划及内容安排

表 8-3-2 一年级匹克球课次内容示例

一年级上学期		一年级下学期	
课次	主要内容	课次	主要内容
第 1～2 课	匹克球运动的历史与发展	第 1～2 课	恢复体能
第 3～4 课	基本的热身活动和拉伸动作，预防运动损伤	第 3～4 课	复习握拍法、熟悉球性
第 5～6 课	熟悉球性	第 5～6 课	复习正、反拍击落地球技术
第 7～8 课	学习握拍法、熟悉球性	第 7～8 课	复习下手发球技术
第 9～10 课	学习握正拍击落地球技术	第 9～10 课	学习正拍基本步伐

续　表

一年级上学期		一年级下学期	
课　次	主 要 内 容	课　次	主 要 内 容
第 11～12 课	复习正拍击落地球技术	第 11～12 课	复习正拍基本步伐
第 13～14 课	学习反拍击落地球技术	第 13～14 课	学习反拍基本步伐
第 15～16 课	复习反拍击落地球技术	第 15～16 课	复习反拍基本步伐
第 17～18 课	学习下手发球技术	第 17～18 课	体能练习
第 19～20 课	知识课：匹克球运动小故事	第 19～20 课	知识课：匹克球运动小故事

（二）二年级匹克球课程计划及内容安排

表 8-3-3　二年级匹克球课次内容示例

二年级上学期		二年级下学期	
课　次	主 要 内 容	课　次	主 要 内 容
第 1～2 课	恢复体能	第 1～2 课	恢复体能
第 3～4 课	复习正拍、反拍击落地球技术	第 3～4 课	复习匹克球竞赛规则
第 5～6 课	复习正拍、反拍基本步伐	第 5～6 课	复习正拍、反拍击落地球技术
第 7～8 课	学习下手发球技术	第 7～8 课	复习正拍、反拍基本步伐
第 9～10 课	复习下手发球技术	第 9～10 课	复习下手发球技术
第 11～12 课	学习丁克球	第 11～12 课	复习发球技术
第 13～14 课	复习丁克球	第 13～14 课	复习丁克球
第 15～16 课	学习吊球	第 15～16 课	单人比赛练习
第 17～18 课	复习吊球	第 17～18 课	体能练习
第 19～20 课	体能练习	第 19～20 课	技能展示活动，展示学生的学习成果

(三) 三年级匹克球课程计划及内容安排

表 8-3-4　三年级匹克球课次内容示例

三年级上学期		三年级下学期	
课　次	主 要 内 容	课　次	主 要 内 容
第 1～2 课	恢复体能	第 1～2 课	恢复体能
第 3～4 课	复习正拍、反拍击落地球技术	第 3～4 课	复习正拍、反拍击落地球技术
第 5～6 课	复习正拍、反拍基本步伐	第 5～6 课	复习正拍、反拍基本步伐
第 7～8 课	复习下手发球技术	第 7～8 课	复习丁克球
第 9～10 课	复习吊球	第 9～10 课	复习下手发球、吊球
第 11～12 课	单人比赛练习	第 11～12 课	复习下手发球技术
第 13～14 课	单人比赛练习	第 13～14 课	单人比赛练习
第 15～16 课	双打技术学习	第 15～16 课	双人比赛练习
第 17～18 课	双打技术学习	第 17～18 课	体能练习
第 19～20 课	技能展示活动，展示学生的学习成果	第 19～20 课	技能展示活动，展示学生的学习成果

(四) 四年级匹克球课程计划及内容安排

表 8-3-5　四年级匹克球课次内容示例

四年级上学期		四年级下学期	
课　次	主 要 内 容	课　次	主 要 内 容
第 1～2 课	恢复体能	第 1～2 课	恢复体能
第 3～4 课	复习正拍、反拍击落地球技术	第 3～4 课	复习正拍、反拍击落地球技术
第 5～6 课	复习正拍、反拍基本步伐	第 5～6 课	复习正拍、反拍基本步伐

续 表

四年级上学期		四年级下学期	
课 次	主要内容	课 次	主要内容
第 7～8 课	学习正确的移动步伐和转身技巧	第 7～8 课	复习下手发球、吊球
第 9～10 课	复习正确的移动步伐和转身技巧	第 9～10 课	复习裁判方法
第 11～12 课	介绍裁判方法	第 11～12 课	学习比赛技术配合
第 13～14 课	单人比赛练习	第 13～14 课	单人比赛练习
第 15～16 课	双人比赛练习	第 15～16 课	双人比赛练习
第 17～18 课	体能练习	第 17～18 课	体能练习
第 19～20 课	技能展示活动，展示学生的学习成果	第 19～20 课	技能展示活动，展示学生的学习成果

（五）五年级匹克球课程计划及内容安排

表 8-3-6　五年级匹克球课次内容示例

五年级上学期		五年级下学期	
课 次	主要内容	课 次	主要内容
第 1～2 课	恢复体能	第 1～2 课	恢复体能
第 3～4 课	复习正拍、反拍击落地球技术	第 3～4 课	复习正拍、反拍击落地球技术、基本步伐
第 5～6 课	复习正拍、反拍基本步伐	第 5～6 课	学习高压球技术
第 7～8 课	复习正确的移动步伐和转身技巧	第 7～8 课	复习高压球技术
第 9～10 课	复习比赛技术配合	第 9～10 课	复习挑高球技术
第 11～12 课	介绍裁判方法	第 11～12 课	复习比赛技术配合

续　表

五年级上学期		五年级下学期	
课　次	主 要 内 容	课　次	主 要 内 容
第 13～14 课	单人比赛练习	第 13～14 课	单人比赛练习
第 15～16 课	双人比赛练习	第 15～16 课	双人比赛练习
第 17～18 课	体能练习	第 17～18 课	体能练习
第 19～20 课	技能展示活动，展示学生的学习成果	第 19～20 课	技能展示活动，展示学生的学习成果

（六）六年级匹克球课程计划及内容安排

表 8－3－7　六年级匹克球课次内容示例

六年级上学期		六年级下学期	
课　次	主 要 内 容	课　次	主 要 内 容
第 1～2 课	恢复体能	第 1～2 课	恢复体能
第 3～4 课	复习正拍、反拍击落地球技术	第 3～4 课	复习正拍、反拍击落地球技术
第 5～6 课	复习吊球、高压球技术	第 5～6 课	复习正拍、反拍基本步伐
第 7～8 课	复习裁判方法	第 7～8 课	复习下手发球、吊球
第 9～10 课	教授比赛心理调适技巧	第 9～10 课	复习裁判方法比赛、加强心理调适技巧
第 11～12 课	单人比赛练习	第 11～12 课	单人比赛练习
第 13～14 课	比赛技战术复习	第 13～14 课	单人比赛练习
第 15～16 课	双人比赛练习	第 15～16 课	双人比赛练习
第 17～18 课	体能练习	第 17～18 课	体能练习
第 19～20 课	技能展示活动，展示学生的学习成果	第 19～20 课	技能展示活动，展示学生的学习成果

五 课程特色

（一）循序渐进

根据学生的年龄和技能水平，逐步提高教学难度和要求。

（二）趣味性教学

通过游戏和趣味活动，让学生在轻松愉快的氛围中学习匹克球。

（三）注重实践

通过大量的实践练习和比赛，提高学生的技能水平和比赛经验。

（四）综合评价

结合学生的技能水平、比赛表现、团队合作等多个方面，对学生进行综合评价，激励他们不断进步。

六 课程保障

（一）专业师资

配备具有丰富教学经验和专业资质的匹克球教练，确保教学质量。

（二）场地保障

提供符合标准的匹克球场地和器材，确保学生有足够的练习和比赛空间。

（三）安全保障

制定完善的安全管理制度和应急预案，确保学生在运动中的安全。

上述的课程计划和内容安排，能够更好地帮助学生逐步掌握匹克球技能，培养他们的团队合作精神和体育精神，让他们在享受运动乐趣的同时，为未来的生活和发展打下坚实的基础。

七 课程实施

（一）教师团队

组建一支由经验丰富的匹克球教练和体育教师组成的教师团队。他们不仅具备专业的匹克球技能和战术知识，还擅长与学生互动，激发学生的学习兴趣和动力。

（二）教学设施

为了确保教学质量，学校提供了宽敞明亮的室内运动场地、高质量的匹克球拍和球，以及必要的辅助训练器材。同时，还配备专业的摄像设备，用于记录学生的比赛和训练过程，帮助他们更好地回顾和总结自己的表现。

（三）安全保障

始终把学生的安全放在第一位。在课程中，教师将教授学生正确的运动姿势和技巧，防止运动损伤的发生。同时，学校还配备专业的医疗人员，以应对突发情况的发生。

（四）家校合作

学校积极与家长沟通合作，共同关注学生的学习进步和身体健康，定期向家长反馈学生的训练情况和比赛成绩，并邀请家长参与观看学生的比赛和展示活动，共同见证学生的成长和进步。

（五）评价与反馈

学校建立了科学有效的评价体系，通过观察、测试和比赛等多种方式，全面了解学生的技能掌握情况和进步程度。同时，教师还将及时给予学生反馈和指导，帮助他们发现自己的优点和不足，制订针对性的训练计划，不断提高学生的匹克球水平。

通过以上课程实施措施，我们将为学生提供一个专业、安全、有趣的匹克球学习环境，让他们在运动中快乐成长、收获成功。我们相信，通过大家的共同努力和付出，一定能够培养出更多优秀的匹克球运动员，为我国的体育事业作出贡献。

八 课程评价

（一）水平一、二评价方式

1. 观察学生在课堂上的表现和技能掌握情况，给予及时的指导和反馈。

2. 通过小组对抗赛和期末展示活动，评价学生的团队合作和比赛能力。

3. 结合学生的参与度和课堂表现，进行综合评价，鼓励学生不断进步。

通过以上课程计划及内容安排，希望低年级的学生能够在匹克球运动中初步掌握基本技能，培养良好的运动兴趣和习惯，为未来的体育学习和生活奠定基础。同时，也期待通过匹克球运动的独特魅力，让学生在运动中享受快乐，培养积极向上的生活态度。

（二）水平三评价方式

1. 观察学生在课堂上的技能掌握和战术运用情况，给予及时指导和反馈。

2. 通过团队对抗赛和比赛实践，评价学生的团队合作和竞技能力。

3. 结合学生的参与度、课堂表现和比赛成绩，进行综合评价，鼓励学生持续进步。

通过这一系列的课程安排及评价，期望高年级的学生能够在匹克球运动中进一步提高自己的技能和战术素养，增强体能和心理素质，培养团队合作精神和竞技精神。同时，也希望通过匹克球文化的传承和体育精神的弘扬，让学生在运动中不仅锻炼身体、提高技能，更能够培养自己的品格和情操，为未来的生活和挑战做好充分的准备。

（撰稿者：深圳市坪山区锦龙小学　钟欣潼）

第四节　棒棒的运动

南方科技大学附属坪山学校于2022年9月开办，占地面积32 400平方米，总建筑面积107 010平方米，是坪山区人民政府与南方科技大学合作创办的义务教育阶段公办九年一贯制学校，办学规模72个班。学校严格落实每天一节体育课开设要求，不断开发校本课程，丰富课程内容，聚焦提升学生核心素养，注重学生身心健康。南方科技大学附属坪山学校将坚决贯彻落实党的教育方针、政策，依法依规办学，为党育人，为国育才，培养德智体美劳全面发展的社会主义建设者和接班人。

一　课程背景

坪山区南方科技大学附属坪山学校引入软式棒垒球以来，学校的体育课程内容得到丰富，体育课堂的多样性得以增加，同时还打破了传统课堂的枯燥感，以游戏化课程带给学生直观的趣味性，学生普遍反映对课程学习十分期待。软式棒垒球课堂教学，可参与人数多，组织形式较简单，能很好地提升课堂效率，提高体育教育教学质量，让更多的学生有规则、有兴趣地动起来，让学生获得良好的运动习惯和体育品格。

二　课程理念

棒垒球运动是"身""心"培养并重，完美诠释"健康第一"指导思想的国际主流体育项目，其运动文化底蕴较为深厚，发展前景广阔。随着棒垒球项目在2020年重新回到奥运会，中国人民对棒垒球运动的认识和了解也逐渐加强，这是唯一一项球与球棒接触——"点与点"碰撞的球类运动。其项目特点是以棒打球，九人攻防，用球棒和手套在扇形场地上比赛，技术特点主要分为防守和进攻两方面，动作特点分为接球、投球、击球和跑垒。它是集"接、投、打棒、跑"于一身的集体性球类项目，是攻守双方体能、技战术、心理等竞技能力的全面较量，其综合性特点决定了它能使参与者得到较全面的锻炼，达到身心兼修的效果。

当前，在校园里软式棒垒球的人气正在不断扩大，这项运动的开展将感恩教育、挫折教育与各项素养培养紧密结合在一起，对促进儿童和青少年的身体、心理的发展，以及追求健康的生活方式有着重要意义。

三 课程目标

(一) 总目标

1. 运动能力目标：通过棒垒球运动的学习，熟悉棒垒球运动的规则，掌握基本技术的动作要领，并能熟练运用所学内容进行比赛。

2. 健康行为目标：通过棒垒球运动的学习，发展快速反应和快速运动的能力，提高上下肢协调性和力量素质，提高运动能力，促进其身体全面健康发展。

3. 体育品德目标：通过棒垒球运动的学习，提高对体育活动的兴趣和热情，形成积极参与体育活动的态度和行为；培养勇敢、坚韧、不怕困难、团结协作的优良品质，树立自尊和自信，在体育活动中逐步树立乐观积极的人生态度。

(二) 学段目标

表 8-4-1 学段目标

第一学段 (一、二年级)	第二学段 (三、四年级)	第三学段 (五、六年级)	第四学段 (七、八、九年级)
1. 初步了解什么是棒垒球，并能说出技术动作名称； 2. 能够做出技术动作； 3. 能够遵守比赛规则； 4. 发展跑的能力，提高上肢力量； 5. 培养小组合作的能力。	1. 初步了解棒垒球基本技术的动作要领； 2. 能够掌握技术动作并能运用在比赛中； 3. 初步了解比赛规则； 4. 发展上肢力量及跑跳能力； 5. 培养合作意识。	1. 能够熟练掌握棒垒球的基本技术动作； 2. 能够掌握技术动作并能在比赛中熟练运用； 3. 熟练比赛规则； 4. 发展上下肢协调性，发展上下肢力量，提高跑跳能力； 5. 强化团队凝聚力； 6. 培养坚韧的品格。	1. 能够有序组织队内比赛； 2. 能够掌握技术动作并能在比赛中随机应变； 3. 善于利用比赛规则； 4. 发展全身协调性，发展爆发力，提高投掷的远度与准度； 5. 强化团队凝聚力、团队荣誉感； 6. 树立自信心； 7. 养成体育锻炼的终身习惯。

四　课程内容

课程内容以发展学生的体育与健康学科核心素养为导向，由棒垒球运动的起源、棒垒球场地器材的介绍为教学内容的起点，再到基本技术与规则的系统学习，使学生真切地感受棒垒球运动的文化魅力、礼仪魅力和竞技魅力。

课程内容的设计遵循学生的身心发展规律特点以及实际情况，并分阶段对内容进行设计，其中低年级主要引导学生熟悉棒垒球运动的基本技术动作要领及规则，强调基本动作技能、体能和团队意识的协同发展，进而有效地提升技战术，主要内容如下表所示。

表 8-4-2　低年级教学内容

教学周数	课程主题
第一周	课程介绍、课堂制度规范
第二周	肩上接球
第三周	胸前接球
第四周	接滚地球
第五周	转体接球
第六周	移动接球
第七周	肩上投球
第八周	下手投球
第九周	期中传接球考核
第十周	转体投球
第十一周	移动投球
第十二周	接球＋投球
第十三周	击打固定球
第十四周	慢投式击球

续 表

教学周数	课程主题
第十五周	侧抛式击球
第十六周	击球＋接球＋投球＋跑垒
第十七周	期末分队比赛

五 课程实施

(一) 体育校本课——校本课程“软式棒垒球”

坪山区率先落实每天一节体育课。我校在初中阶段体育课程中加入软式棒垒球校本课，七年级体育课实行 3＋2 模式，即 3 节常规课加 2 节校本课；八年级体育课实行 4＋1 模式；九年级体育课实行 3＋2 模式。校本课教学用书采用北京师范大学出版社毛振明主编的《软式棒垒球》。软式棒垒球校本课在每学期不少于 18 课时的教学时间。

(二) 软式棒垒球社团

棒垒球社团由本校体育教师授课，利用课后延时时间进行训练。小学采取整班制上课形式，初中采取体育特长生校队的上课形式。校本课程教师根据学生的不同年龄段，遵循其生长发育规律及身心发育特点，科学合理地制定训练计划，小学段练习内容以游戏化为主，初中段练习内容以技战术为主。

(三) 运动会比赛——投掷垒球

在小学部运动会中，除了经典的 50 米跑、跳远等常规项目，还可以在团体项目中设置投掷垒球积分赛，既可以发展上肢力量与上下肢协调配合，又可以让学生通过垒球投掷获得集体荣誉感和团队凝聚力。

六 课程评价

课程评价指标是用来评估学生在课程学习过程中，是否按教学计划中规定的教学目标达到了预期的效果。课程评价是指引学生完成教学任务的保障体系，是保证教学质量的重要手段，是教学活动中不可缺少的主要环节之一。

本课程以过程性评价与总结性评价相结合的方式展开。以等级制 A、B、C 来表示。

表 8-4-3　过程评价标准

A	B	C
➢ 周任务完成得好 ➢ 动作标准度高 ➢ 考勤情况好 ➢ 合作意识强	➢ 周任务完成一般 ➢ 动作标准度一般 ➢ 考勤情况一般 ➢ 合作意识一般	➢ 周任务完成较差 ➢ 动作标准度较差 ➢ 考勤情况较差 ➢ 合作意识较差

表 8-4-4　结果评价标准

A	B	C
➢ 期中成果展示活动中传接球 90 分以上 ➢ 期末成果展示活动中击打固定球及传接球总分在 90 分以上	➢ 期中成果展示活动中传接球 70～90 分 ➢ 期末成果展示活动中击打固定球及传接球总分 70～90 分	➢ 期中成果展示活动中传接球低于 70 分 ➢ 期末成果展示活动中击打固定球及传接球总分低于 70 分

七　课程管理

为了保证校本课程的有效进行，学校采取了以下措施。

(一) 建立领导小组和监督小组

领导小组由校领导和中层干部组成，监督小组由各班班主任组成。

学校教务处负责校本课程的管理工作，负责协调安排和组织指导教学计划的执行。校本课程教师要严格执行学校规定的校本课程授课时间，积极贯彻落实新课标，运用灵活多样的教学方法授课，时时关注学生学习状态，及时调整教学策略，保证课堂教学质量。教务处每学期会检查校本课程教师的学期教学计划，并要求校本课程教师要认真用心准备好课、上好课。

（二）建立健全制度保障

建立健全学校校本课程教师岗位职责、校本课程教师培训制度、校本课程教学管理条例、校本课程评价体系等，通过以上制度的管理，保障学校校本课程的顺利进行，并取得成效。

（撰稿者：深圳市坪山区南方科技大学附属坪山学校　陆博宇）

第五节　滑出速度与激情　练出技巧与技术

坪山区外国语文源学校体育工作坚持让所有的学生、教师，甚至是学生家长参与到体育活动中来，认真落实人人参与、家校共育、终身体育的目标。在校园体育方面，选定轮滑作为学校特色体育项目，并将其列入小学低段常规课程和中段社团课程中。为严格执行《坪山区发布品质课程系列构建计划通知》及其相应规定，更有效地实现品质课程体系的建设目标，提升轮滑质量教育项目的执行力度，并推进轮滑普及活动与高品质课程的建设，强化对学生体育爱好与特长的培养，为学生提供一个充满乐趣的校园体育环境，我校计划通过对校内轮滑特色课程体系的倡导，来构建轮滑特色品牌学校，促进校内学生在文化学习与轮滑技能上的全面均衡成长。

一　背景和理念

轮滑是一种极具魅力和趣味性的运动，它不仅可以用于身体锻炼和协调能力的培养，还能带给学习者快乐与自信。随着城市化进程的加速和人们日益提升的对健康生活方式的追求，轮滑逐渐成为一项流行的休闲运动，并得到了广泛的关注和参与。

轮滑项目的竞技范畴包含五个不同的比拼领域，有速度角逐的滑行、冰面上的花样演绎、轮滑式的曲棍球竞赛、极致挑战的速滑和个人设定动作的滑轮展示。这项运动不单竞赛性质十足，同样也是一种视觉享受。常规的滑轮锻炼有助于加强身体素质、推动身体技巧进步、完善心血管功能、提升肢体及躯干肌肉力量，还能增强身体协调性与平衡力，且在心理层面塑造敏捷与坚毅的特质，其正面作用显而易见。

学校将轮滑作为低段特色体育项目，引入一、二年级体育课程，旨在通过轮滑普及课程培养学生的平衡、灵活性、协调性和反应能力等方面的身体素质和技能。学校轮滑课程以面向一、二年级全体学生为方向，以“为学生身体素质发展奠基”为基本理念，确定了有趣、有料、有效的教学基本原则，采用引导学生主动探索与积极创造的学习方式，以个性化教学、提供量身定制的教学方案，激发学生的学习兴趣和积极性，培养学生对轮滑运动的热爱和持续参加的动力。通过创造积极、友好和激励的学习氛围，希望学生在轮滑运动中感受成就感、团队合作和自我超越的喜悦。

学校致力于通过探索轮滑课程建设与实施，推动小学低段学生能力的加速发展。学校将进一步整理出从教学与管理的“双轮驱动”到课程的顶层设计、课程构建、实施方略、评价体系为一体的“四轮驱动”的轮滑教学实施模式，探索冰雪运动发展的新路径。

二 课程目标

体育与健康课程标准要求学生通过体育和健康教育，逐渐形成正确的价值观，包括基本素质和重要技能、运动技能、健康行为和道德运动。需要将引导学生掌握和应用运动能力和运动技能，掌握将体育学问与技艺融入健康生活的方法，主动加入各项体育锻炼，培育优秀的体育道德，作为我们的主要追求。

基于上述要求，结合学校师生特点，我校努力实践推进学校轮滑运动推广工作，由点入面全面推进引导全校师生参与轮滑运动，积极组织校园轮滑活动，加强学校轮滑文化建设，形成坪外文源轮滑运动特色。

根据轮滑运动和学校体育教学的特点，轮滑课程的重点目标如下。

(一) 基本目标

轮滑课的主要目的在于满足大部分学员的基础需求。

1. 运动锻炼目标：积极参与轮滑运动，有计划地将轮滑运动作为课外主要体育锻炼项目之一，逐步培养自觉锻炼的习惯，具备对各类轮滑比赛的欣赏能力。

2. 体育技能目标：熟练掌握轮滑运动的基础技巧与方法，合理地执行以轮滑为核心项目的体能训练，以增强体育素养。学会处理轮滑活动经常遇到的运动伤害。

(二) 发展目标

该目标是为一些有课余时间与精力的学生设定的，也可以作为轮滑班大多数学生的目标。

1. 锻炼目标：以轮滑活动作为主要健身方式，培养稳固的运动习惯，并能独立拟定匹配个人需求的身体训练方案；同时提升体育文化知识水平，并对诸多轮滑竞技赛事具备高度鉴赏力。

2. 技能目标：主动增强轮滑技能，提升个人轮滑竞赛实力至国家选手或相当程度，具备代表校方参加多类轮滑赛事的资格。

3. 身体素质目标：选择优质的健身场所，全方位增进体能，增强训练的科学性，壮实体质。

4. 心理健康目标：在轮滑比赛中表现出强烈的集体荣誉感和勇敢执着的意志力。

5. 社群融入目标：培养优良的习性，成长为校园与社区轮滑活动的热心参与者与策划人。

三 课程内容

基于新课标要求与学校轮滑课程目标，轮滑课程主要以教授轮滑基础知识与技巧为基础，根据课程的不同需求，将课程划分为常规轮滑课、训练队课程和社团课程。本课程的核心是速度轮滑的教授，内容涉及轮滑运动的入门常识、初级操作技巧以及基础技能训练。在确保学生掌握了基础操作的基础上，课程着重培育学生的各类滑行技术，目的是让他们熟练掌握这一锻炼手段，进而为未来进行体育活动奠定运动基础，见图 8-5-1。根据课程目标的三个水平段，设计相对应的教学重点内容，见图 8-5-2。

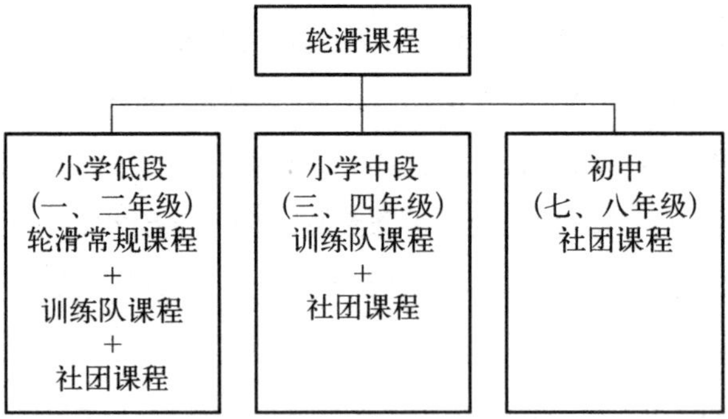

图 8-5-1　轮滑课程水平段课程设置

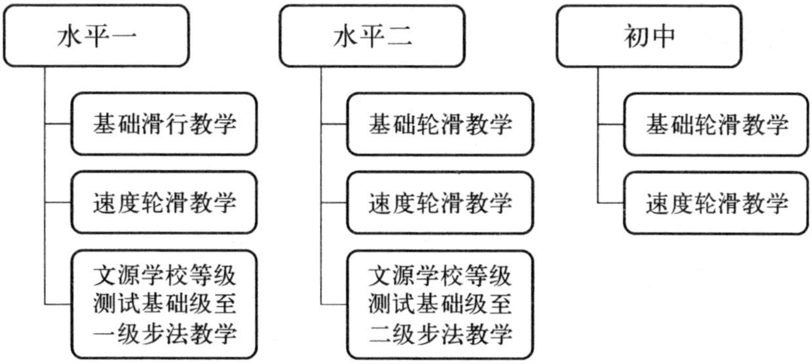

图 8－5－2　轮滑课程内容

学校轮滑课程主要以轮滑常规课为核心，以训练队为代表，打造轮滑示范学校。课程设计主要分为两个模块。

（一）模块一：轮滑常规课

常规课以文源学校步伐测试为划分，通过大单元教学，集中学习轮滑专项技能，并通过对应形式的考核评价学习效果。

1. 一、二年级上学期将基础级教学内容作为基础，将轮滑基础级内容作为提升，着重培养学生的轮滑基础，为专项能力提升做准备。一年级下学期以坪外文源一级步伐内容为核心，通过学习前 C 滑行、后 C 滑行、侧蹬冰等来进一步提高轮滑技能，为速度轮滑学习做进一步的准备。

2. 三年级以速度轮滑耐力为核心，重点通过提升技术水平，进一步加强学生轮滑的技术能力，为轮滑比赛做准备。

3. 初中以培养正确的轮滑技术技能为重点内容，衔接社团课程，丰富课余文化活动，通过专项技能训练，培养兴趣爱好。

（二）模块二：轮滑训练队课程

以由入门至精通为目标设置的体育课程，通过聘请专业轮滑教练，以每周三节训练课的形式，帮助学生由基础入门向精通快速过渡。通过训练课与常规课的双向提升，教授学生轮滑高阶段的专项技术。

四 课程实施

（一）落实国家政策，开发校本课程

学校高度重视体育教育工作，全面开展《国家学生体质健康标准》测试工作。在体测方面，做到每年一大测，每学期一小测，每次测试成绩均在坪山区前列。遵循坪山区每天一节体育课的教导文件及体育与健康教学规范，积极推进校园体育活动，确保每班学生每日上一节体育课，专心促进校园体育特色课程的创新与实施，以推动体育项目的兴盛。诸如花式轮滑、足球、篮球、羽毛球等课程，均已融入校本体育教程。

（二）实施发展规划，打造轮滑特色

本校已把轮滑运动作为特色项目纳入长期发展蓝图和年度事务规划中，并坚决贯彻实施，逐渐且按序推动校园内的轮滑活动开展。2022～2023 学年度学校初步探索本校的轮滑体育发展道路，决定以轮滑为切入点，以常规课、社团课程为载体，夯实轮滑基础后，再进行冰上训练。学校分三个阶段进行轮滑运动推广工作。具体如下：

第一阶段（2022～2023 学年度）：巩固特色项目

（1）策划并撰写校园专用的轮滑和冰上溜冰教科书，系统地安排轮滑及冰上溜冰的课程教学活动。

（2）选拔并训练具有轮滑潜能的学生，参与由更高级别机构举办的多种赛事。

（3）学校把轮滑运动纳入传统体育活动。首先，招聘更多的指导教师；其次，构建多层次的学生训练体系；最后，确保广大学生都能积极加入。

（4）利用学校现有的设施，继续发展滑轮运动的实践教学。

第二阶段（2023～2024 学年度）：形成轮滑运动特色

（1）加大对体育教学过程中教学质量的监控和调控力度。

（2）采用轮滑和冰上旋转两项运动作为学校特色项目，并取得卓越成就。学生在滑冰技术上逐渐精进，影响力在区域乃至整个城市范围内显著提升。

（3）通过活动的带动，推动相关实习基地和基本设施的建立。

（4）培育一位轮滑学科的地区级核心教师和一位学校级核心教师。

第三阶段(2024～2025 学年度)：总结推广轮滑运动经验

(1) 致力于执行多种方式的师训活动，以学校教研为核心，旨在提升教师的教学及科研能力。

(2) 将本校轮滑项目的创办之道规整为书本作为教学资料，并制成展览用的展板及光碟，进而在本区乃至整个城市内进行推介。若资源许可，还可对外举办轮滑表演活动，以此增强学校的社会声望和品牌形象。

(3) 提升校园内滑轮运动的配套设施，布局学校基础建设。

(三) 健全工作机制，科学高效管理

本校已设立了一个特别小组，由校长担任小组长，副校长担任副组长，同时由德育负责人和体育组负责人共同执行轮滑运动与冬季奥运教学活动。该小组按季度定期举行会议，旨在策划并听取前一时期轮滑与奥林匹克相关教育工作的汇报，并在每个学期结束时进行工作的回顾与下一学期的规划布置。

(四) 完善规章制度，促进工作开展

为了确保各项活动井然有序且高效率执行，学校精心研制并持续优化了一整套包括轮滑工作的规定、教师的培养计划、教学的管理方法、课外的训练体系和竞赛安排以及监察制度在内的相关规程。

五　课程评价

为激发学生轮滑学习与推广的持续动力，综合考虑不同水平段的能力水平及需求，学校轮滑品质课程设置了考级考核评价方式，并将评价贯穿到日常学习与活动中，让学生在浓厚的轮滑运动氛围中学习与成长。

文源学校轮滑等级测试是在中国花样滑冰协会发布的《国家花样滑冰等级测试大纲》的基础上，结合轮转冰技术动作与学校学生轮滑运动的发展现状，借鉴《国家花样滑冰等级测试大纲》的表演步伐测试内容制定。

本测试初步设置为三个等级：基础级、一级、二级。

基础级主要考查步伐：前葫芦、前 c、单脚支撑滑行。

一级主要考查步伐：侧蹬冰、后葫芦、后 c。

二级主要考查步伐：前压步、燕式平衡。

具体测试内容见下图。

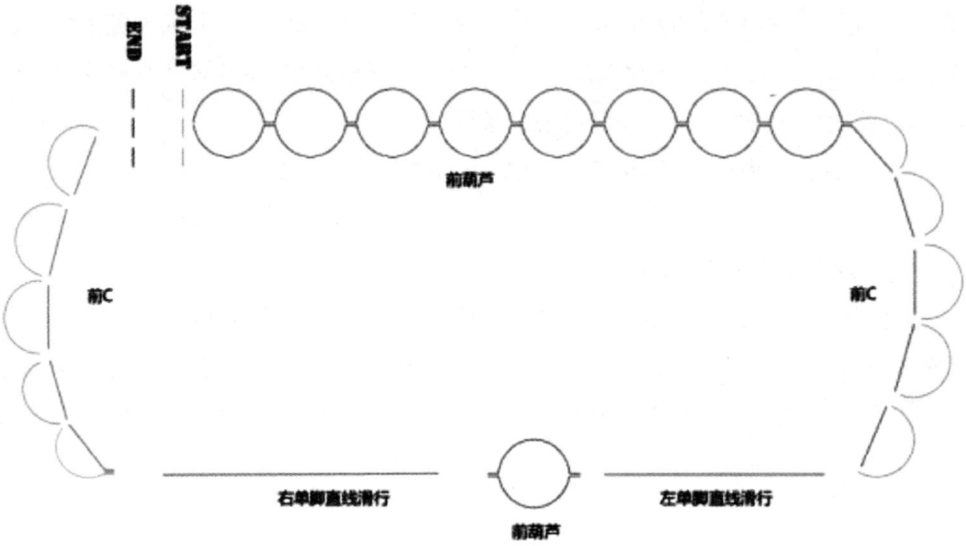

图 8-5-3　基础级考核内容

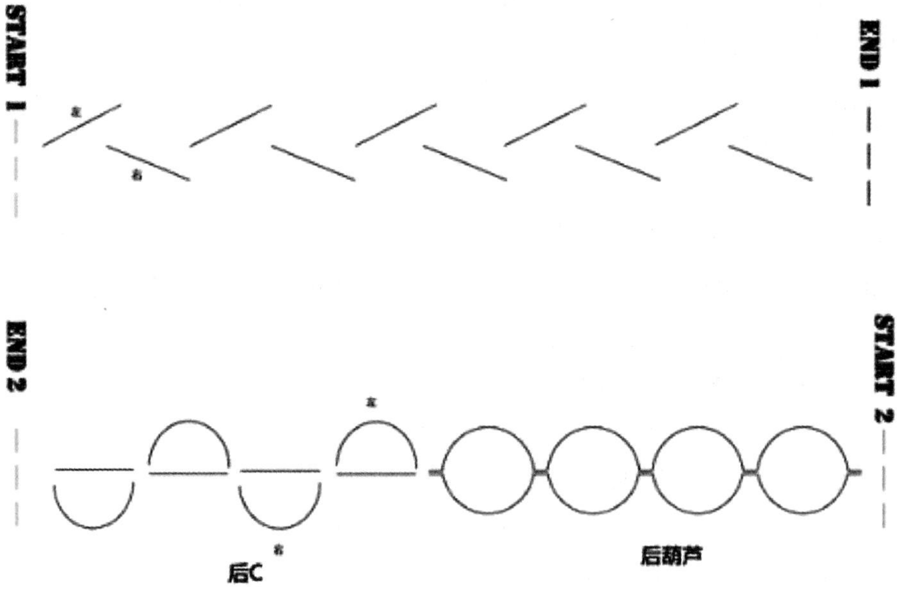

图 8-5-4　一级考核内容

图 8－5－5　二级考核内容

表 8－5－1　考核测试标准

优秀通过	1. 90%以上动作正确。 2. 90%蹬地动作有力。 3. 浮腿始终保持良好状态。
良好通过	1. 80%以上动作正确。 2. 80%蹬地动作有力。 3. 浮腿始终保持良好状态。
通　过	1. 70%以上动作正确。 2. 70%蹬地动作有力。 3. 浮腿始终保持良好状态。
未通过	严重失误： 1. 滑行过程中出现跌倒。 2. 整套步伐遗漏超过 2 步(含 2 步)。 轻微失误： 1. 超过 60%的滑行缺乏流程性。 2. 超过 60%的滑行膝关节失去韵律。 3. 超过 60%图案错误。 4. 超过 60%时间身体姿态错误。

注：超过两次严重失误则考级未通过，两次轻微失误叠加为一次严重失误。

六　课程管理

(一) 组织保障

学校高度重视轮滑品质课程推进工作，在校长的领导下成立了校级轮滑品质课程领导机构，实行分工责任制。轮滑品质课程统筹小组负责轮滑品质课程发展工作的规划、组织、协调、保障等事项；轮滑品质课程开发小组负责组织开发轮滑品质课程内容，形成轮滑品质课程体系；轮滑品质课程实施小组负责跟进轮滑课程教学实施、活动组织、评比、表彰与宣传等具体工作事项。

（二）人员保障

体育科组共有体育专任教师18名，其中包含1名专任轮滑教师；1名教师具备初级教师员、裁判员资质，1名教师具备国家级裁判员资格。教师团队具有良好的轮滑专项素养、丰富的教研经验，能带动体育科组积极参与，投入轮滑品质课程建设，有效推动轮滑品质课程的开展。

轮滑品质课程建设参与人员以青年体育教师为主，教师中从体育八大院校毕业的比率超50%，具备大学本科或研究生学历，体育素养高，科研能力强。大部分教师具有较丰富的体育教学经验，积极参与轮滑教研活动。

（三）经费保障

学校高度重视轮滑品质课程建设工作，每年都会划拨轮滑专项经费以确保各项轮滑活动顺利开展。

（四）硬件保障

学校配备了悬空楼层、遮蔽的运动场以及户外篮球场等场地，为举办大规模滑轮活动提供了所需条件。目前，已配备完善的配套设施以保证轮滑课程实施与校园轮滑活动的顺利开展。

（撰稿者：深圳市坪山区外国语文源学校李彪　孙嘉懿）

后记

《义务教育体育与健康课程标准(2022年版)》明确提出体育与健康课程以落实立德树人为根本任务,坚持“健康第一”的教育理念,落实“教会、勤练、常赛”要求,注重“学、练、赛”一体化教学。使学生在体育锻炼中享受乐趣、增强体质、健全人格、锤炼意志。

根据新课标要求,坪山区立足实践,勇于探索,以坪山区“品质课程”为主抓手,构建富有坪山特色的悦动体育“嗨”课程。围绕教会、勤练、常赛的要求,完善“健康知识+基本运动技能+专项运动技能”,形成“一校多品”学校体育特色,激励每一个学生掌握多项运动技能,至少拥有两项体育特长,并能收获运动竞赛高峰体验。在专项运动技能教学方面构建起纵向衔接、横向一致、内在统一、形式联合的一体化课程体系。

坪山区将部分国家课程纳入悦动体育“嗨”课程中,各学校根据自身实际,积极开展跳绳、啦啦操、艺术体操、篮球、足球、武术、乒乓球、羽毛球、游泳等普及课程。区教育科学研究院针对课程的开设需要情况,不定期组织骨干体育教师专项培训,组织学生举办各种课程内容展示活动。各学校在学期末组织专家对品质课程进行阶段性总结验收,区教科院以两年为周期,评选出一批品质课程示范学校。

本书是坪山区教育科学研究院“品质课程”体系建设下的子课程,是坪山区各学校体育特色项目发展的智慧结晶。本书共收录了15项体育运动项目,各学校特色鲜明,拥有丰富的实践经验,对中小学体育教育教学有很好的应用、研究和推广的价值。

本书由杨进担任主编并负责统稿,李函、于守豪协助统稿,各章主要执笔人如下,第一章:李函、谈龙、叶志强、刘黎黎、杨紫嫣、李雪、林婉瑜、赵国杰;第二章:庄惠民、吴逸诗、郑雅诗、姚嘉豪、曾汉龙、蔡东花、张笔锋;第三章:庄惠民、吴逸诗、陈柔、郑雅诗、罗继炎、彭亮、陈晓薇、陈涌锦;第四章:李浩、梁锐、宋幸辉、欧阳凯、黄春缘;第五章:赵仁桉、尹笑营、肖畅宇、苗雨;第六章:卢奇、董佳婧、张瑜、徐研峰;第七章:白奕程、常梦云;第八章:杨佳梅、晏思怡、钟欣潼、陆博宇、李彪、孙嘉懿。

在书稿即将付梓之际，我们特别感谢王琦老师和杨四耕老师的指导和帮助，向以上各位领导、专家致以崇高的敬意，衷心感谢团队各位成员的辛勤付出！我们期望通过这一本书，将中小学体育课程建设引向深入，期待在今后的实践中得到广大学者和老师的批评指正。由于编者水平有限，书中难免存在一些缺点和不足，欢迎读者们提出宝贵意见，以便今后修改完善。

杨　进

2024 年 5 月 16 日

于深圳市坪山区教育科学研究院

“品质课程”阅读书目

学校整体课程规划18问
学校整体课程规划的七个关键
学校整体课程规划

课程治理现代化丛书

阳光阅读的校本设计与特色创建
CIM课程：创客教育的要素设计与实践探索
高品质学校课程体系
个性化学校课程体系
家校共育的20个实践模式
进阶式生涯教育
跨学科学习创意设计
美术特色课程设计与实施
体育，让儿童嗨起来：悦动体育课程的设计与实施
小剧场学校：激活戏剧课程的育人价值
小课题探究：激活学习方式
小切口课程设计：劳动教育的创意实施

新质课程文化丛书

实践性学习的七重逻辑
面向每一个生命的课程
多模态学科实践
大规模因材施教的课程模式
为未来而学：未来课程的校本建构与深度实施
面向每一个学习者的课程设计
可感的学习经历：习性教育课程体系探索
单元课程要素统整与深度实施
具身学习与课程育人
把学生放在心上：学校课程变革之道

课程治理新范式丛书

以学生为中心的教育治理
实践型学科课程设计与实施
共享式课程治理：集团化办学的课程治理方略
高具身性课程实施：路径、策略与方法

特色学校聚焦丛书

让个性自然发荣滋长：“引发教育”的理论寻源与实践探索
面向每一个生命的教育

让每一个生命澄澈明亮:“小水滴”课程的旨趣与创意
新劳动教育：时代意蕴与实践创新
自信教育与个性生长
好学校的精神特质
教育,让个性舒展:“有氧教育”的模样与姿态
唤醒教育：触发生命的感动
生命的颜色与教育的意蕴
人格教育的四个关键点
做精神澄澈的教师
做精神富足的教师

特色课程建设丛书

幼儿园特色课程的框架与实施
课程是鲜活的:“大视野课程”的旨趣与活性
指向核心素养培育的学校课程图谱
让儿童生活在美的世界里：幼儿园全景美育的课程探索
核心素养与学习需求：学校课程建设导引
儿童自然探索课程
幼儿园视觉艺术创意活动设计与实施
连续性课程：特色课程发展的实践探索
幼儿园户外艺术创想活动设计与实施

课堂教学新样态丛书

课堂,与美最近的距离：基于学科核心素养的课堂教学变革
协同教学：意蕴与智慧
决胜课堂 28 招
一百个孩子,一百个世界：基于差异的教学变革
课堂如诗:“雅美课堂”的姿态
在教室里眺望世界：基于 BYOD 的教学方式变革
课堂教学的资源设计与方式变革
境脉教学的实践范式与创意设计
任务驱动与学科实践
课堂教学的智慧属性与意义增值:“灵动课堂”的六个关键词
如溪语文：诗意流淌的语文教育
I-DO 学习模式的创意与实践

“一校一策”课程体系建设丛书

课程坐标及其应用：教师专业视角
“一校一策”课程规划
“一校一策”课程实施